范恒山，著名经济学家。经济学博士、高级经济师、教授、博士生导师。先后毕业于武汉大学、中国人民大学。曾任国务院体改办综合司司长，国家发展改革委综合改革司司长、地区经济司司长，国家促进中部崛起办公室副主任，国家发展改革委副秘书长。为多个省市政府经济顾问、多所著名大学兼职教授。著有大量的学术作品，一些作品获国家图书奖等重要奖项。多次参与中央全会文件、中央经济工作会议文件和国务院《政府工作报告》起草，主持了众多重要区域发展战略、发展改革政策文件的研究制定工作。学术思想为多部典籍介绍。

绿色发展的思路与机制

范恒山◎著

中国言实出版社

图书在版编目（CIP）数据

绿色发展的思路与机制 / 范恒山著 . -- 北京 : 中
国言实出版社, 2023.5
ISBN 978-7-5171-4463-2

Ⅰ . ①绿… Ⅱ . ①范… Ⅲ . ①中国经济 – 绿色经济 –
经济发展 – 研究 Ⅳ . ①F124.5

中国国家版本馆 CIP 数据核字（2023）第 077186 号

绿色发展的思路与机制

责任编辑：郭江妮　刘　琳
责任校对：邱　耿

出版发行：中国言实出版社
　　地　址：北京市朝阳区北苑路180号加利大厦5号楼105室
　　邮　编：100101
　　编辑部：北京市海淀区花园路6号院B座6层
　　邮　编：100088
　　电　话：010-64924853（总编室）　010-64924716（发行部）
　　网　址：www.zgyscbs.cn　电子邮箱：zgyscbs@263.net

经　销：新华书店
印　刷：徐州绪权印刷有限公司
版　次：2023年5月第1版　　2023年5月第1次印刷
规　格：710毫米×1000毫米　1/16　23.375印张
字　数：360千字

定　价：199.00元
书　号：ISBN 978-7-5171-4463-2

前　言

　　绿色发展是以生态环境保护和资源要素节约为前提与特质的发展,体现着经济社会发展和人口、资源、环境的协调统一,彰显出人与自然的和谐共生。绿色发展已成为世界演进的一种基本的趋势,而在今天的中国,绿色发展一词炙手可热,推动绿色发展成为了全社会的基本共识和普遍行动。

　　绿色发展理念承载着历史的沧桑,也寓含着沉重的代价,其创立经过了一个曲折艰辛的历程。18世纪中叶工业革命以来的人类活动,尤其是发达国家在工业化过程中肆意消耗能源资源及由此带来的温室气体的大量排放,导致全球气候以变暖为主要特征的变化,对全球自然生态系统产生了明显影响,从而对人类生存与发展带来了严重挑战。经济社会可持续发展的问题现实地摆在世界面前,各国不得不回过头来联手采取措施,抑制温室气体排放,应对气候变化威胁。与工业不发达、农业发展处于主导地位相关,包括新中国成立后数十年在内的很长一个时期里,中国温室气体排放低,生态环境保持良好状态。随着工业化、城镇化等深入展开,单纯追求高速增长的粗放型发展方式在一些地方占居主导地位,这带来了资源能源使用和二氧化碳排放的急剧增加,也带来了生态系统的迅速退化和严重的环境污染,从而迫使我们重新审视经济发展和环境保护的关系,把节约资源、保护环境放到重要位置上。党的十四届五中全会强调，在现代化建设中，必须把实现可持续发展作为一个重大战略，在会议通过的《中共中央关于制定国民经济和社会发展"九五"计划和 2010 年远景目标的建议》中，把"经济增长方式从粗放型向集约型转变"作为需要实行的"两个具有全局意义的根本性转变"之一；党的十七大提出，深入贯彻落实科学发展观，建设资源节约型、环境友好型社会，实现经济发展与人口资源环境相协调，使人民在良好生态环境中生产生活，实现经济社会永续发展；党的十八大把"生态文明建设"作为"五位一体"总体布局的重要组成部分，强调深入实施可持续发展战略，着力推进绿色发展、循环发展、低碳发展，形成节约资源和保护环境的空间格局、产业结构、生产方式、生活方式，从源头上扭转生态环境恶化趋势，为人民创造良好生产生活环境，为全球生态安全做出贡献；党的十八届五中全会把"绿色"作为新发展理念的重要内容，进一步强调坚持绿色发展，着力改善生态环境，推动形成绿色发展方式和生活方式。党的十九大报告进一步强调推进绿色发展，建设美丽中国。党的二十大对推动绿色发展、促进人与自然和谐共生作出重要部署。而今，全国上下同心，坚定不移走生产发展、生活富裕、生态良好的文明发展之路，建设人与自然和谐的现代化，建设望得见山、看得见水、记得住乡愁的美丽中国。

资源短缺与粗放运用、生态退化与遭受破坏、气候变化及对自然环境产生的不利影响等催生了可持续发展的理论思维和实践探索。如果说可持续发展理论的形成带有较强国际色彩，那么绿色发展理念则主要根植于中国的实践，既与可持续发展理论一脉相承，吸取了国际上有关"绿色"论述的精髓，又对可持续发展理论进行了丰富创新，具有更加深刻的内涵和更为鲜明的特色：其一，它不仅体现为一种发展的要求，也体现为一种运行的手段，把永续发展的目标与特色操作的过程紧紧契合为一体；其二，它不仅使保护生态环境成为经济社会发展的内容，而且使绿色化、生态化成为经济社会活动及其成果的品质，构成庞大的生态文明体系；其三，它不仅要求人与自然和谐共生，而且要求以共生为条件实现更高品质的发展和提供更为丰富的供给，它与满足人民日益增长的美好生活需求连在一起。正因为如此，绿色发展把时代演进推入一个新境界，也给社会实践增添了新维度。

伴随着绿色发展理念的形成，绿色发展实践也在不断地深化拓展。尽管当前发展与人口资源环境之间的矛盾依然突出，制约人与自然和谐共生的存、增量问题一同存在，但经过过去若干年的持续努力，总体状况正在好转，新的局面逐渐形成。在实施可持续发展战略、推进生态文明建设、推动绿色发展的过程中，也形成了较为系统的方针政策和十分丰富的操作方法，其中包括：坚持节约优先、保护优先、自然恢复为主，形成绿色低碳循环发展的经济结构，打造市场导向的绿色技术创新机制，协同推进水土气治理，实施重要生态系统保护和修复重大工程，推行简约适度、绿色低碳的生活方式，开展创建节约型机关、绿色家庭、绿色学校、绿色社区和绿色出行等行动，大力培育生态文化，构建绿色生产和消费的法律制度和政策体系，等等。所有这些不仅成为了推进绿色发展的坚实基础，也会成为深化绿色变革与创新的重要源泉。作为社会的一员，笔者是以往这一过程的亲历与观察者；作为负责相关工作的公务人员，笔者是这一过程的参与和推动者；而作为一名学人，笔者还是这一过程的探索与研究者。本书的文字就是观察、推动和研究这一过程的成果积累。从1997年2月的《站在高基点上推动社会综合实验区建设》、《经济的发展与发展的经济》，到2021年11月的《关于建立健全生态产品价值实现机制的一些认识》《以绿色低碳为本体构建黄河流域特色优势产业体系》，时间跨度长达25年。这些文章大多以学术论坛和工作会议为创作依托，既有理论探讨、也有工作部署，还有政策研究和战略策划，品类杂陈，但都以绿色发展为主题主线，也都体现了笔者的独立思考和独特建构，既能从申论中看到绿色发展理论演进的丝缕脉络，也能从案例中领略绿色发展实践深化的斑驳轨迹。对笔者而言，这是关于绿色发展理论探索和实践操作的历史记录；而对读者而言，这也许能成为观察中国绿色发展进程的一扇窗口和研究分析相关问题的一本参考读物。

习近平总书记强调："绿色发展是生态文明建设的必然要求"。在习近平生态文明思想的科学指引下，党的十八大以来，全党全国推动绿色发展的自觉性和主动性显著增强，美丽中国建设迈出重大步伐，我国生态文明建设发生历史性、转折性、全局性变化，创造了举世瞩目的生态奇迹和绿色发展奇迹。党的二十大擘画了全面建成社会主义现代化强国、实现第二个百年奋斗目标、以中国式现代化全面推进中华民族伟大复兴的宏伟蓝图和实践路径。美丽是现代化强国的突出标志，而人与自然和谐共生是中国式现代化的重要特色与关键内涵，这进一步彰显了绿色发展的品位与使命。未来，绿色将更加成为新时代中国的鲜明底色，绿色发展也将更加成为中国式现代化的显著特征。置身其中，我们具有着不可推卸的职责，祈愿本书关于绿色发展思路与机制的一些认识，能为贯彻落实党的二十大精神，持续推进绿色发展，推动中国式现代化建设发挥一些添砖加瓦式的作用。

2023 年 5 月

目　录

关于绿色发展的主题论述

重大规划与绿色发展

水土气污染治理与绿色发展

利益协调机制建设与绿色发展

绿色发展国际交流合作

关于绿色发展的
主题论述

经济的发展与发展的经济 [1]

我国已将可持续发展战略确定为国家的基本战略，相关工作取得了长足进步。所谓"可持续发展"，似可以简要概括为两句话：即"经济的发展"和"发展的经济"。其中两个"经济"的含义是不一样的。前一个"经济"即通常所指的社会物资生产与再生产活动；后一个"经济"则是讲从事这种活动付出的成本与代价，有"规模经济"、"效益"的意思。从"经济的发展"的角度来说，可持续发展的实质是科技经济一体化；从"发展的经济"的角度来说，可持续发展的实质是经济发展和社会发展的一体化。

从第一方面说，我们的国家正处于从不发达的经济向发达的经济转变过程之中，在这种情况下，可持续发展首要的任务还是要加快发展。我们是发展中国家，不把发展放在第一位不行，这就是邓小平同志多次强调的"发展才是硬道理"。而发展靠什么？要靠转变经济增长方式，它涉及到两个方面内容，一个是经济体制改革，另一个是科技发展进步，其实质上是科技经济的一体化问题。

所以，推进可持续发展，主要的还是发展经济，而要发展经济关键是推进科技经济一体化。企业是经济活动的主体，又是科技进步的主体，因此关键所在是要构建一个能够推动科技经济一体化的企业运行机制。在我国，国有企业是主体，推进科技经济一体化，根本的是通过国有企业改革，构建一个国有企业自主经营、自负盈亏、自我发展、自我约束的新体制，也就是构建国有企业具有内在发展动力、内在创新机制的科技发展的新机制。具体来

---

[1] 本文系作者于 1997 年 2 月 28 日在国家社会发展综合实验区可持续发展行动培训班闭幕式上的讲话，主要观点刊载于《中国人口、资源与环境》1997 年 6 月第七卷第 2 期，收入本书时做了适当订正。

说，结合国有企业改革，实现经济科技一体化要抓三个方面的结合：

第一，要以制度创新为基础，实行制度创新、技术创新和管理创新相结合。 目前我国经济体制改革的重点是国有企业改革，国有企业的改革给科技经济一体化带来了良好的机遇。推进国有企业改革，要把三个创新有机结合起来。但重点还是应放在制度创新上，没有制度创新，难以实现技术创新和管理创新。

第二，要适应科研机构和国有资产结构、企业组织结构的调整，实现科技单位和经济单位组织上的结合。 这是结合国有企业改革推进科技经济一体化的一项重要工作。要利用国有企业"抓大放小"的机会，利用科技企业和科技机构"稳住一头、放开一片"的机会，推动两者的组合交融，为科技经济一体化提供必要的组织基础。

第三，要发挥多方面的积极性，实现企业内外技术创新力量的有机结合。 首先是增强企业内部的自我推动作用，关键在于构建一个良好的推动技术创新的机制。与此同时，要更好地发挥政府的作用。在市场经济条件下如何发挥好政府部门的作用也是一门高深的学问，需要科学把握、精准操作。推动科技经济一体化，推动技术创新，政府可以通过优化产业政策、技术政策、财政税收政策等来推动与促进。

从第二个方面说，发展必须考虑经济性。发展不能用高投入高消耗获得一个低产出，发展不能以牺牲未来作为代价，经济发展的综合代价要尽可能减少，要建立在主体成本不断降低的基础之上。

衡量经济发展的重要指标是经济的增长速度，但经济增长了并不意味着经济发展就好。单纯追求经济增长，很可能带来其它方面的副作用，某些短期的经济增长可能会破坏长期的经济增长性。因此，要处理好经济发展与社会发展的关系，处理好经济发展与人口、资源、环境的关系。也就是说，可持续发展的另一个重要环节是实现经济发展和社会发展的一体化。因此，可持续发展是一个系统工程，不仅涉及到环境保护、污染治理等，而且涉及到人的思想水平的提高、价值准则的优化、生活方式的改善等等。如果我们仅仅重视经济增长而不考虑其他方面，牺牲的就不仅仅是眼前的利益，更重要的是还会影响未来经济发展的速度和质量。我们常说有些人干事"不地道"，

"享的是祖宗的福，吃的是子孙的饭，干的是缺德的事"，给一些地方的生态环境造成了难以逆转的严重破坏。经济增长指标虽然上去了，但资源趋向枯竭，环境严重恶化，这样的发展不能促进社会的进步，不利于实现马克思所提出的推动社会的全面发展、人的自由的全面发展的要求，与我们建设社会主义的目的相违背，最终也是不可持续的。所以，必须高度重视发展是否经济的问题，因为它不仅关系着眼前的经济增长是否以牺牲其它发展为代价，同时也关系着能否使经济增长持续保持高速度和具有永不枯竭的潜力。

从经济发展和社会发展的一体化的角度讲，我认为推进可持续发展需要把握好如下三点：第一，要着眼于效益考虑可持续发展。不仅要讲速度，而且要讲效益，这个效益应当是综合效益。也就是说，经济发展同时促进或带来了其它方面的发展。不仅经济效益要高，其它方面的效益也要好。讲效益，就是要权衡经济发展所带来成本有多高，特别是考虑其是否对未来发展或其他方面的发展造成了严重负面影响。第二，要着眼于"和谐"考虑可持续发展。我们不仅仅需要丰厚的物质财富，也需要良好的社会环境与精神风貌、需要优美的自然生态，也就是说，要立足于自然、社会与人的全面"和谐"、立足于物质文明和精神文明一律"协同"考虑可持续发展。也只有立足于"和谐"和"协同"才能实现持续的发展。第三，要着眼于长远考虑可持续发展。今天经济的高速增长会不会带来今后的低增长、低效益？今天大幅度消耗资源、能源，会不会对未来的发展带来严重灾难或颠覆性影响？对这些问题应深入思考、认真对待。要高瞻远瞩、从长计议谋划和推动发展，不能干竭泽而渔、危及子孙的事情。

立足于上述三点，要处理好三个结合：

一是把加快发展和"合理约束"结合起来。从根本上摆脱贫困状况、力争在下个世纪中叶基本实现现代化，我们需要创造条件加快发展。但加快发展不是盲目发展，需要合理约束。所谓"合理约束"就是要对经济增长的规模、速度有一个科学考量，把握好一个"度"。要形成真正的规模经济，要把经济增速限制在一个合理的范围内。无论是速度还是规模，最终都要体现为实实在在的效果，即体现为速度、质量与效益的统一。受制于行政板块间的竞争与攀比，也受制于不科学的政绩观，很容易导致一些地区以规模求发展式的操作，所以要讲"合理约束"。

二是要把柔性引导和刚性强制结合起来。强化推动可持续发展的认知，形成落实可持续发展的战略自觉，需要建立强有力的促进体系。为此，需要把柔性引导和刚性约束紧密结合起来。要加强宣传教育，科学阐述可持续发展的理念，增强人民群众情感认同和心灵默契；要有针对性的制定政策措施，激励各方积极践行有利于可持续发展的各项事务；还要推进制度创新，形成科学的推进监督机制，建立完善的法律法规体系，严格规范各有关方面的行为轨迹，促进经济社会协调发展。

三是把环境改造和人的改造结合起来。鉴于一些地方生态环境恶化、资源开发过度的事实，需要花费更多的精力、采取更有效的举措进行治理，修复或实施控制。但仅仅着眼于自然生态维护和环境改造是不够的。推进可持续发展的主体是人，人的素质不仅关系到现在，更关系到未来。要把提升人们的思想道德素质和行为自觉放到实施可持续发展战略的突出重要位置，使保护环境、节约资源、促进发展、增进和谐成为全社会人民共同的社会责任与价值追求。

（1997 年）

我国可持续发展的经验教训和战略思路 [1]

非常高兴有机会和武汉大学、世界银行学院在这里共同举办"可持续发展制度建设研讨班",与中部六省发展改革系统的同志们一起交流探讨,共同研究推动我国可持续发展战略的实施。国家发展改革委是全国推进可持续发展战略实施领导小组组长单位,领导小组办公室还设在地区经济司,作为研讨班的第一个主讲人,我想从我国可持续发展的经验、教训及对策三个方面,向在座各位做一介绍。首先是简要介绍一下我国可持续发展的实践,包括战略制订和实施的历程,以及取得的成绩和经验;其次是审视一下我国的资源生态环境状况,明确可持续发展当前面临的主要问题和挑战,从体制、机制等方面,分析、挖掘我国可持续发展问题的深层次原因;第三是从落实科学发展观、完成"十一五"规划纲要相关目标任务出发,谈谈如何进一步推进可持续发展,加快建设资源节约型和环境友好型社会。

一、我国可持续发展的实践

在我国,可持续发展的思想古已有之。在出土的距今约 6300 年到 4500 年前的新石器时代大汶口文化的陶器上,就有象征着日、月、山的人形图案,这反映了我国古代先民已具有天、地、人和谐统一的朴素自然观。在公元前的春秋战国时期,就有了保护正在怀孕和产卵的鸟兽鱼鳖的思想和封山育林定期开禁的法令,所谓"山林非时不升斤斧,以成草木之长;川泽非时

---

[1] 本文系作者 2007 年 3 月 7 日为武汉大学、世界银行学院联合举办的"可持续发展制度建设研讨班"提供的书面讲课材料。

不入网罟，以成鱼鳖之长"。当然，这些仅仅只是古代朴素的自然观和确保资源环境可持续性的思想。

现代可持续发展思想的提出，源于人类对 20 世纪 60 年代世界上出现的人口、资源、环境问题，能源危机等的反思结果。1987 年，联合国世界环境与发展委员会在《我们共同的未来》这一著名报告中，首次比较系统地阐明了可持续发展思想，可持续发展概念正式登上了政治舞台。1992 召开的联合国环境与发展大会通过了《里约宣言》和《21 世纪议程》等重要文件，可持续发展的战略思想逐渐形成全球共识，人类开始从环境与发展的分离走向将经济社会发展和环境保护相结合的道路。

在 1992 年环发大会上，我国政府做出了履行《21 世纪议程》等文件的庄严承诺。1994 年国务院正式批准由国务院有关部门、事业单位和社会团体共 52 个单位通力合作、编制的《中国 21 世纪议程——中国 21 世纪人口、环境与发展白皮书》，中国成为世界上最早实施 21 世纪议程的国家之一。《中国 21 世纪议程》提出走可持续发展之路，是中国的自身需要和必然选择，要建立可持续发展的经济体系、社会体系和保持与之相适应的可持续利用的资源和环境基础，在实现"三步走"战略目标的同时，保护自然资源和改善生态环境。随后，在 1996 年八届四次人大会议上通过的《国民经济和社会发展"九五"计划和 2010 年远景目标纲要》，明确将可持续发展战略作为我国的一项长远发展战略。

经过 10 多年的努力，可持续发展战略已贯穿于我国经济和社会发展的各个领域，有力地促进经济与人口、资源、环境持续协调发展，取得了举世瞩目的成就。在经济持续快速发展和人民生活水平不断提高的同时，人口过快增长的势头得到控制，自然资源保护与管理得到加强，环境污染治理和生态建设步伐加快，部分城市和地区环境质量有较大改善。

这些成绩的取得，一是归功于党中央、国务院对可持续发展的高度重视。从 1997 年开始，党中央每年都要召开人口资源环境工作座谈会，以推动可持续发展方面的工作。二是得益于我国综合国力的逐步增强。由于经济总量的增加和科技水平的提高，使得我国实施可持续发展战略所需要的物质、技术、资金等条件有了保证。三是有赖于全国上下共同努力。全社会的环境保护意识显著增强，政府宏观调控和监督管理体系发挥了重要的作用，各行各业都在为保护资源、保护环境做出积极的努力。

二、我国可持续发展领域的教训

我国以占不到世界 10% 的耕地，6% 的可更新水资源，3%—4% 的森林资源，养活了占世界 21% 的人口。但同时，人口众多、资源相对短缺、生态环境先天不足既是我国的基本国情，也是我国统筹人与自然和谐，实施可持续发展战略必须面对的基本出发点。当前，我国可持续发展领域依然面临着不少问题，从人与自然的关系来看，突出表现为土水资源过度开发、能源矿产资源供求紧张、生态破坏和环境恶化等四个方面。

第一，土地、水等基础性资源过度开发。先看土地。我国大多数地区的耕地存在缺少水源保证、干旱退化、水土流失、污染加重的严重威胁。后备耕地资源严重不足，并且耕地后备资源 60% 以上分布在水源不足和水土流失、沙化、盐碱化严重的地区，开发利用的制约因素多。近年来，滥占、乱占土地严重，耕地流失严重。再看水资源。我国北方地区除松花江以外，水资源开发利用程度在 40%—101% 之间。海河流域降水量减少 10%，地表水资源量减少 41%，水资源总量减少了 25%，当地水源供水量已超过多年平均水资源量，长期依靠超量开采地下水和挤占生态用水维持。同时，水污染进一步加剧了水资源供需矛盾。当前，我国饮用水不安全人口在农村还有 3 亿多，在城市也有近 1 亿。

第二，能源供求紧张，矿产资源破坏严重。供需缺口日益扩大，建设开发任务艰巨。近年来原煤产量屡创历史新高，但全国电力仍然供不应求，能源供应已呈现出全面紧张状态。2003 年，我国原油、成品油进口量已超过 1 亿吨；铁矿石进口量超过 1.4 亿吨，占到世界自由贸易量的 50%；铜精矿和氧化铝消费量的 50% 都依赖进口。此外，一些地方非法开采、乱采滥挖的现象屡禁不止，导致资源开采过程中的大量浪费，同时对生态环境造成严重破坏。

第三，生态破坏问题突出。2006 年数据显示，全国水土流失面积 356 万平方公里，沙化土地 174 万平方公里；森林整体质量不高，森林系统的生态功能依然脆弱；草原超载过牧、乱采滥挖严重，全国退化草原面积已占草原面积的 90%；江河源头的水源涵养能力下降，湿地面积萎缩功能下降；遗传种质资源流失，物种减少和外来物种入侵严重威胁我国生态安全。

第四，环境污染问题严重。"十五"期间，二氧化硫、化学需氧量等主要污染物排放总量大大超出预期，且大大超出了环境的承载能力。比如说，2005 年，全国二氧化硫排放量 2549 万吨，比 2000 年就增加了 27%。目前，全国 1/5 一的城市空气污染严重，酸雨影响面积占国土面积的 1/3，近年来还呈现出加剧趋势；流经城市的河段普遍遭到污染，3/4 的湖泊出现富营养化。此外，酸沉降、光化学烟雾、细颗粒物已经在城市密集地区构成严重的区域性污染，持久性有机污染物和危险废物污染的危害开始显现；废旧电器、电池、汽车和电子垃圾成倍增长，环境健康风险不断增加；食品污染触目惊心，直接严重威胁到人民的生命安全。

今后，伴随着快速的工业化和城镇化，以及居民消费结构的不断升级，我国的资源消耗和污染排放将面临更加严峻的形势，将成为我国实现全面建成小康社会和可持续发展的重大障碍。

问题发生的原因，主要体现为如下三个方面：

第一，传统发展模式转变缓慢，对资源生态环境产生巨大压力。尽管我国在"九五"计划中就提出要实现经济增长方式的转变，但长期以来，经济工作中重速度、轻效益，片面地强调经济增长，经济发展主要靠增加投入、铺新摊子、上新项目，片面追求"大而全"、"小而全"。在工业领域，重复建设严重，技术进步缓慢，生产工艺落后，管理水平低，造成能源原材料消耗大，经济效益差、资源浪费、环境污染严重。在农业领域，广种薄收、超载过牧、过度捕捞、大水漫灌等粗放生产方式在部分地区依然存在。在世界各国中，我国单位 GDP（国内生产总值）的物耗和能耗都居于高位。万元工业产值用水量是国外先进水平的 10 倍，灌溉水利用率只有发达国家的40%—45%。炼钢、水泥、乙烯等综合能耗也分别比国际先进水平高 21%、45% 和 31%。可以说，我国的经济总体上依然延续传统的"高投入、高消耗、高排放、难循环、低效率"增长方式。2006 年，尽管下大力气新增了

7000多万千瓦的脱硫装机容量，远远超过了前十年投运脱硫装机容量4600万千瓦的总和。但与此同时，我国煤炭消费量新增近2亿吨，煤电装机容量增加8200万千瓦。二氧化硫排放总量不降反升，比2005年还增长了1.8%，治理的速度依然赶不上污染。

从经济结构上看，目前我国经济的结构性污染突出，并很难在短时间内转变。由于历史的原因，我国形成了以重工业为中心、增长方式粗放、以煤炭消耗为主的环境负荷沉重的经济结构。未来十五年内，以煤为主的能源结构将继续保持，第二产业收入比重将出现小幅上升，其中以机械、钢铁、石化为核心的重化工产业群、建筑房地产业、电子信息产品制造业仍将成为高增长产业群。2004年，我国GDP总量占世界总量的4.4%，但消费的原油、原煤、铁矿石、钢材、氧化铝和水泥却分别占到世界消费总量的7.4%、38%、50%、22.9%、46%和40%。

从区域空间布局上看，不少地区不顾资源环境条件，竞相发展价高利大的加工业特别是重化工业，甚至在水资源严重匮乏地区发展高耗水产业，在能源短缺地区发展高耗能产业，在环境容量已经不足的地区继续发展高污染产业，区域的无序开发问题十分突出。比如说，华北是我国水资源最短缺的地区之一，人均占有水资源量仅为全国平均水平的1/4，但近年来仍有一些地区大规模建设高耗水的钢铁、氧化铝、水泥、铁合金等重工业项目，造成地下水严重超采，形成大范围地下漏斗，甚至造成部分区域地面沉降。东南沿海地区能源供应十分紧张，但仍有一些地区在招商引资中不惜代价引入高耗能项目。高耗能产业的快速发展，加剧了能源紧缺，为解决这些地区能源供应，又不得不建设远距离能源调配工程，资源大跨度区际调动的压力越来越大。生态环境脆弱地区的共同特点是生态环境一旦被破坏就很难修复。《国民经济和社会发展"十一五"规划纲要》确定的部分限制开发区域大都属于这个范围。但仍有一些地区过度开采资源，大上工业项目，导致生态环境继续恶化。

第二，政府职能转变迟缓，政绩考核侧重经济增长。近年来，尽管党和国家在社会经济发展观上发生了一系列根本变化，确立了科学发展观，但由于体制改革迟缓，深层次的配套制度不到位，造成一些管理部门和地方政府职能转变不到位，再加上政绩考核侧重经济增长，加剧了实现可持续发展的难度。

政府职能转变迟缓突出表现为政府还没有从"越位"的领域完全退出，行政过度干预、地区封锁、行业垄断仍然在相当多的地方和环节严重存在，市场体系特别是要素市场发育很不完备，政府包办企业投资决策、代替企业招商引资、直接干预企业生产经营活动的行为仍然较为普遍。相当多的企业尚未成为真正的科技进步主体，自主创新力和核心竞争力不强，进而制约了企业提高节能、减污的能力。

同时，我国现行的围绕经济产值为中心的经济社会指标的政绩考核体系，未能与资源生态环境保护挂钩，在一定程度上助长了重经济增长、轻社会发展和资源环境保护的行为。各级政府较少考虑生态资源与环境成本，盲目追求 GDP 增长，对"发展是硬道理"的片面理解难以扭转。不少地区为了一时的高产值、高速度，经常出现地方保护主义和政府伸手干预资源环境保护执法的局面。

第三，资源环境保护工作与经济建设不相适应。这又可以分为三个方面：

一是资源环境法制不完善，执法能力弱。在立法设计方面，重行政管制，轻经济措施和民事调整，同时不少法律形成过程缺乏综合协调，法律规定相互冲突，再加上法律制订过程中的部门利益问题，往往导致部门推诿扯皮。尽管现有的法律法规行政管制色彩严重，但依然缺乏有力的行政强制措施，执法存在偏软、偏弱等问题。再者是环境执法能力弱。监督人力不足，监测手段落后，科学研究滞后，水平不高，不适应资源环境管理的需求。企业、居民的资源环境守法意识淡薄，再加上不恰当的行政干预、部门之间的配合协调不够、执法中存在畏难情绪等，使有法不依、执法不严的情况不同程度地存在。比如说，对环境违法行为处罚强度偏低，基层环保部门处罚权限偏小，致使排污企业守法成本较高而违法成本偏低，经常出现企业宁愿花钱而买"排污权"的现象。即便如此，企业还要和环保执法人员讨价还价，不缴或少缴排污费。

二是管理体制不顺。资源环境保护具有系统性、整体性、综合性、协同性的特点，现有的管理体制没有遵从这一规律。资源生态环境的整体性被条条块块的管理分割，政府的生态环境管理职能分散在许多部门，采取按生态要素或资源类别分工的部门管理模式，缺乏强有力的统一规划和监管机制，难以做到全盘统筹考虑，形成合力。区域和流域资源生态环境管理体制不健全，在区域生态建设、跨省污染治理等重大问题上，部门之间缺乏协调，地方之间各自为政的现象依然存在。再加上监测手段和信息系统落后，重复建设严重，缺乏信息共享等，造成对于跨行政区、跨流域的生态保护和污染控制缺少强有力的管理机制和控制措施，进而加剧了区域环境矛盾，环境纠纷日益增多。

三是市场机制没有充分发挥。资源价格的构成不合理，价格不能真实地反映资源市场供求关系和稀缺程度。许多资源性产品生产过程中资源破坏和环境污染的治理成本没有体现在价格中，外部成本没有内部化，环境损失不能从资源性产品的销售中得到补偿。与此同时，资源生态环境保护领域，引导、鼓励、支持公众参与和舆论监督的机制尚不完善，多元化的投融资机制尚未形成，全社会特别是企业对生态和环境投入的积极性没有调动起来，从而制约了生态和环境投入的增长。

三、对推进我国可持续发展战略实施的对策建议

当前的资源生态与环境问题是同社会经济发展紧密相连的，为破解资源短缺生态环境恶化局面，统筹人与自然和谐，2003 年，党中央提出了坚持以人为本，树立全面、协调、可持续的科学发展观，进而指明了建设资源节约型、环境友好型社会的发展方向。《国民经济和社会发展"十一五"规划纲要》，以科学发展观统领经济社会发展全局，明确提出了我国可持续发展领域的相关目标，要求全国上下要切实把经济社会发展转入全面协调可持续发展的轨道，进一步增强可持续发展的能力。为实现上述目标，今后至少要在以下六个方面做出努力：

第一，加快政府行政管理体制改革，实现资源、生态、环境有效管理。 落实科学发展观，就是要把发展观统一到党中央提出的以人为本、全面协调

可持续的科学发展观上来，在发展思路上要彻底改变重开发轻节约、重速度轻效益、重外延发展轻内涵发展、片面追求 GDP 增长而忽视资源和环境的倾向，全面推进社会经济全面进步和可持续发展。

当前，改革进入攻坚阶段，行政体制改革的重要性进一步凸显，已经成为了深化改革和扩大开放的关键。政府改革改什么？一是要改管理的范围，就是要转变政府职能，这是核心，要使我们的政府成由什么都管、什么都抓的"无所不为"的政府变成"为所必为"、"为所能为"的政府。政府应该抓什么？应该抓经济调节、市场监管、社会管理和公共服务，这些才是政府应该干的事情。二是要改管理的基点，政府应从只是为国有经济服务的政府变成为所有经济成分服务的、为整个国民经济服务的政府。政府是大家的政府，是方方面面的政府，它不应该厚此薄彼。原来我们对非公有制经济的发展有歧视，政府采取政策加以限制，今天我们认识到非公有制经济是社会主义市场经济的重要组成部分，我们要像对国有经济提供服务一样，对非公有经济提供服务。三是要改行政管理方式，使我们的政府由主要通过审批等行政手段对企事业单位进行管制的政府，变成主要是为企事业发展完善环境、创立规制、提供服务的政府。要下决心撤销那些直接从事和干预微观经济活动的事务和机构，整合分散在不同部门的相同行政职能，还要加强政府重大事项决策机制建设，完善相关规则和程序，推进政府决策的科学化和民主化。要加强政府管理法制体系建设，加强对政府的法规约束。

今后，要抓紧制定体现科学发展观和正确政绩观的干部实绩评价制度，将资源、生态、环境管理全面纳入政绩考核体系。逐步理顺资源环境领域的法律、法规体系，对其中相互冲突、矛盾和抵触的内容进行调整。修订完善生态、环境标准，建立综合性资源、生态、环境监测评价系统。要加大执法力度。资源生态环境保护部门要勇于执法，敢于执法；要严格执法，依法行政；要善于执法，提高执法水平。

要建立可持续发展综合决策机制。可持续发展管理不仅要明确国家、地方以及相关部门的责任，充分调动各个方面的积极性，更要避免条块分割，加强部门整体上的协调性，能够使有关部门在不同的条件下相互合作，建立起一种互相联动式的良好协作关系，减少部门之间、个人之间的相互摩擦，提高部门的决策效率以及资源的配置和使用效率，从而形成统一管理、分工协作的管理体制。为此，必须通过建立综合决策制度，通过合理的决策规则、规范的决策程序、高效的决策机构和透明的决策过程，将可持续发展思想贯穿到整个经济、社会活动之中。同时，加快调整现有机构设置，逐步形成与资源、生态、环境管理的系统性相适应的运作机制。

第二，推进经济结构优化升级，提高自主创新能力。按照走新型工业化道路要求，今后要坚持以市场为导向、企业为主体，把增强自主创新能力作为中心环节，继续发挥劳动密集型产业的竞争优势，调整优化产品结构、企业组织结构和产业布局，提升整体技术水平和综合竞争力，促进工业由大变强，促使经济增长由主要依靠工业带动和数量扩张带动，向三次产业协调带动和优化升级带动转变。

要完善产业政策和行业规划，进一步完善和严格执行技术、质量、安全、环保等市场准入条件，加大对自主创新能力建设的支持力度推进技术改造，支持推广采用节能、降耗、节水、环保和综合利用的先进技术设备和产品，加快淘汰落后生产工艺装备和产品。

要按照产业集聚、规模发展和扩大国际合作的要求，加快促进高技术产业从加工装配为主向自主研发制造延伸，推进自主创新成果产业化，引导形成一批具有核心竞争力的先导产业、一批集聚效应突出的产业基地、一批跨国高技术企业和一批具有自主知识产权的知名品牌。坚持以信息化带动工业化，以工业化促进信息化，提高经济社会信息化水平。

鼓励用先进实用技术改造传统产业，坚持节约优先、立足国内、煤为基础、多元发展，优化生产和消费结构，构筑稳定、经济、清洁、安全的能源供应体系。按照控制总量、淘汰落后、加快重组、提升水平的原则，加快调整原材料工业结构和布局，降低消耗，减少污染，提高产品档次、技术含量和产业集中度。

第三，着眼全局，实施各有侧重的区域生态环境政策。一是以中西部地区为主实施生态环境修复和保育，确保国家生态安全。考虑到中西部地区生态环境特点和未来发展趋势，"十一五"期间，要统筹实现生态改善、农民增收和地区经济发展，继续搞好相关生态建设工程。建立对中西部地区的生态补偿机制和生态性财政转移支付制度。

在发展产业的选择上，要密切结合中西部地区资源特点和产业优势，以市场为导向，积极发展能源、矿业、机械、旅游、特色农业、中药材加工等优势产业；严格控制被淘汰的落后生产工艺、设备转移到中西部地区；在东北等老工业基地振兴中，注重产业与生态环境协调发展；引入市场机制，通过各种渠道，利用各种模式，鼓励多方主体参与生态环境建设与保护。

二是东部沿海地区要大幅度提高资源的利用效率，强化环境污染治理，保持和提高社会经济的承载能力。东部沿海地区是我国最重要的人口、经济承载地区。要充分发挥区位和发展基础的优势，利用人才、研发、制造等条件，继续促进经济要素集聚，提高资源利用效率，促进产业结构调整，构建循环经济体系，培育具有国际竞争力的环保产业集群，成为全国实现可持续发展的先导地区。比如说，京津冀、长江三角洲和珠江三角洲三大城市密集区，要率先全面引入市场机制，强化生态环境综合整治，打造我国最具经济活力、生态环境良好、适宜人类居住的可持续发展城市群。

三是统筹城乡环境政策，改善农业生产条件和农村生态环境。高度重视农村生态环境问题的严重性，加强农村生态环境管理，从资金、项目、政策等角度加大对农村生态保护、环境治理的支持力度，特别加大对生态农业、农村能源和农村环境保护的支持力度，积极发挥农业的生态保障功能；开展畜禽养殖场污染治理，鼓励绿色、有机农产品生产，有效控制面源污染。发挥城市的资源集约和经济集聚效应，加快推进城镇化进程，引导乡镇企业向城镇集中，实施工业污染集中控制，防止城市污染向农村扩散和转移。加大城市环保基础设施建设力度，因地制宜地建设城镇污水和垃圾处理设施。

第四，大力发展循环经济，促进发展模式的转变。循环经济是在资源节约、环境保护的基础上推进可持续发展的创新形式，是人与自然和谐相处的重要纽带。发展循环经济，是缓解我国资源环境瓶颈的根本途径，也是提高经济效益的重要手段。从宏观上看，循环经济就是要实现"自然—经济—社会"的整体良性循环；从微观上看，循环经济就是要实现从线形经济形态向闭环形经济形态转换。借鉴于自然界长期进化模式，区域发展同样具有"生产者、消费者和分解者"的三大功能。一个健康的区域应当能对上述三大功能实施综合协调、有机匹配，并达到流畅的运行。形成一种效率最高、物料最省、需求得到充分满足，生态环境维系良好的区域发展模式，实现"新型工业化道路"的目标。

循环经济的一个核心是技术集成，它不只是单纯地要求改变末端治理的方式，而且要把从资源、产品、废弃物及其再生看成一个循环的系统，进行全方位的考虑。今后，要切实加强能源资源节约，全面推行清洁生产，着力推进资源综合利用，广泛开展再生资源回收利用和废旧产品再利用，继续抓好循环经济试点，努力增强循环经济技术创新能力，走出一条科技含量高、经济效益好、资源消耗少、环境污染小、人力资源优势得到充分发挥的路子。

第五，充分发挥市场的基础性配置作用，建立有效的激励机制。建立健全资源可持续利用的政策与制度体系。一要严格区分资源的所有权和使用权，加强资源产权管理。明确界定资源的权、责、利界限，坚持资源使用权与所有权分离的原则。要建立健全以产权约束为核心的资源资产管理制度和资源产权有偿转让的市场机制，促使资源使用权合理转让和合理流动，实现资源的高效利用与优化配置。二要推行资源有偿使用与按级按类定价制度。在不断拓宽自然资源有偿使用范围的基础上，建立自然资源全过程有偿使用制度。资源有偿使用的内涵不仅要包括开采价格和附加开发成本，还要包括资源恢复、处理和更新的费用。要建立自然资源价格分级形成制度，将目前单一低廉的资源价格制度改为分类适宜的资源价格制度。根据区域环境容量和资源的稀缺程度，建立资源利用的地区差价制度。根据行业生产污染轻重程度，推行不同行业利用自然资源的差别价格制度，污染重的行业应相应对所利用的资源实行高价政策。根据水资源开发利用中的丰枯水期，对水资源使用价格按一定比例制定季节浮动价格。根据排污单位排放量越大消耗自然资源和环境容量越大的原则，对污染大户使用的资源建议实行累进加价和超额加价的政策。三要加强水土市场建设与资源的优化配置。严格执行水土资源的有偿使用，强化水土市场建设。建立和完善排污权交易制度。积极推进区域性的排污权交易制度。对于跨区、跨边界的环境污染，要突破行政边界，实行一个流域上、中、下游统筹考虑，一个自然区总体规划，实行跨区域总量控制，建立大范围流域和地域的区域性合作，突破现有体制障碍，建立进行跨省市排污交易的基础，推动环境资源的公平、有效使用。再比如，逐步建立水权交易制度。

建立健全有利于可持续发展的财税政策体系。一要建立健全各种资源税。适当提高现行资源税，扩大资源税的征收范围，增加的税收作为地方财政收入，增加的税负通过提高资源性产品的价格，转移到资源的加工增值环节。通过资源税率的提高，一方面引导企业合理开发利用资源，减少资源的浪费，另一方面可减轻资源开采企业和加工企业之间长期形成的利益扭曲局面，提高资源持续开发利用的经济效益。二要建立健全各种生态环境税。全方位改革排污收费制度。对各种污染源依据其对环境的污染程度实施差异征税政策，对环境破坏大的商品和服务实行高额征收营业税、增值税政策，对有利于环保的经济行为和环保设备实行税收减免政策。同时按照"谁污染谁治理"，"谁污染谁付费"，"谁治理谁收费"的原则，明确界定纳税人、税基与税率选择、税收征管、税款使用等内容。要逐步理顺资源性产品价格关系，建立能够反映资源环境稀缺程度和市场供求关系的价格形成机制。三要完善资源环境领域的财政体制。在经常性预算中，设立资源生态环境领域的支出科目，用于支持资源生态环境领域工程项目建设和技术推广、宣传教育、政府监管体系和能力建设等所需费用。建立跨区域间直接的生态补偿机制，推进区域环境与发展合作。四要拓宽投资来源，保证生态环境投入的持续增长。要鼓励社会资金进入资源环境保护领域，实现投资主体的多元化；加强不同资金渠道之间的整合，探索政府资金和社会资金共同投资的机制，保证资源生态环境投入的持续增长。

第六，倡导绿色消费，促进社会观念的转变。建设资源节约型、环境友好型社会，实现可持续发展，必须要实现社会价值观念的转型。价值观念是决定社会发展模式的重点。"十一五"期间，要以科学发展观来引导决策、生产和消费行为。通过广泛的宣传教育活动，提高公众的资源节约意识、环境保护意识和绿色消费意识；逐步制订鼓励绿色消费的经济政策，包括政府绿色采购政策、绿色产品税收减免政策、节能环保标志产品认证与推广政策等；完善生态环境信息发布制度，拓宽公众参与和监督渠道，充分发挥新闻媒介的舆论监督和导向作用，增加环境与发展方面的决策透明度，促进生态环境领域决策和管理的科学化和民主化。

（2007 年）

中国可持续发展的形势及对策 [1]

自 1994 年制定《中国 21 世纪议程》，特别是党中央提出科学发展观和构建社会主义和谐社会的思想以来，中国政府积极引导全社会坚持走可持续发展道路，取得了令世人瞩目的成就。在新的形势下，中国可持续发展面临着重要的机遇和严峻的挑战。认真总结已有的经验，全面分析当前的情势，研究提出相应的战略对策，对于深入贯彻落实科学发展观，全面推进可持续发展战略实施，具有十分重要的意义。

一、中国可持续发展取得的重要进展

1994 年，颁布的《中国 21 世纪议程——中国 21 世纪人口、环境与发展白皮书》明确提出，我国要建立可持续发展的经济体系、社会体系和保持与之相适应的可持续利用的资源和环境基础，在实现"三步走"战略目标的同时，保护自然资源和改善生态环境。1996 年，中国将可持续发展正式提升为国家战略，并认真贯彻实施。

多年来，中国坚持统筹人与自然的协调发展，将可持续发展战略贯穿于国民经济和社会发展的各个领域。在保持经济持续快速发展、社会不断进步和人民生活水平不断提高的同时，抑制了人口过快增长的势头，加强了对自然资源的保护和管理，加快了生态环境建设的步伐，可持续发展能力大幅提升。主要做法是：

---

[1] 此文写于 2007 年 10 月，首发于《地区经济工作》2007 年第 39 期 (2007 年 11 月 18 日)(内刊)。国家发展改革委为全国推进可持续发展战略领导小组组长单位，作者时任领导小组办公室主任。

第一，强化政府规划指导，推动可持续发展战略实施。继《中国 21 世纪议程》之后，我国又于 2003 年发布了面向新时期的可持续发展行动纲要，进一步指明了可持续发展战略的方向、目标、重点领域以及相应的行动。中央有关部门和地方政府也将可持续发展战略落实到具体的规划和计划中。2006 年颁布实施的《国民经济和社会发展"十一五"规划纲要》明确提出，到 2010 年，在实现人均 GDP（国内生产总值）比 2000 年翻一番的同时，必须切实地把经济社会发展转入全面协调可持续发展的轨道，进一步增强可持续发展的能力，并确定了具体的约束性指标。为督促指标的落实，中央政府还与各省级政府签订了节能减排目标责任书。

第二，完善法律体系，夯实可持续发展基础。我国在环境保护、自然资源管理等方面制定了 120 多部法律法规，形成了较为完备的可持续发展法律法规体系，有力地促进了环境的保护，以及自然资源及能源的有效利用。

第三，积极调整经济结构，努力扭转传统的发展模式。自"九五"起，我国政府始终将经济结构调整作为国民经济和社会发展的一条主线，加大产业结构调整力度，用高新技术和先进适用技术改造提升传统产业，推行清洁生产，强化资源综合利用，积极开展循环经济试点，淘汰耗能高、污染重的企业，减少产业发展对资源环境造成的压力。

第四，加大投入力度，认真开展生态建设和资源环境保护工作。经过多年的努力，我国综合国力逐步增强，经济总量大幅增加，科技水平日益提高，为实施可持续发展战略提供了必要的物质、技术和资金的支撑。近年来，中央政府大幅度地增加了用于生态建设和环境保护的投入，进而带动地方、企业、公众积极投身于可持续发展事业。"十五"期间，全社会环境保护投资比"九五"期间翻了一番，环保投入占 GDP 的比例超过 1%。

第五，成立相应组织机构，建立多部门参与、多层次运作的管理体系。2001 年，国家将"制定中国 21 世纪议程领导小组"更名为"全国推进可持续发展战略领导小组"，组长单位为国家发展改革委，办公室设在地区经济司。领导小组包括 18 个国家部委，其任务是组织、协调各部门实施可持续发展领域行动，开展能力建设，研究重大问题，积极推动国际合作。目前，全国已有 25 个省、自治区、直辖市先后成立了贯彻《中国 21 世纪议程》领导小组并设立了办公室。2007 年上半年，国务院还专门成立了由温家宝同志任组长的国家应对气候变化及节能减排工作领导小组。

第六，提高全民意识，动员企业、公众共同参与可持续发展。多年来，各级政府积极开展宣传教育活动，努力提高公众的可持续发展意识，同时积极运用法律、行政、经济等多种手段引导企业、公众共同参与实施可持续发展战略。当前，艰苦朴素、勤俭节约的优良传统依然保持，珍惜资源、保护环境的氛围日趋浓厚。

二、新形势下中国可持续发展面临的挑战和机遇

人口众多、资源相对短缺、生态环境先天不足既是我国的基本国情，也是我们统筹人与自然和谐，实施可持续发展战略必须面对的现实。2003 年，我国人均 GDP 超过 1000 美元，2006 年迈上了 2000 美元的新台阶。根据世界发展进程的一般规律，当一个国家和地区的人均 GDP 处于 1000—3000 美元的发展阶段，往往是人口、资源、环境等瓶颈约束最为严重的时期。按照"三步走"的战略目标，到 2020 年，我国要实现全面建设小康社会的宏伟目标，人均 GDP 要比 2000 年翻两番，达到 5000 美元。因此，随着我国工业化的快速发展，城市化进程的加快，人口在庞大的基数下的持续增加，经济总量将进一步扩张，资源、生态、环境与经济社会发展之间的矛盾将进一步凸显。

一方面是经济增长对资源环境形成巨大压力。从总体上看，我国经济增长方式尚未根本转变，"高投入、高消耗、高排放、难循环、低效率"仍是经济增长的主要方式。与世界先进水平相比，我国单位产出的能耗和资源消耗水平明显偏高。比如，万元工业产值用水量是国外先进水平的 10 倍，灌溉水利用率只有发达国家的 40%—45%。从经济结构上看，目前我国经济的结构性能耗严重、污染突出，机械、钢铁、冶金、石化等重化工产业仍然是高增长产业群。2006 年第二产业增加值占 GDP 的 48.7%，对经济增长的贡献率高达 55.5%；与此同时，第三产业比重仅为 39.5%，对经济增长的贡献率则从 2002 年的 45.7% 降到 2006 年的 38.6%。

另一方面是资源、能源、环境对经济增长的承载能力有限。从自然资源看，我国人均资源不足，人均耕地仅为 1.4 亩，不足世界平均水平的 1/3；人均淡水资源仅为世界平均水平的 1/4，1/4 的国土面积缺水，1/10 地区的水资源仅能满足人类生存的基本需求，全国城乡共有近 4 亿饮用水不安全人口；从能源看，目前石油进口占到了消费量的近一半，以煤为基础的能源结构将长期保持；从生态环境看，"局部改善、整体恶化"的状况未得到根本改变，近年来松花江污染、太湖蓝藻暴发等污染事件的频发，表明我国水污染事件已进入集中暴发阶段。当前，在水、气、固废、噪声等常规污染物控制任务依然艰巨的同时，新型的环境问题接踵而至，突出表现为多年累积的有毒、有害持久性有机污染物等废物，通过土壤、食品、水、气等多种途径危及人群健康。

造成经济增长与资源环境供求紧张的矛盾，除了人口众多、资源相对短缺、生态环境先天不足这一基本国情外，也有许多深层次的原因。

第一，我国处于社会主义初级阶段，必须保持一定的发展速度，必然会对资源环境呈现出高压态势。新中国脱胎于半封建半殖民地社会，经济发展水平相当低下，经济基础相当薄弱。经过艰苦努力，发挥制度优势，迅速建立了工业经济体系和国民经济体系，实现了一系列重大突破，但生产力发展依然不足，欠发达状况没有根本改变。改革开放以来，尽管建立了社会主义市场经济体系，工业化、城镇化、国际化深入发展，人民生活水平有了较大的提高，但我国仍处于并将长期处于社会主义初级阶段，人民日益增长的物质文化需要同落后的社会生产之间的矛盾依然是当今社会的主要矛盾。为不断满足人民群众日益增长的物质文化需要，我国必须保持一定的经济增长速度。同时，我国生产力水平总体上还不高，自主创新能力还不够强，长期形成的结构性矛盾和粗放型增长方式尚未根本改变，经济增长对资源环境的高压态势将在一定时期内持续保持。

第二，我国依然不是贸易强国，既受制于产业整体技术水平，更面临着国际社会对我国资源环境占用的攻击。我国是在先天不足的状况下与西方发达国家展开全球竞争的。我国的科技发展水平不高，在国际产业分工中的地位还比较低，依然不是贸易强国，早期主要依赖廉价的劳动力和大量的自然资源消耗来保持国际竞争优势，并一时难以靠科技制胜。今后随着国际产业的升级转移，我国还将承接相当份额的加工制造产业。如果不能切实转变发展方式和外贸增长方式，不仅将直接影响我国经济的国际竞争力，还会对我国的资源环境带来更大的压力。

当前，我国的污染排放总量居高不下，石油、铁矿石、铜等资源对外依存度逐年提高。随着全球环境等问题的持续升温，气候变化等可持续发展热点问题逐渐进入世界政要的优先议事日程，环境公约不断出台且约束力日渐增强。当前，有关能源、环境污染、气候变化等"中国威胁"的报道不时见诸于西方媒体，我国履行国际公约的压力也有所加大。同时，一些发达国家利用技术优势，运用提高环境标准等手段对我国产品设置贸易壁垒，给产品出口造成困难。如仅欧盟近期对机电产品的两项环保指令，就使我国机电产品出口损失巨大。

第三，我国正处于体制转轨时期，政府行政管理体制不完善，一定程度上制约了经济增长方式的根本转变。当前，我国社会主义市场经济体制还不完善，特别是行政管理体制改革不到位，政府职能没有很好转换，还没有从"越位"的领域完全退出。政府机构等虽几经改革，也一再强调要政企分开，但政府仍拥有土地、投资、重要资源产品价格管制等过多的资源，而且继续充当许多地方经济活动和资源配置的主角，严重抑制了市场在资源配置中基础性作用的发挥。不少地方政府不顾资源环境条件，竞相鼓励甚至直接参与发展价高利大的加工业特别是重化工业，甚至在水资源严重匮乏地区发展高耗水产业，在能源短缺地区发展高耗能产业，在环境容量已经不足的地区继续发展高污染产业，区域的无序开发问题十分突出。

长期以来干部政绩考核和选拔制度不完善，以经济增长为中心的政绩考核体系，未能与资源生态环境保护挂钩，在一定程度上助长了重经济增长、轻社会发展和资源环境保护的行为。一些地方政府对"发展是硬道理"的片面理解，导致其较少考虑生态资源与环境成本，盲目追求 GDP 增长。现行的以流转税（增值税）为主的税收制度，迫使地方政府热衷于发展工业，特别是重化工业，追求更多的 GDP，进而增加税收和财政收入。不少地区为了一时的高产值、高速度，政府伸手干预资源环境保护执法。而政府在生态环境管理中采取按生态要素或资源类别分工的部门管理模式，使得资源生态环境的整体性被条条块块的管理分割，缺乏强有力的统一规划和监管，难以形成合力，也客观上降低了执法力度。此外，地方政府频繁的人事变动，还引发政府官员不重视长期的技术进步激励，转而追求短期 GDP 总量最大化的外延式粗放扩张行为。

我国实施可持续发展战略既面临着严峻的挑战，同时也面临着前所未有的机遇。

一是政策机遇。当前，我国正处于"矛盾凸显期"的发展阶段，更处于城乡居民消费结构加速升级、产业结构加快调整和城镇化快速发展的"黄金发展期"。党中央高度重视可持续发展工作，审时度势地提出了科学发展观和构建社会主义和谐社会两大战略思想，要求大力发展循环经济，努力构建资源节约型和环境友好型社会。胡锦涛同志在党的十七大报告中进一步揭示了科学发展观的科学内涵和精神实质，指出"科学发展观，第一要义是发展，核心是以人为本，基本要求是全面协调可持续，根本方法是统筹兼顾。"同时明确提出了实现全面建设小康社会奋斗目标的新要求，强调要"增强发展协调性，努力实现经济又好又快发展。转变发展方式取得重大进展，在优化结构、提高效益、降低消耗、保护环境的基础上，实现人均 GDP 到 2020年比 2000 年翻两番。要建设生态文明，基本形成节约能源资源和保护生态环境的产业结构、增长方式、消费模式。"这些理念和举措的贯彻落实将会全面促使生产方式由高消耗、低质量向低消耗、高质量转变，大大提高国民经济整体素质。同时也为我们解决发展过程中出现的问题、全面推进可持续发展战略实施，提供了制度与政策上的保障。

二是全球化机遇。进入 21 世纪以来，经济全球化趋势深入发展，国际产业分工向纵深发展。随着对外贸易和外资流入在全球的比重不断提高，我国与世界经济的相互联系和影响也日益加深，我国对外开放进入了商品和要素全面双向流动的新阶段。经济全球化促进了资源的优化配置以及全球范围内的生产分工合理化与规模效益，提高了资源的利用效率，相对地减少了低水平、低效率的资源开发与生产所导致的环境污染。而且，世界科技进步的日新月异，有利于我国加快高新技术产业发展和传统产业的改造升级。经济全球化将经济效率、市场化的观念推广到全球各个生产领域，有助于促进资源成本化与环境价值化。同时，与经济全球化相伴随的资源跨国流动和生态服务功能的跨国占用，为各国可持续发展战略的实施提供了全球范围的支持与合作。我国可以利用其他国家的资源优势，扩展资源、生态消耗的调节空间，为解决我国的资源、环境问题提供了更多的可能性。

三、中国可持续发展的战略对策

按照科学发展观的要求，统筹考虑经济、社会、资源、生态、环境和能力建设等领域综合配套措施和对策，注重体制机制创新，加大可持续发展战略的实施力度，努力走出一条生产发展、生活富裕、生态良好的文明发展道路。

第一，立足国内，实施资源环境的全球化战略。我国走可持续发展道路的进程中，关键是要立足国内，树立资源环境的全球化观念，把资源、环境安全提到优先的地位，确保不出现重大资源环境危机。

一是提高国内战略性资源的开发利用水平，增强资源的保障能力和配置效率。严格保护耕地，增加农业投入，促进农业科技进步，增强农业综合生产能力，保障国家粮食安全。实施严格的土地利用总体规划和土地利用年度计划，依法加强土地管理。加快推进征地制度改革，进一步清理开发区和整顿土地市场秩序，在推进城镇化和工业化的进程中，集约利用土地资源，严格控制农用地转建设用地规模。加强土地的整理、复垦、生态建设和恢复，防止土地退化，提高耕地质量。

对水资源进行合理开发、优化配置、高效利用、有效保护和综合治理，建设节水型社会。建设高效的现代节水农业，积极发展旱作农业。坚持节流优先、治污为本，为城市与工业用水多渠道开源。提高雨水、咸水、海水等非常规水资源利用水平，保障生态用水。

有序开发水电，大力发展清洁能源和可再生能源。加大油气资源勘探力度，推广先进采煤技术，合理开发煤炭资源，建立煤炭资源开发和生态环境恢复补偿机制。运用现代矿产资源探测技术，开辟找矿新区，延伸找矿深度，大幅度提高矿产发现率。进一步提高矿产资源的开发利用技术，提高低品位矿和复杂难处理矿利用效率，对一些重要矿产资源实行保护性开采。加强固体废弃物的管理，实现资源的综合循环利用。

二是建立有效的战略资源全球性供给体系，全面增强资源保障能力。尽快制定和实施利用国外石油、天然气资源的战略规划，建立油气来源多元化的渠道，积极利用国外油气资源；巩固现有开放合作局面，为企业"走出去"提供完善的服务，推进境外开发；采用国家储备和社会储备相结合的方式，实施石油资源储备战略，提高应对国际突发事件的能力。

按照国家经济安全和比较利益的原则，选择条件有利的国家和地区，有重点地开展境外矿产资源风险勘探开发工程试点，继续鼓励在矿业开采、原料初加工及经营方面扩大在海外的直接投资，开辟稳定的大宗紧缺资源的国外供应基地。

重要农产品进口尽量采取多渠道采购战略，在平等互利基础上与一些国家和地区建立长期订货关系，稳定我国主要农产品进口渠道和基础价格；鼓励国内企业到海外农业和林业资源丰富的国家和地区进行直接投资，逐步建设若干稳定我国农产品和木材资源供应的境外基地。

第二，动员全社会力量，加快建设生态文明。 从战略和全局的高度充分认识和把握实施可持续发展战略的重要性和紧迫性，坚持资源节约和保护环境的基本国策，调整经济发展模式和社会消费模式，走可持续发展之路。

一是加快经济结构战略性调整步伐，大力发展循环经济。坚持走新型工业化道路，大力调整优化产业结构，加快发展第三产业，提高其比重和水平。坚持以市场为导向、企业为主体，把增强自主创新能力作为中心环节，继续发挥劳动密集型产业的竞争优势，调整优化产品结构、企业组织结构和产业布局，提升整体技术水平和综合竞争力，提高我国产业在国际价值链中的地位。加快转变经济发展方式，促进经济增长由主要依靠投资、出口拉动向依靠消费、投资、出口协调拉动转变，由主要依靠第二产业带动向依靠第一、二、三产业协同带动转变，由主要依靠增加物质资源消耗向主要依靠科技进步、劳动者素质提高、管理创新转变。

完善产业政策和行业规划，严格执行技术、质量、安全、环保等市场准入标准，提高高污染行业市场准入门槛，强制淘汰浪费资源、污染环境的落后工艺和设备，对新建企业提出能源、原材料消耗和污染排放方面更为严格的要求，加大对自主创新能力建设的支持力度，推进技术改造，支持推广采用节能、降耗、节水、环保和综合利用的先进技术设备和产品，加快淘汰落后生产工艺装备和产品，探索建立落后产能退出机制。调整出口结构，控制高污染、高耗能和资源型产品出品。

大力发展循环经济，把经济发展与节约资源、保护环境有机结合起来。继续推进国家循环经济试点，建成一批循环经济典型地区、典型企业、再生资源产业园区、生态工业示范园区，总结经验，逐步推广。全面推行清洁生产，制定和发布重点行业清洁生产标准和评价指标体系，制定并组织实施重点行业、重点地区的清洁生产推行规划。推进矿产资源、固体废物的综合利用和水等再生资源的循环利用。

二是加强公众参与，建立资源节约型和环境友好型社会。建立人口综合管理与优生优育体系，稳定生育水平，提高人口素质。广泛宣传科学知识和基本国情，弘扬优良传统，倡导可持续发展理念，树立生态文明观念，提高公众的资源节约、环境保护和绿色消费意识。制定鼓励绿色消费的经济政策，包括政府绿色采购、绿色产品税收减免、节能环保标志产品认证与推广政策等；完善生态环境信息发布制度，拓宽公众参与和监督渠道，充分发挥新闻媒介的舆论监督和导向作用，增加环境与发展方面的决策透明度，促进生态环境领域决策和管理的科学化、民主化。

三是加强科学研究，推广先进适用技术。加大对自主创新投入，着力突破制约经济社会可持续发展的关键技术。围绕资源利用、生态建设以及环境保护的优先领域和关键技术，组织开展基础性研究和科技攻关；建立可持续发展专家咨询和技术支撑系统，完善科技推广、信息服务体系和技术交流网络，推广先进适用技术，提高能源资源利用效率和环境承载能力；设立专项资金，对于生态脆弱和贫困地区的生态环境项目开展配套的技术援助。

第三，完善行政管理体制，建立有利于可持续发展的经济激励机制。围绕充分发挥政府推动可持续发展的主导作用和市场配置资源的基础性作用，进一步深化改革，加快形成可持续发展体制机制。

　　一是加快推进政府管理改革，实现资源、生态、环境的协同管理。把资源配置主导权交给市场，政府致力于履行经济调节、市场监管、社会管理和公共服务职责。合理划分各级政府的事权和财权，完善财税体制，从制度上避免地方政府为提高财政收入和保障财政支出而不计后果提高 GDP 增速的行为。进一步明确国家、地方以及相关部门的责任，充分调动各个方面的积极性。通过合理的决策规则、规范的决策程序、高效的决策机构和透明的决策过程，将可持续发展思想贯穿到整个经济、社会活动之中。从全面提高执政能力、提高行政效率的角度，调整现有机构设置，加大机构整合力度，加强部门整体上的协调性，按照资源、生态、环境管理的系统性要求，建立起一种互相联动式的良好协作关系，形成统一管理、权责一致、分工协作的可持续发展管理体制。

　　在全面推进政府管理体制改革的过程中，将资源、生态、环境管理全面纳入政府和干部绩效的考核体系。把科学发展观转化为正确的政绩观，加强环保执法监督，引导各级政府和领导干部统筹协调经济建设与环境保护工作。

　　逐步建立符合我国国情、多层次的可持续发展指标体系和监测评价系统，开展国家和地区的可持续发展水平监测评价，定期发布监测评价报告。建立合作机制，加大能力建设，促进信息共享。加强可持续发展的试点示范工作，通过典型区域和领域的试点示范，解决地方普遍遇到的资源利用、生态环境保护、结构调整和经济增长方式转变等方面的问题，形成不同类型的可持续发展模式，并向周围其它地区辐射推广。

　　二是充分发挥市场的基础性配置作用，建立资源有效利用的激励机制。明晰资源产权，完善确保资源的可持续利用政策。建立健全以产权约束为核心的资源资产管理制度和资源产权有偿转让的市场机制，促使资源使用权合理转让和流动，实现资源的高效利用与优化配置。建立自然资源价格分级形成制度，将目前单一低廉的资源价格制度改为分类适宜的资源价格制度。根据区域环境容量和资源的稀缺程度，建立资源利用的地区差价制度。根据行业生产污染轻重程度，推行不同行业利用自然资源的差别价格制度，污染重的行业应相应对所利用的资源实行高价政策，同时对污染大户使用的资源实行累进加价和超额加价的政策。逐步建立水权交易制度,积极推进区域性的排污权交易制度。

建立健全资源有偿使用制度和生态环境补偿机制,实行有利于可持续发展的财税制度。适当提高现行资源税,扩大资源税的征收范围,增加的税收作为地方财政收入,增加的税赋通过提高资源性产品的价格,转移到资源的加工增值环节。建立健全各种生态环境税,全方位改革排污收费制度。对各种污染源依据其对环境的污染程度实施差异征税政策,对环境破坏大的商品和服务实行高额征收营业税、增值税政策,对有利于环保的经济行为和环保设备实行税收减免政策。同时按照"谁污染谁治理"、"谁污染谁付费"的原则,明确界定纳税人、税基与税率选择、税收征管、税款使用等内容。逐步理顺资源性产品价格关系,建立能够反映资源环境稀缺程度和市场供求关系的价格形成机制。

拓宽投资来源,保证生态环境投入的持续增长。完善中央和省级财政对限制、禁止开发区域的转移支付制度;在现有的财政转移支付中增设生态环境科目,并探索建立跨区域间直接的生态补偿机制,推进区域环境合作。创新金融工具,通过发行企业债券、市政项目收益债券、建立产业投资基金、企业股票上市等多种方式,拓宽生态建设与环境保护投融资渠道,实现投资主体的多元化;加强不同资金渠道之间的整合,探索政府资金和社会资金共同投资于生态环保领域的建设运营机制。

（2007 年）

从五个方面推动形成绿色发展格局 [1]

今天，我们相聚在美丽的滨海新区，参加第六届中国（天津滨海）国际生态论坛。在此，我谨代表国家发展和改革委员会对论坛的召开表示热烈的祝贺。

城市是资源要素的聚集地，是推动经济社会发展的主动源，对生态文明建设有着举足轻重的作用。当前，中国正在经历着世界上最大规模的城镇化过程。2014 年，中国的城镇化率达到了 54.77%，城镇人口超过了 7.49 亿。随着城市化进程加快，资源环境的硬约束也在凸显，人口密集、交通拥堵、环境污染、绿地缺失等问题已越来越成为城市可持续发展严重制约。

党中央、国务院对此高度重视，先后作出了一系列重大决策部署，党的十八大将生态文明建设纳入了中国特色社会主义事业"五位一体"的总体布局，要求推进绿色发展、低碳发展、循环发展，建设美丽中国。党的十八届三中、四中全会进一步明确了生态文明建设在全面深化改革、全面依法治国战略布局中的重要地位。中央先后出台了加快推进生态文明建设的意见和生态文明体制改革总体方案，生态文明建设扎实推进。本届论坛的主题设定为"生态城市与可持续发展"，准确把握了我国城镇化深入发展时期对环境、生态、资源可持续利用和有效治理的迫切要求，具有很强的现实意义。

"绿色化"是打造生态城市和实现可持续发展的核心要求，而实现"绿色化"，需要形成如下五个方面的要求：

一是绿色思想。要牢固树立尊重自然、顺应自然、保护自然的生态文明

---

[1] 本文系作者于 2015 年 9 月 15 日在住房和城乡建设部、天津市人民政府举办的"第六届中国（天津滨海）国际生态城市论坛"上的致辞。

理念，把生态文明纳入社会核心价值体系，开展绿色教育，形成人人、事事、处处、时时崇尚生态文明的社会新风尚。

二是绿色布局。要构建有利于资源节约和环境保护的空间和产业布局，合理布局和整治生产空间、生活空间和生态空间，建设绿色城市。

三是绿色生产。要构建科技含量高、资源消耗低、环境污染少的产业结构，引导绿色设计，生产绿色产品、发展绿色产业，培育新的经济增长点，推动经济绿色化和绿色产业化。绿色产业是为生态文明和绿色发展提供技术基础和支撑的产业，根据国务院《"十二五"节能环保产业发展规划》，到今年底，中国节能环保产业产值将达到 4.5 万亿元，这不仅为生态文明提供物质基础和技术产业支撑，同时也为经济作出积极贡献。

四是绿色生活。要加快形成勤俭节约、绿色低碳、文明健康的生活方式和消费模式，提倡绿色消费，促进生活方式的绿色转型。

五是绿色共享。有了前面的绿色布局、绿色生产、绿色生活和绿色思想，多措并举，真正落实，才能得到绿色共享的结果，使人民在良好的生态环境中生产生活，使绿色成果由全体人民共享。

国家发展改革委作为中国政府综合研究拟订经济和社会发展政策，进行总量平衡，指导总体经济体制改革的宏观调控部门，将进一步发挥规划引导作用，把生态文明建设贯彻到重大战略、重大政策、重大布局、重大项目和重大改革的研究安排中，融入于经济社会发展的各方面和全过程，大力推进发展方式转变，积极发展绿色、循环、低碳经济，为建立资源节约型、环境友好型社会，推动形成人与自然和谐发展现代化建设新格局做出积极贡献。

建设生态城市、促进可持续发展关系着全人类的福祉，是一件功在当代、利在千秋的大事，需要我们广泛动员社会各方力量，也需要加强国际合作、群策群力凝聚各方面的智慧，相信本届论坛的召开不仅将加快推进天津绿色低碳发展的步伐，也会为中国推进生态文明建设和绿色低碳城市发展提供重要的经验和启示。

预祝论坛取得圆满成功。

（2015 年）

生态文明建设的理念与路径 [1]

　　生态文明建设是新时期"五位一体"总体布局的重要内容，关系人民福祉、民族未来，与国家安定、社会和谐紧密相连。过去许多年来，唯 GDP（国内生产总值）增长速度的思想理念与竭泽而渔的粗放型发展方式相伴相撑，带来了资源环境承载压力的增大，也造成了生态环境的破坏。尽管近年来为解决这类问题采取了一系列措施并取得了积极成效，但正如中央所指出的那样，总体上看我国生态文明建设水平仍滞后于经济社会发展，资源约束趋紧、环境污染严重，生态系统退化，发展与人口资源环境之间的矛盾日益突出，已成为经济社会可持续发展的重大瓶颈制约。鉴于生态文明建设的极端重要性和紧迫性，今年 4 月，中共中央、国务院印发了《加快推进生态文明建设的意见》，9 月份又出台了《生态文明体制改革总体方案》，科学务实的顶层设计业已形成。但生态文明建设涉及面宽广，相关问题积重较深，所面对的挑战十分尖锐。必须树立系统思维，从转换思想理念入手，统筹推进各项工作，步步为营，积微成著，不断取得新的进展。

一、夯实基础：牢固树立科学的发展理念

　　发展是硬道理，但发展必须是可持续发展，耗资源、毁生态、污环境能够带来一时的高增长，却会使人类陷于万劫不复的境地。实现永续发展，必须转变粗放型发展方式，实现发展与人口资源环境的有机协调，而生态文明建设的目的就在于此。思想是行动的先导，保障生态文明建设的扎实推进，

[1] 本文系作者于 2015 年 10 月 21 日在 "2015 中国生态文明建设与产业投资高峰论坛" 上的主题演讲。

首要的是转换思想观念，牢固树立起有利于实现永续发展的科学理念。特别重要的有两个方面：

第一，树立"适度开发"的理念。自然资源对人类具有极端重要性，是人类永续发展的支撑条件，但大部分自然资源是有限的，不可再生。如果超越其承载底线和修复能力进行过度开发，将会不断增加生态环境赤字，最终毁掉人类生存发展的根基。而人类发展是一代代人的接续发展，上一代人要为下一代人创造更好的发展条件，尤其是留下丰厚的资源和优美的环境。这也要求在开发上留有余地，正所谓"但存方寸地、留于子孙耕"，不可急功近利，将资源耗干用尽。"适度开发"体现的是长远眼光，本质上是顺应和遵从自然规律的内在要求。从人类最基本的利益出发，要善待自然，把资源节约、环境保护放到发展的优先位置，作为开展一切经济社会活动的前提，以最少的资源消耗支撑发展，同时坚持在保护中发展、在发展中保护。

第二，树立"绿色发展"的理念。发展是硬道理，关键在于怎样发展。绿色是自然之色，绿色发展把资源节约、环境保护与经济发展有机统一起来，不仅能带来快速的增长，而且能形成高质量高效益，是实现永续发展的不二道路。要切实增强绿色发展重要性认识，坚持用这一理念指导推动经济社会发展。绿水青山就是金山银山，要在尊重自然本性、强化山水美态的基础上大力开发生态产品，不断提升绿水青山的经济价值与财富展现程度；绿色是生命之源、生存之基，要把降碳、减污、节能、增绿、循环作为恒久的工作任务，推动生产形态、产业结构、生活方式全面绿色转型，实现中华民族的永续发展；绿色低碳是美好生活的重要特质，给全体人民带来福祉，也依靠全体人民共同努力实现，要强化宣传引导，大力构建生态文化氛围，不断提高大众的绿色意识，使推动绿色发展成为全社会的自觉行动。

二、着力关键：优化提升产业结构

产业一头连着生产、一头连着生活，是经济社会发展的主要载体和基本支撑，直接关联资源使用与环境维护状况。推进生态文明建设，要切实抓住产业结构调整这个关键，加快提升绿色化水平。

第一，加快已有产业的绿色化改造。加强农业面源污染防治，科学施用化肥、农药，提高秸秆、粪污、农膜等的综合与循环利用水平，运用自然与科技手段，促进农田土壤固碳增汇；推进重金属污染治理，净化农产品产地综合生态环境。推进工业领域低碳环保工艺与技术革新，提升传统加工制造业，对难以实现有效改造或转型升级的高耗能高污染高排放项目坚决予以关停。强化煤炭等化石能源的降碳减排技术创新，推动传统能源绿色开发和清洁利用。

第二，大力发展绿色产业。推动高端、先进、智能制造业发展，加快建设绿色制造体系；强化关键核心技术研发应用，不断拓展战略性新兴产业规模；依托互联网、大数据、人工智能等新兴技术手段，培育发展绿色低碳工业与服务业，推动绿色生态资源与适宜产业的融合，形成绿色为本底的"融"经济、"混"产业；大力发展有机农业、生态农业、观光农业，实现农业"绿"上增"绿"；积极发展风能、太阳能、生物质能、地热能、浅层地温能、海洋能等，推进石岩气、煤层气、致密油气等非常规气资源的规模化开发，加快建立环保型能源结构。

三、强化支撑：全方位推动技术创新

建设生态文明，要把绿色发展、循环发展、低碳发展作为基本途径，而践行这一途径则需要先进的技术体系做支撑。应大力推动技术创新，实现关键核心领域技术的突破，促进适宜技术在经济社会发展相关领域的有效供给与及时运用。

第一，更有针对性地推进技术创新。紧扣生态文明建设的重大需求、主要症结、关键环节开展和运用技术创新。主要是，加强面向产业发展的技术创新，推动实现绿色低碳转型。例如，在农业领域，推进化肥、农药、农膜减量化，畜禽养殖废弃物资源化和无害化，鼓励生产、使用可降解农膜；推进农作物秸秆综合利用，加强农用地土壤重金属治理和污染源头防治；开展农村环境综合整治，实现农村污染垃圾集中处理和循环化利用。在工业领域，强化重点行业清洁生产改造，推动重点项目脱硫、脱碳、脱硝、脱尘，全面应用绿色低碳环保工艺和设备，基于技术升级打造绿色产业链。在服务业领域，推行无纸化运作，实施电子化、数字化管理；鼓励应用可降解包装，促进产品包装特别是速替包装减量化、循环化。加强面向资源节约集约利用的技术创新，促进资源环境的可持续发展。例如，实行垃圾分类回收、推进煤矸石、矿渣等大宗固体废弃物综合利用；发展再制造和再生利用产品，推动纺织品、汽车轮胎等废旧物品回收利用；实施钢铁、电力、化工、水泥等高耗能行业节能降碳改造，运用节水技术改善高耗水行业，推广应用节地技术与模式。加强面向构建文明健康生活方式的技术创新，打造全民参与绿色行动的基础。例如，运用先进理念与技术推进山水林田路综合治理，打造绿色廊带和乡村公园；推行绿色家庭、绿色社区、绿色商场、绿色建筑创建，拓展绿色出行、绿色消费、绿色贸易及共享经济、循环使用、二手交易等模式。

第二，着力提升技术创新能力。为生态文明建设提供持续与高效的共性技术供给，有赖于建立强有力的技术创新体系，形成高水平的技术创新能力。为此，应着眼于两个方面下功夫：一是优化人才成长、创业的综合环境，包括优化思想氛围、政策导向、管理体制、服务体系、配套设施等，大力破除各种软硬形态障碍，充分激发科技工作者、企业家、创业者创新的积极能动性和主动性。事实上，每一种创新都含有不同程度的技术创新的成分或元素，各类创新的能动性增强了，技术创新的力度自然也就增强了。二是着力解决各地区创新资源相对不足，关键核心技术创新能力不强又各自为战、相互掣肘的问题，通过战略规划、体制改革、平台建设、利益联动等手段，构建各类主体密切合作、各个地区一体联动的技术创新体系，以最强的阵容、最优的环境开展共性技术创新。

四、建立保障：打造富有活力的体制机制

生态文明建设是一项需要全民参与、上下左右协调联动、各领域有效作

为的宏大系统工程，是一场涉及思想观念、生产方式、生活方式等诸多重要方面转换转型的深刻变革，必须深化关键领域改革，着力构建有利于全面激发社会活力与潜能的体制机制，为引导、激励绿色发展循环发展低碳发展，规范、约束各类开发利用自然资源行为，保护、提升生态环境提供强大动力和坚实保障。应特别注重推进如下重要制度的建设。

第一，完善基础制度。健全产权制度特别是健全自然资源资产产权制度，在平等保护各种所有制形态的合法财产权益和正当经营权益的同时，明确责任主体，着力解决自然资源所有者不到位、资源环境保护不力问题；健全国土空间开发保护制度，严格规划约束和用途管制，着力解决无序开发、过度开发等导致的资源浪费、生态破坏与环境污染问题；健全重要资源总量管理和全面节约制度，加强过程监督和强度把控，着力解决重复建设、粗放发展和效率低下问题；健全绿色标准体系，从严把握重要资源耗费水平和关键领域绿色质量，建立与国际接轨并适合我国国情的能效和环保标识认证制度。

第二，强化激励机制。建立健全促进绿色发展的经济政策体系，探索设立绿色发展基金、定向或专项转移支付、差别价格、资源环境税等特殊支持手段和调节工具；建立健全区域利益平衡机制，基于上下游间生态联系、重要农产品区际产销关系、重要资源地区间输出输入关系进行公平合理的利益补偿；建立健全水权、排污权、碳排放权、节能量等的交易制度，运用市场手段推进资源节约和环境保护；建立健全务实有力的奖惩机制，严格实行生态损害者赔偿、受益者付费、保护者得利一体协同运作的制度；建立健全政绩考核制度，研究制定有利于推进生态文明建设的目标体系和考核办法，对领导干部特别是主要领导和主管领导实行自然资源资产和环境责任离任审计，相应建立资源破坏和生态环境损害责任终身追究制。

第三，健全监管体制。加强监测预警，科学梳理生态文明建设要素特别是涉及绿色发展、资源开发、生态环境保护相关要素，在此基础上全面建立统计、监测和考评体系，并及时将有关信息向社会公开，接受舆论和人民监督；建立资源环境监测预警指标体系和信息技术平台，对资源消耗、环境容量超过或接近承载能力地区，及时进行预警提醒，相应采取适应的限制性举措。严格执法监督，法律、行政、经济等手段并举，以"零容忍"的态度严厉查处对各种破坏资源、损害生态环境的行为，大幅度提高违法违规成本与代价。

（2015 年）

始终坚持绿色发展的正确道路 [1]

生态文明建设近关生态环境改善、人民生活质量提升和全面建设小康社会目标的实现，远涉经济社会可持续发展、国家的繁荣稳定和民族的延衍生存，意义重大。近几十年的实践使我们对此有了深刻的体验：没有干净的空气、水和土壤，即使是有高达两位数的增长速度，有堆积如山的金银财宝，我们也不会幸福快乐，最终我们还会消灭自己、失去未来。有鉴于此，国家高度重视生态文明建设，在"十一五"规划提出建设资源节约型、环境友好型社会的基础上，党的十八大提出大力推进生态文明建设，并把它纳入社会主义现代化建设五位一体的总体布局。2015 年，中共中央、国务院先后发布了《关于加快推进生态文明建设的意见》和《生态文明体制改革总体方案》，明确了生态文明建设的目标愿景、基本原则、主要任务和操作路径。"十三五"规划把绿色发展作为新时期五大发展理念，放到突出重要位置。可以说，生态文明建设的号角已经吹响，全面的攻坚战也已展开。的确，今天在总体上看我国生态文明建设水平仍滞后于经济社会发展，资源约束趋紧，环境污染严重，生态系统退化，发展与人口资源环境间的矛盾日益突出。但如果从现在起，在解决这些问题上我们只前进不后退，哪怕是一点一点地进步，我们就一定能奔向光辉的明天，一个绿色的美丽的现代化的中国终将展现在我们每一个人的面前。

生态文明建设是一项巨大而复杂的系统工程，如果把"绿色"作为它的本质特征和鲜明标志的话，那么它涉及到从思想到道路的一系列要素的变革

---

[1] 本文系作者于 2016 年 4 月为南昌大学傅春教授著作《江西样板——江西生态文明建设的经验与评价》所写的序言，该书于 2016 年 6 月由江西人民出版社出版。

和创新。在我看来，这样几个方面又特别重要：一是树立绿色理念。认识到尊重自然、顺应自然和保护自然是规律使然，破坏环境必受自然惩罚，危害生态终将毁灭未来。绿水青山就是金山银山，良好的生态环境是永续发展的必要条件。二是坚持绿色决策。把绿色发展作为规划的引领和政策的导向，把节约资源、保护环境、优化生态作为开展一切经济社会活动的前提与底线，把解决突出生态环境问题作为工作的重点，把推动人与自然和谐发展，建设美丽中国作为现代化建设的核心内容。三是创新绿色技术。开展能源节约、资源循环利用、清洁能源开发、污染治理、生态修复等领域关键技术攻关，在实现绿色发展的基础研究和前沿技术研发方面不断实现突破，推动绿色技术与工艺广泛运用于产业发展、城乡建设和人民的吃穿住行，支持形成绿色生产和生活方式。四是建立绿色制度。激励和约束并举，形成促进资源节约、环境保护和支持绿色发展、循环发展、低碳发展的利益导向机制和治理管控制度，相应构建充分反映资源消耗、环境损害和生态效益的生态文明绩效评估考核和责任追究制度。我以为，抓住了这些关键方面，生态文明建设就能持续不辍地走在前进的道路上，开创社会主义生态文明新时代。

我国幅员辽阔，各个地区不仅经济发展水平与资源环境状况差异较大，生态文明建设的基础也很不相同。这种境况与复杂多样的生态文明建设任务相联系，要求我们把打造试验示范平台、推动创新探索并及时总结成功经验、加强推广应用作为一个重要的路径。换个角度说，生态文明建设要求各个地区、各个行业在遵循总体目标和基本原则的前提下，结合实际，发挥比较优势，大胆进行探索，既使自身成为全国生态文明建设进展的一个组成部分，又为推进这一建设提供有益经验。在这个方面，江西成为一个先行者并形成了自己的特色。面对着实现跨越发展的必然选择和艰巨使命，江西逐渐摆脱传统思维和发展方式，科学处理经济发展和环境保护关系，走向了坚持绿色发展的正确道路。从靠山吃山、靠水吃水到"治山、治水、治贫"，到"既要金山银山，更要绿水青山"，再到"发展升级、绿色崛起"；从建立鄱阳湖生态经济区，到把江西全境打造成为全国生态文明建设的先行区，反映了江西环境保护和生态文明建设的前进历程，更反映了江西发展理念的变化和发展方式的转变提升。据了解，在新的形势下，江西矢志不渝，推出了一系列重大举措：深入实施大气污染防治行动计划，空气环境质量优良率达90%及以上；深入实施水污染防治行动计划，全省地表水监测断面水质达标率80.9%，设区市城区集中式饮用水源地达标率100%；加强土壤污染源头综合整治，深入开展农村环境连片整治行动，农村面源污染防治取得新成效；做好林木保护，森林覆盖率达到63.1%，稳居全国第二；等等。与此同时，江西还推出了一系列制度性措施，为生态文明建设提供有力支撑。这样的不懈努力，使江西走在全国前列，也形成了一批可复制、可推广的成果，为全国生态文明建设积累了经验、提供了示范。

南昌大学傅春教授是一位知名的生态环境经济专家，撰写了不少相关的学术文章。难能可贵的是，她不仅在生态文明建设理论方面颇有造诣，而且十分关注生态环境的政策演变和实践进程，并亲身投入其中。在30多年追踪研究的基础上，她和她的研究团队共同完成了这本《"江西样板"江西省生态文明建设的经验与评价》。本书观察、梳理和分析了江西历届省委、省政府坚持生态文明建设理念的发展历程和江西生态保护的重大实践、主要成功模式与经验，对江西生态环境与经济社会发展的关系做了客观的评价；总结概括了"江西样板"所蕴藏的绿色内涵，提炼了其中的主要特征，并提出了打造"江西样板"试点建设的对策建议。书中既有理论见解阐述，也有实践经验梳理；既有自然科学层面的探究，也有管理学和经济学意义上的思考。相信这些总结和研究成果，能够加深读者对江西生态文明建设的了解，并对打造美丽中国"江西样板"有较好的指导意义，对于在全国推广"江西样板"有积极的借鉴作用。

生态文明建设既是系统工程，又是大众工程，推动绿色发展，建设美丽中国需要全社会的参与和贡献。我未尝推辞应约写下这篇粗浅的序文，唯一的原因是希望有更多像傅春教授一样的学者和其他人士积极参与到我国生态文明建设的实践中来，大家一起努力，把我们的国土建设成为天蓝、地绿、水净、风清美丽家园。果若此，则甚慰。

（2016 年）

落实绿色发展理念 加快建设生态文明 [1]

很高兴参加今天的专题研究班，围绕"新常态与绿色发展"这一主题与大家交流。下面，我结合学习和落实党的十八大和十八届五中全会精神及工作实际，就贯彻《国民经济和社会发展"十三五"规划纲要》，落实绿色发展理念，加快推进生态文明建设问题谈一些体会，供大家参考。

一、"十二五"时期我国生态文明建设取得了积极成效

"十二五"期间，各地区、各部门按照党中央、国务院的决策部署，认真落实《国民经济和社会发展"十二五"规划纲要》，坚持"五位一体"、"五化协同"[2]，坚持改革创新、依法推进，坚持统筹协调、以人为本，通过一系列强有力的政策措施，扎实推动绿色、循环、低碳发展，加快推进生态文明建设，取得了显著成效，对提高发展质量和效益、破解资源环境瓶颈约束、改善群众生产生活环境、推动可持续发展做出了重要贡献。

一是主要指标全面完成。《国民经济和社会发展"十二五"规划纲要》中资源环境类主要指标共 8 项，其中约束性指标 7 项，预期性指标 1 项。在各地区、各部门的共同努力下，各项主要指标均圆满完成或超额完成。能耗强度、二氧化碳排放强度、单位工业增加值用水量分别降低了 18.2%、20% 和 35%；化学需氧量、二氧化硫、氨氮、氮氧化物等主要污染物排放总量分

---

[1] 本文系 2016 年 5 月 13 日在中央组织部、原环境保护部（现生态环境部）主办，北京大学承办的"北京大学生态环保研究班"上的讲课稿。

[2] "五位一体"指经济建设、政治建设、文化建设、社会建设和生态文明建设五位一体的总体布局；"五化协同"指新型工业化、城镇化、信息化、农业现代化和绿色化协同推进。

别减少 12.9%、18%、13% 和 18.6%；超额完成节能减排目标任务。耕地保有量为 18.65 亿亩，保住了 18.18 亿亩耕地红线目标；非化石能源占一次能源消费比重、农业灌溉用水有效利用系数、森林覆盖率、森林蓄积量分别达到 11.4%、0.532、21.66% 和 151 亿立方米。

二是资源利用效率明显提高。2011—2015 年，能源效率进一步提升，以年均 3.6% 的能源消耗增速支撑了 GDP（国内生产总值）年均 7.8% 的增长，2015 年火电、粗钢、原油加工、合成氨、水泥熟料、平板玻璃等高耗能产品的单位产品综合能耗分别达到 315 克标煤／千瓦时、572 千克标煤／吨、93 千克标煤／吨、1342 千克标煤／吨、110 千克标煤／吨、13.5 千克标煤／重量箱，比 2010 年降低 5.4%、5.5%、6.2%、4.3%、4.3%、2.1%。水资源利用效率显著提高，万元 GDP 用水量由 2010 年的 147.3 立方米下降到 104 立方米，万元工业增加值用水量由 89.1 立方米下降到 58.3 立方米。土地利用更加高效，新增固定资产投资建设用地消耗由 2010 年的 2.56 公顷／亿元下降到 2013 年的 1.37 公顷／亿元，2011 年、2012 年和 2013 年单位 GDP 建设用地下降幅度分别达到 6.9%、5.6% 和 6.9%。2011 年到 2015 年，我国回收利用废钢铁、废有色金属、废塑料、废轮胎、废纸、废弃电器电子产品、废玻璃、废电池以及报废汽车、报废船舶等十类主要再生资源 12.5 亿吨，相当于减少矿产、石油、森林等原生资源开采 51 亿吨，减少能源消耗 12 亿吨标准煤，减少固体废弃物排放 72.8 亿吨，减少污水排放 555 亿吨。资源产出率明显提高，2015 年比 2010 年提高了 16%。

三是生态环境质量有所改善。大气污染治理力度加大，空气质量呈现向好趋势，2015 年达标城市、优良天数比例比 2013 年分别提高 10.8% 和 10.7%，重污染及以上天数减少 53.7%，细颗粒物（PM2.5）平均浓度下降 23.6%。我国已建成发展中国家最大的空气质量监测网，全国 338 个地级及以上城市全部具备细颗粒物（PM2.5）等六项指标监测能力。全国地表水国控断面水质从 2010 年的中度污染改善到轻度污染，其中劣 V 类水体比例由 2010 年的 15.6% 下降至 8.8%，达到或好于 III 类水体比例为 66%，比 2010 年提高 12.4%，黄河、辽河、海河污染状况改善了一个等级。生态防护功能显著增强，构筑了东北森林、北方防风固沙、沿海防护林、西部高原、长江流域、黄河流域、珠江流域、中小河流及库区、平原农区、城市森林等十大生态屏障。截至 2014 年底，全国各类自然保护区共有 2729 个，约占陆地国土面积的 14.84%，高于世界 12.7% 的平均水平。城市建成区绿化覆盖率达到 40.2%，人均公园绿地面积达到 13.08 平方米。

四是产业结构调整效果初显。化解产能严重过剩矛盾初见成效，淘汰落后产能取得明显进展，2011 到 2014 年共关停小火电机组 2129 万千瓦，淘汰落后产能炼钢 12665 万吨、水泥 60004 万吨、平板玻璃 15457 万重量箱，关闭 3309 处小煤矿，提前一年完成重点行业"十二五"淘汰落后产能目标任务。服务业和战略性新兴产业的发展动力进一步激发，2015 年第三产业增加值占 GDP 比重达到 50.5%，比 2010 年提高 6.3 个百分点。能源结构不断优化，2014 年水电、风电、光伏发电并网装机容量分别达到 3.02 亿千瓦、9581 万千瓦、2805 万千瓦，比 2010 年增加 8000 万千瓦、6537 万千瓦、2719 万千瓦，其中水力、风力发电装机规模居世界第一。

五是政策机制不断完善。国家出台了一系列关于加强资源节约、环境保护、生态建设的重大政策措施，印发了节能减排综合性工作方案、节能减排"十二五"规划、大气污染防治行动计划、水污染防治行动计划、应对气候变化规划、循环经济发展战略及近期行动计划、全国生态保护与建设规划、全国农业可持续发展规划、重金属污染综合防治规划。调整优化价格、财税、金融等政策。深入推进资源环境价格改革，实施成品油价格形成新机制，出台支持油品质量升级价格政策，基本理顺天然气价格，大幅提高可再生能源电价附加标准，实行并提高脱硫脱硝除尘电价，推行居民用电用水阶梯价格，扩大排污费征收范围，进一步提高排污费和污水处理费征收标准，实施原油、天然气资源税从价计征改革，明确"十二五"末各地水资源费最低征收标准。加大财税支持力度，安排了一批中央预算内投资和中央财政资金，支持了一批节能减排、循环经济、污染治理、生态保护和修复、基础能力建设等重大项目，在 30 个城市开展节能减排财政政策综合示范；推行绿色税制，在推动资源节约、发展循环经济和加强环境保护等领域实行了包括增值税、企业所得税减免在内的一系列税收优惠政策。大力推广绿色信贷，截至 2013 年底，21 家主要银行绿色信贷余额达 5.2 万亿元，支持节能环保企业债务融资近 3300 亿元。

六是法规体系更加健全。完善法律法规，修订了环境保护法、大气污染防治法、清洁生产促进法、海洋环境保护法、固体废物污染环境防治法等，出台了太湖流域管理条例、畜禽规模养殖污染防治条例、放射性废物安全管理条例等行政法规。加快标准制修订工作，实施"百项能效标准推进工程"，发布节能国家标准 149 项、其中能效限额标准 50 项、能耗限额标准 99 项；制定了循环经济国家和行业标准 100 多项，组织开展了 77 个国家循环经济标准化试点。

七是生态文明顶层设计实现突破。党的十八大开启了生态文明建设新时代，中共中央、国务院发布了《关于加快推进生态文明建设的意见》《生态文明体制改革总体方案》，将生态文明纳入中国特色社会主义事业"五位一体"总体布局，作为执政理念上升为国家战略，实现了从实践到理论的重大突破。有关部门启动了生态文明先行示范区建设，选取 102 个地区开展先行先试，积极探索不同发展阶段、不同资源环境禀赋、不同主体功能定位要求地区的生态文明建设有效模式，加大推广宣传力度，初步形成了政府推动、市场发力、全社会广泛参与的工作格局。

二、面临的形势

虽然"十二五"以来，我国生态文明建设取得了重大进展，但发展不平衡、不协调、不可持续问题依然突出，资源约束趋紧、环境污染严重、生态系统退化的态势没有根本扭转。能耗强度与世界先进水平仍有较大差距，环境承载能力已经接近或达到极限，生态灾害易发多发。

一是资源约束趋紧。国内资源支撑能力不足，石油、天然气、铜、耕地、淡水等战略性资源人均占有量远低于世界平均水平，即使是我国最丰富的煤炭资源，也只有世界平均水平的 67%；石油、天然气等对外依存度不断攀升，2014 年已分别达到了 59.5%、31%；加上经济发展、资源利用方式粗放，能源资源约束进一步加剧，目前我国单位 GDP 能耗约为世界平均水平的 1.7 倍，约为日本的 3 倍、美国的 2 倍，资源产出率远低于发达国家水平。

在我国工业化、城镇化快速发展的情况下，预计能源还将保持刚性增长，对资源安全保障带来严峻挑战。

二是环境污染严重。习近平总书记曾表达对经济社会发展的两大担忧，其中之一就是以破坏生态环境为代价换来的经济增长，指出这样做不仅会产生一系列经济问题如浪费、经济效益不高、发展质量低等，而且会产生许多社会政治问题。我国环境承载力已达到或接近上限。虽然过去我国在环境保护方面做了大量工作，但是我国大气、水、土壤污染问题仍然十分严重，雾霾天气频发，2015年，338个地级及以上城市有78.4%空气质量仍然超标，有45个城市细颗粒物年均浓度超标一倍以上。因环境污染造成的群体性事件、项目选址导致的环境"邻避"问题屡现网络、报纸，群众关注度高、社会反响强烈。

三是生态系统退化。森林总量不足、分布不均、质量不高，森林覆盖率只有21.66%，不到历史最高水平的1/3，湿地退化严重，自然湿地中尚有一半未得到有效保护，草原退化、水土流失、荒漠化、石漠化等问题严峻，生态系统稳定性差、生态服务功能低、生态灾害频发，全国生态整体恶化势头尚未得到根本遏制。

四是应对气候变化压力巨大。我国温室气体排放总量大、增速快，日益成为国际社会关注的焦点。2012年，化石燃料燃烧产生的二氧化碳排放已居世界第一位，超过美国40%，目前我国排放总量已接近美国、欧盟、日本等国家排放量的总和；2012年，我国二氧化碳人均排放量达到6.4吨，超过世界平均水平将近40%。我国部分经济发达地区的人均排放甚至比一些发达国家排放峰值年的人均排放水平还要高。全球气候变化已变成现实威胁，我国危害尤甚，1901—2014年温升1.09℃，1980—2014年海平面上升速率为3毫米/年，极端气候增加，极端高温、暴雨频次增多，造成巨大经济损失和人员伤亡。在全球温室气体排放格局已经发生很大变化的情况下，我国应对气候变化面临的压力不断增大。发达国家和一些发展中国家在谈判中要求我国承担更多的减排责任。

基于上述我国资源环境的基本国情和发展的阶段性特征，党的十八大作出了大力推进生态文明建设的重大战略部署。同时要看到，我国实施生态文明建设国家战略，也是顺应世界绿色低碳发展潮流的战略举措，与以经济发展、社会进步、环境保护为"三大支柱"的可持续发展理念相吻合，并结合中国的实际不断创新发展。

从国内看，推进生态文明建设是全面建成小康社会、实现中华民族伟大复兴中国梦的时代抉择。当前，我国正处于全面建成小康社会的决胜阶段。要实现第一个百年奋斗目标，协同推进人民富裕、国家富强、中国美丽，必须为之提供能源安全保障和资源支撑，必须把良好的生态环境作为公共产品提供给人民群众。同时，我国已步入经济发展的新常态，加快转变经济发展方式，客观上要求必须推动绿色转型、建设生态文明。从中央一系列决策部署和要求看，绿色发展已成为"十三五"时期经济社会发展、全面建成小康社会的重要组成部分，如果不能实现绿色发展，国家整体发展进程必将受到影响，也将影响到第一个百年奋斗目标的实现。只有坚持绿色发展，走生产发展、生活富裕、生态良好的文明发展道路，才能有效破解全面建成小康社会道路上面临的资源环境硬约束，为实现中华民族伟大复兴中国梦奠定坚实的生态根基。

从国际看，推进生态文明建设是顺应世界发展大势、抢占国际竞争制高点的必然要求。传统工业模式带来的严重资源环境问题，引发了人类对传统发展模式、工业文明弊端的反思，可持续发展理念应运而生。经过20多年，这一理念已形成广泛的全球共识，包括我国在内的国际社会正为此不断努力。在应对国际金融危机和气候变化挑战中，世界各主要国家都把转变发展方式、调整经济结构、发展绿色经济，作为抢占未来科技和产业竞争制高点的重要手段，绿色创新浪潮正在兴起。这就要求我们必须统筹国际国内两个大局，从全球战略的高度加快推进生态文明建设，把绿色发展转化为新的综合国力和国际竞争优势，占领世界绿色发展制高点，同时树立我国维护全球生态安全的负责任大国形象。

总的来说，生态文明建设事关我国实现"两个一百年"奋斗目标、事关中华民族永续发展，是积极适应和引领经济发展新常态、提高发展质量和效益的内在要求，是满足人民群众对良好生态环境的期待、促进社会和谐的必然选择，也是积极应对气候变化、维护全球生态安全的重大举措，是我国经济社会发展的一项战略性、全局性、长期性任务。

三、"十三五"时期我国生态文明建设的总体思路

新一届中央领导集体对生态文明建设高度重视，作出一系列决策部署，党的十八大提出大力推进生态文明建设的战略部署，十八届二中全会要求全面推进生态文明建设，十八届三中全会、四中全会进一步明确了生态文明建设在全面深化改革、全面依法治国战略布局中的重要地位。去年以来，中共中央、国务院陆续发布了《关于加快推进生态文明建设的意见》《生态文明体制改革总体方案》，将生态文明纳入中国特色社会主义事业五位一体总体布局，作为执政理念上升为国家战略，实现了从实践到理论的重大突破。

第一，主要目标。到 2020 年，资源节约型和环境友好型社会建设取得重大进展，主体功能区布局基本形成，经济发展质量和效益显著提高，生态文明主流价值观在全社会得到推行，生态文明建设水平与全面建成小康社会目标相适应。

一是国土空间开发格局进一步优化。经济、人口布局向均衡方向发展，陆海空间开发强度、城市空间规模得到有效控制，城乡结构和空间布局明显优化。耕地保有量保持在 18.65 亿亩。

二是资源利用更加高效。单位 GDP 能源消耗降低 15%，单位 GDP 二氧化碳排放降低 18%，资源产出率大幅提高，用水总量力争控制在 6700 亿立方米以内，万元 GDP 用水量下降 23%，万元工业增加值用水量下降 20%，农田灌溉水有效利用系数提高到 0.55 以上，非化石能源占一次能源消费比重达到 15% 以上。

三是环境质量总体改善。主要污染物排放总量继续减少，化学需氧量、氨氮、二氧化硫、氮氧化物等主要污染物排放总量分别减少 10%、10%、15% 和 15%，大气环境质量、重点流域和近岸海域水环境质量得到改善，地级及以上城市空气质量优良天数比率超过 80%，重要江河湖泊水功能区水质达标率提高到 80% 以上，地表水达到或好于 III 类水体比例超过 70%，劣 V 类水体比例低于 5%，饮用水安全保障水平持续提升，土壤环境质量总体保

持稳定，环境风险得到有效控制。

四是生态系统质量持续改善。森林覆盖率达到 23% 以上，森林蓄积量达到 165 亿亩，草原生态环境明显改善，湿地面积不低于 8 亿亩，50% 以上可治理沙化土地得到治理，自然岸线保有率不低于 35%，生物多样性丧失的速度得到基本控制，全国生态系统稳定性明显增强。

五是生态文明重大制度基本确立。源头预防、过程控制、损害赔偿、责任追究的生态文明制度体系基本形成，自然资源资产产权和用途管制、生态保护红线、生态补偿、生态环境保护管理体制等关键制度建设取得决定性成果。

第二，基本要求。在统筹推进经济社会发展的进程中，我们对生态文明建设的认识和实践不断深化，十八届五中全会进一步把绿色发展作为"十三五"时期的重要发展理念，对推动绿色发展作了全面部署，这些都为坚持绿色发展、建设生态文明，指明了路径方向、奠定了坚实基础。深刻领会中央的决策部署，就必须认识到，生态文明建设涉及经济、政治、文化、社会建设等各个方面，并与空间布局、产业结构、生产方式、生活方式，以及价值理念、体制机制等紧密相联，不仅仅是"种草种树""末端治理"，而是一场全方位、系统性的绿色变革。推进绿色发展，关键是处理好人与自然的关系，把绿色化作为推进现代化建设的重要取向，坚持"绿水青山就是金山银山"的重要理念，将直观上的绿水青山和内涵上的绿色发展有机统一起来，将绿色化的动态过程与最终享受的静态绿色成果有机统一起来，在思维理念、价值导向、空间布局、生产方式、生活方式等方面，大幅提高绿色化程度。

一是树牢绿色思想。牢固树立尊重自然、顺应自然、保护自然的生态文明理念，大力弘扬社会主义核心价值体系的生态文明内涵，树立生态文明主流价值观，形成崇尚生态文明的社会新风尚。

二是谋划绿色布局。构建起有利于节约资源、保护环境的空间和产业布局，合理布局和科学整治生产空间、生活空间、生态空间，建设绿色城市、绿色乡村。

三是推进绿色生产。优化科技含量高、资源消耗低、环境污染少的产业结构,引导绿色设计、生产绿色产品、发展绿色产业,把经济绿色化和绿色产业化深度有机融合,实现生产方式绿色化的深刻变革。

四是推行绿色生活。加快形成勤俭节约、绿色低碳、文明健康的生活方式和消费模式,提倡绿色消费,力戒奢侈浪费、过度消费,促进生活方式的绿色化,开启大众的、广泛的、持续的绿色生活。

五是确立绿色导向。建立健全生态文明评价考核体系,大幅提升资源消耗、环境损害、生态效益的考核权重,严格考核问责,发挥"指挥棒"作用。

六是实现绿色共享。坚持生态文明共建共享,使人民群众在"同呼吸、共命运"的高度自觉中共同致力于蓝天常在、绿水常流、空气常新,使绿色发展成果由全体人民共享。

第三,主要任务。"十三五"时期,要按照中央部署要求,将绿色发展作为推进生态文明建设的基本途径,重点做好以下工作:

一是强化主体功能定位,优化国土空间开发格局。抓好生态文明建设,首先要从源头上减少对自然资源的无序利用。为此,必须通过加快主体功能区建设,构建科学合理的国土开发格局,使不同主体功能区自觉按照各自的主体功能定位科学发展。为此,我们要进一步明确优化开发区域、重点开发区域发展方向和重点,对重点生态功能区实行产业准入负面清单。大力推进绿色城镇化,划定城镇开发边界,科学确定城镇开发强度,依托山水地貌优化城市形态和功能,实行绿色规划、设计、施工标准。加快美丽乡村建设,推进农村山水林田路综合整治。加强海洋资源科学开发和生态环境保护。

二是推动技术创新和结构调整,提高发展质量和效益。当前,新一轮科技革命和产业变革的到来,对我国绿色发展提出挑战的同时也带来了机遇。我们必须将科技创新为战略基点,加强重大科学技术问题研究,开展生态文明领域关键技术攻关。一方面要推动传统制造业绿色改造,构建清洁低碳、安全高效的现代能源体系,加快推动生产方式绿色化、低碳化。另一方面要大力发展节能环保、新能源等绿色产业,以推广绿色产品拉动绿色消费需求,以增强工程技术能力拉动绿色投资增长,为生态文明建设提供坚实的产业基础和技术支撑。

三是全面节约集约和高效利用资源，推动利用方式根本转变。五中全会提出"树立节约集约循环利用的资源观"，这就要求转变传统的增加资源供给只能依靠开发原生资源的认识，把节约资源能源、推动废弃物循环利用作为增加资源供给的重要渠道，把节约资源作为保护生态环境的首要之策，在转变资源利用方式、提高资源利用效率上下功夫。为此，我们要实施全民节能行动计划，全面推进工业、建筑、交通、公共机构等重点领域节能减排，加强高耗能行业能耗管控，实施近零碳排放区示范工程。实施循环发展引领行动，推行企业循环式生产、产业循环式组合、园区循环化改造，加快建立循环型工业、农业、服务业体系，推进生产系统和生活系统的循环链接，建设覆盖全社会的资源循环利用体系，减少单位产出物质消耗，大幅度提高资源产出率。同时，做好节约集约利用水、土地、矿产等工作，提高节能、节水、节地、节材、节矿标准，落实全面节约要求，大幅降低资源消耗强度。

四是加大自然生态系统和环境保护力度，切实改善生态环境质量。五中全会提出"以提高环境质量为核心，实施最严格的环境保护制度"，这是环保工作方向和战略的重大转变。"十一五"以来，我国对于环境保护管理主要采取污染物数量减排的方式，但成效与人民群众对环境质量的直接感受不匹配。中央提出这一新的导向，就是要用可视化的环境质量指标，让老百姓更直观地感受环境改善的变化情况。为此，要实行最严格的环境保护制度，深入实施大气、水、土壤污染防治行动计划，实施工业污染源全面达标排放计划，实现城镇生活污水垃圾处理设施全覆盖和稳定运行，推进城乡环境治理并重。要筑牢国家生态安全屏障，实施山水林田湖生态保护和修复工程，开展大规模国土绿化行动，完善天然林保护制度，加强水生态保护，开展蓝色海湾治理行动，整合设立一批国家公园。

五是加快健全生态文明制度体系，推进生态文明领域国家治理体系和治理能力现代化。推动体制改革和制度体系建设是生态文明建设的重要内容。"十三五"时期，我们要进一步根据生态文明的系统性、完整性及其内在规律，按照源头预防、过程控制、损害赔偿、责任追究的思路，构建产权清晰、多元参与、激励约束并重、系统完整的生态文明制度体系。为此，要健全自然资源资产产权制度和用途管制制度，着力解决自然资源所有者不到位、所有权边界模糊，以及无序开发、过度开发、分散开发导致优质耕地和生态空间占用过多、生态环境破坏等问题；严守资源环境生态红线，将各类开发活动限制在资源环境承载能力之内；健全资源总量管理和全面节约制度，大幅提高重要资源节约集约利用水平；完善经济政策，推行市场化机制，引导各类主体积极投身生态文明建设；完善政绩考核和责任追究制度，督促领导干部牢固树立绿色政绩观，不能在生态环境保护问题上再越雷池一步。

六是积极应对气候变化。近期，《巴黎协定》的达成，标志着全球气候治理进程开启新篇章。我们将秉承绿色发展理念，化应对气候变化挑战和压力为转变经济发展方式和推进能源革命的动力，这既是中国实现自身可持续发展，建设美丽中国的内在要求，更是应对全球气候变化、打造人类命运共同体的责任担当。为继续推动全球气候治理进程，一方面，我们将积极推动落实《巴黎协定》，启动并尽早完成参加《巴黎协定》的国内法律程序，积极建设性参与后续谈判，继续按照"共同但有区别的责任"、公平和各自能力原则，与各方一道确保将《巴黎协定》落到实处，继续推动提高2020年前应对气候变化行动力度，为2020年后行动奠定基础。另一方面，我们将继续稳步推进国内应对气候变化行动，力争超额完成到2020年单位GDP二氧化碳排放在2005年基础上下降45%的上限目标，非化石能源占一次能源比重提高到15%。我们将继续推进在工业、交通、建筑等各行业节能和提高能效，深化低碳试点示范，推进全国碳交易市场建设，于2017年如期启动国碳市场，努力增加森林碳汇，不断提高适应气候变化能力。我们将加快研究制定实现国家自主贡献目标的改革措施和路径，并将大力推进应对气候变化南南合作，为最不发达国家、小岛屿国家、非洲国家等发展中国家应对气候变化提供实实在在的支持。

四、切实加强长江经济带生态环境保护工作

长江流域是我国人口最多、经济活动强度最大的流域，也是水环境问题最为突出的流域之一。2015年上半年，长江流域监测的159个国控断面中，

I 类水质占 4.4%，II 类水质占 50.9%，III 类水质占 30.8%，IV 类水质占 8.2%，V 类水质占 2.5%，劣 V 类水质占 3.2%。虽然当前长江干流总体水质较好，但部分支流污染严重，涉危涉重企业数量多、布局不合理、污染事故多发频发，部分饮用水水源地存在安全隐患，废水排放量逐年增加，部分河段总磷、氨氮超标，船舶污染没有得到有效控制，江湖关系紧张，部分地区生态问题突出。

中央明确，要把保护和修复长江生态环境摆在长江经济带发展的首要位置，共抓大保护，不搞大开发。为贯彻党中央、国务院决策部署，坚持生态优先，绿色发展，经推动长江经济带发展领导小组审核同意，2 月 23 日，国家发展改革委会同环境保护部（编者注：现生态环境部）联合印发了《关于加强长江黄金水道环境污染防控治理的指导意见》，明确将修复长江生态环境摆在压倒性位置，以改善水环境质量为核心，强化空间管控，优化产业结构，加强源头治理，注重风险防范，全面推进长江水污染防治和生态保护与修复，加快形成"目标明确、责任清晰、监管到位、全民参与"的长江水污染防控格局，确保"一江清水"永续利用，促进长江经济带可持续发展。提出"到 2017 年，长江经济带水环境质量不降低并力争有所改善，主要污染物排放总量继续减少，涉危企业环境风险防控体系基本建立。到 2020 年，长江经济带水环境质量持续改善，水质优良（达到或优于 III 类）比例总体稳定保持在 75% 以上，干流水质稳定保持在优良水平；饮水安全保障水平持续提升，地级及以上城市集中式饮用水源水质达到或优于 III 类比例总体高于 97%；主要污染物排放总量大幅削减；三峡库区水质进一步改善；太湖等主要湖泊富营养化得到控制"。

下一步，我委将会同有关部门，认真抓好各项工作任务分解落实，扎实推进长江经济带生态环境保护工作：

一是切实加强水环境质量管理。国家上收跨省界断面水环境质量监测及考核事权，由环境保护部（编者注：现生态环境部）统一负责。2017 年起实施跨界断面考核，实行按月监测评估、按季度预警通报、按年度进行考核，把水质"只能更好，不能变坏"作为各级、各地政府水环境质量的责任底线。严控污染物排放总量，加强饮用水水源地保护，提升水质安全监测预警能力。

二是推动沿江产业调整优化。坚持"以水定发展"，统筹规划沿江岸线资源，严控下游高污染、高排放企业向上游转移。除在建项目外，严禁在干流及主要支流岸线1公里范围内新建布局重化工园区，严控在中上游沿岸地区新建石油化工和煤化工项目。严格沿江产业准入，推进沿江产业水循环利用。

三是深化工业、城镇、农业农村和船舶港口等重点领域污染防治。2020年，长江经济带所有县城和建制镇具备污水、垃圾收集处理能力，县城、城市污水处理率分别达到85%、95%左右，地级以上城市污泥无害化处理处置率达到90%以上；11省市测土配方施肥技术推广覆盖率达到93%以上，化肥利用率提高到40%以上，长三角区域提前一年完成。

四是抓好重点区域。加强三峡、丹江口等重点库区，太湖、巢湖、滇池、鄱阳湖、洞庭湖等重点湖泊，汉江、湘江、岷江、嘉陵江等重点支流，上海、南京、武汉、宜昌、重庆、攀枝花等重点城市污染防治，加快重点江段总磷污染防治。

五是加强突发环境事件风险防控。主要是防控涉危涉重企业污染风险，强化危险货物运输风险管理，加强应急体系建设等。

六是实施生态保护与修复。包括提高重点生态区域生态功能，大力推进长江防护林建设、水土流失及石漠化治理、退耕还林还草、天然林保护、河湖和湿地保护修复等重大生态环保工程建设，积极开展生态调度等。

七是充分发挥市场机制作用。包括建立长江经济带生态保护补偿机制，完善价格和收费政策，健全多渠道投融资机制，推行环境污染第三方治理等。

八是构建长江黄金水道污染防控保障体系。主要是建立流域环境协同保护治理机制，严格责任考核追究，推动信息公开与公众参与，强化科技和政府投入支撑等。

推动绿色发展、加快推进生态文明建设，是"十三五"时期事关我国经济社会发展全局的一项战略任务，涉及各行各业、千家万户。我们要深入学习贯彻党的十八届五中全会精神，充分发挥政府、企业、个人的积极性和创造性，树立绿色发展理念、践行生态文明要求，奋发有为、久久为功，使生态文明建设成为人人有责、共建共享的过程，加快建设美丽中国，努力开创社会主义生态文明新时代。

（2016 年）

创新引领循环经济发展新征程 [1]

　　发展循环经济是推进生态文明建设，实现经济绿色转型的必由之路。"十三五"时期，发展循环经济面临着新的机遇，也存在着许多挑战。我们要按照中央关于加强生态文明建设的统一部署，切实贯彻五大发展理念，坚定不移地推进循环经济的创新，不断提高循环经济发展水平，努力实现经济结构"绿色化"。

一、发展循环经济是推进生态文明建设的重要途径

　　党的十八届五中全会提出"创新、协调、绿色、开放、共享"的发展理念，体现了我们党对经济社会发展与自然规律认识的深化，指引着我们更好实现人民富裕、国家富强、中国美丽、人与自然和谐，实现中华民族的永续发展。发展循环经济，实施循环发展引领行动，推动企业循环低碳式生产、产业循环式组合、园区循环化改造，推进资源循环利用产业提质增效，有利于提高经济发展的质量和效益，是推进生态文明建设，实现经济绿色转型的必由之路。

　　一是发展循环经济有利于构建新的资源战略保障体系。2015 年，我国经济总量占全世界比重为 13% 左右，但能源消费占全球消费总量的近五分之一，水泥、钢铁、氧化铝、精炼铜的消费分别占全世界消费总量的一半左右；同时，我国废弃资源利用总量达 19 亿吨，其中有色金属、纸浆等产品

---

[1] 本文刊载于 2016 年 12 月 14 日《光明日报》，系作者于 2016 年 11 月 24 日在中国循环经济协会主办的"2016 循环经济技术创新与投资论坛"上的讲话摘要。

1/5—1/3 的原料来自再生资源，成为我国可持续发展和资源安全保障的重要支撑。"十三五"期间，我国在经济新常态环境下，年均 6.5% 左右的中高速增长仍然会带来资源消耗和污染物产生量的刚性增长，资源环境瓶颈约束短期内不会发生根本改变。因此，树立新资源观，大力发展循环经济，有利于促进资源利用方式变革，构建覆盖全社会的资源高效循环利用体系。这既是现实的需要，也是战略的选择。

二是发展循环经济有利于推动环境保护由末端治理向全过程防控转变。贯彻落实"减量化、再利用、资源化"原则，使环境保护由过去的末端治理向源头防控、过程管理、末端循环的治理思路转变，既可以有效提高资源利用效率，从源头减少资源消耗量和污染物产生量，又可以将废弃物变为资源，减少废弃物最终处置量，减轻末端治理压力。根据有关机构研究测算，每回收利用 1 吨废旧物资，平均可以节约矿产资源 4.12 吨，节约能源 1.4 吨标准煤，减少排放 6—10 吨废弃物。再制造产品与常规生产的产品相比较，节约成本 50%、能耗 60%、原材料 70%，减少污染排放 80%。

三是发展循环经济有利于提高发展的质量和效益。发展循环经济，可以实现"资源—产品—废弃物—资源"的闭合式循环，少排放或不排放污染物，并可培育新的产业，增加就业，实现经济与资源环境效益的统一，是提高经济发展质量和效益的内在要求。"十二五"期间，我们在工业领域，推进企业间、行业间、产业间共生耦合，向企业循环式生产、园区循环式发展、产业循环式组合转变；在农业领域，实践探索了农林牧渔多业共生、农工旅复合发展的新型农业循环经济模式；在服务业领域，通过推动服务主体绿色化、服务过程清洁化，引导人们树立绿色循环低碳理念，转变消费模式。实现了单位 GDP（国内生产总值）能耗下降 18.2%，单位工业增加值用水量降低 35%，累计实现节能 3.5 亿吨标准煤，资源产出率比 2010 年提高 20% 以上，初步扭转了经济发展带来的能源资源消耗强度上升的趋势，有效提升了发展的质量和效益。以我国钢铁行业为例，通过推行循环经济模式，吨钢耗新水由 20 多吨减少到 4 吨左右，吨钢综合能耗由 1500 多千克标煤下降到 650 千克标煤左右；部分钢铁企业利用副产煤气、余热、余压等进行发电的电量占到整个企业用电量的 60% 左右。

二、新常态下循环经济面临着新机遇新任务

"十三五"时期,是全面建成小康社会的关键时期,也是推动绿色化、促进经济提质增效、转型升级的关键时期,发展循环经济具有新机遇,面临新任务。

一是发展循环经济的战略地位进一步凸显。党的十八大把初步建立资源循环利用体系作为 2020 年全面建成小康社会目标之一,要求经济发展方式转变更多地依靠节约资源和循环经济推动。中共中央国务院《关于加快推进生态文明建设的意见》把发展循环经济作为生态文明建设的基本途径和重要任务之一,提出要在生产、流通、消费各环节大力发展循环经济。党的十八届五中全会把绿色发展理念作为五大发展新理念之一,发展循环经济在经济社会发展中的特殊作用更加突出。国务院发布了《循环经济发展战略及近期行动计划》,对发展循环经济做出战略规划和具体工作部署。这些要求和部署,进一步确立了循环经济发展在国家经济社会发展中的重要战略地位。

二是发展循环经济是全面建成小康社会的内在要求。我们建设的全面小康社会,既应是"金色"的,也应是"绿色"的。发展循环经济是建设"绿色小康"的重要路径。改革开放以来,我国经济高速发展,取得了巨大成就,但由于我国经济增长在很大程度上是依靠自然资源要素的高投入和牺牲生态环境为代价来拉动,导致严重的资源环境问题,这成为了全面建成小康社会的短板。实现全面建成小康社会的目标,不仅要求经济保持中高速增长、产业迈向中高端水平;也要求把经济建设与生态文明建设有机融合起来,让良好的生态环境成为全面小康社会目标普惠的公共产品和民生福祉,提升人民生活质量。发展循环经济,可以转变资源利用方式,改革资源管理体制,促进经济社会与资源、环境协调发展,是全面建成小康社会的必然要求。

三是发展循环经济是供给侧结构性改革的重要内容。经济发展进入新常态以来,供给和需求不平衡、不协调的矛盾和问题日益凸显。中央提出要推进供给侧结构性改革,就是要从提高供给质量出发,用改革的办法推进结构

调整，扩大有效和中高端供给，提高全要素生产率，使供给体系更好适应需求结构变化，更好满足广大人民群众的需要。发展循环经济，通过在区域层面优化产业组织形态和流程；在园区层面按"产业链、价值链"集聚项目、招商选资、优化布局，对存量园区实施循环化改造，实现企业、产业间的循环链接；在企业层面开展生态设计，把绿色理念贯穿到企业生产的各环节和全流程，必然会把不符合绿色发展要求的产能挤出市场，减少无效和低端供给，同时，引导供给侧转变生产方式，增加生态产品供给，从而推动资源的集约高效循环利用、产业结构和组织形态的优化升级、经济发展的提质增效，真正实现"绿韵红脉"：经济社会发展既有深厚的绿色底蕴，又有充满活力的红色经济血脉，而这是推进供给侧结构性改革和提供有效供给和中高端供给的应有之义和重要内容。

四是发展循环经济是新型城镇化的有力支撑。我国城镇化已进入加速发展时期，建设集约、高效、智能、绿色、低碳的城镇是新型城镇化的必然选择。城镇化过程中，随着农村人口逐步向城镇转移，生活水平的提高和生活方式的变革会带来大量的能源、水等资源需求和生产生活废弃物排放，必须建立绿色生活方式和消费模式，通过大力发展循环经济，促进再生资源回收利用和垃圾资源化，减少资源消耗和废弃物排放。在城镇改造和新区建设中，推行循环经济的发展理念和模式，能够推动城镇基础设施系统优化、集成共享，节约集约利用土地，促进发展绿色建筑和绿色交通，推进污水处理、再生水利用、生活垃圾处理等设施的建设，促进生产与生活系统的循环链接，构建布局合理、资源节约、环保安全、循环共享的生产生活共生体系。

三、着力创新引领循环经济实现新发展

"十三五"期间，我们将按照党中央、国务院关于加强生态文明建设的统一部署，遵循绿色发展理念，把发展循环经济作为推动国民经济绿色化的重要途径，在发展理念、体制机制、商业模式、关键技术等方面进行大胆创新，大力推进循环经济的法制化、制度化、机制化和产业化进程。

一是加强理念创新，把发展循环经济融入国家重大发展战略。这几年，循环经济发展实践取得了显著成效，循环发展的理念也逐步深入人心，但在循环经济理论、树立新的资源观等方面还需进一步突破，与其他国家战略融合承载平台、落实途径等还需精心设计。当前，我们国家正在大力推动生态文明建设，落实"创新、协调、绿色、开放、共享"五大发展理念，深化社会各界对发展循环经济重要战略地位的认识，推动形成社会共识，在发展过程中把发展循环经济主动融入京津冀、长江经济带、"一带一路"等国家发展战略，相互支撑带动，加快构建区域资源循环体系，推动循环经济理念、技术和产能走出去，加快实现经济社会发展的绿色转型。

二是加强改革创新，建立有利于循环经济发展的长效机制。要加快完善自然资源价格形成机制，制定出台矿产资源权益金制度改革方案，发挥税制税率结构性设置对社会主体的调节作用；要建立健全生产者责任延伸制度，沿供应链、消费链"两链"延伸，衔接、理顺相关环节的管理制度和政策要求，明确利益相关方的主体责任；要推动建立以资源产出率、循环利用率为核心的循环经济评价指标体系，研究建立基于物质流分析的循环经济评价制度，发布不同区域层面的循环经济发展水平的评价指标；要加快建立企业循环经济信用评价制度，将企业履行生产者责任延伸制度信息、资源循环利用的安全环保信息、再生产品和再制造产品质量信息等纳入全国统一信用信息共享交换平台，实行企业绿色信用评价。此外，要特别重视创新完善投融资政策，强化财政资金与社会融资的联动，通过 PPP（政府和社会资本合作）和第三方服务方式引导社会资本投入循环经济；落实绿色信贷指引，促进银行业金融机构大力发展绿色信贷，支持符合条件的企业申请境内外上市和再融资；落实绿色债券指引，鼓励金融机构和企业通过发行绿色债券支持循环经济重大项目建设。

三是加强模式创新，提高循环经济发展的组织化、产业化水平。创新回收模式，逐步建立完善线上线下融合的再生资源回收体系，提高再生资源回收的规范化、组织化水平，推动建设全国性、区域性再生资源交易平台，在再生资源国际定价中逐步掌握话语权；创新商业模式，发展设备租赁产业，推动外包式服务发展，培育专业的循环型生产服务企业，改变传统产品提供模式，提高产品维护专业化水平；创新组织模式，探索在产业园区内建立集中的废弃物交换平台，培育专业化的废弃物集中处理公司，鼓励通过合同管理、PPP 等方式为产业园区内的企业提供废弃物管理外包式、嵌入式服务，与园区内企业生产流程有效对接，通过收益共享等方式与传统生产企业合作投资建设减量化、再利用、资源化项目；创新服务模式，积极推动资源循环利用第三方服务体系建设，促进再生资源与生活垃圾回收处理利用两个网络系统衔接发展，培育和扶持一批为循环经济发展提供规划、设计、建设、改造、运营等服务的专业化企业。

四是加强科技创新，突破产业共生、资源循环的技术瓶颈。技术创新是资源可循环、产业能链接的关键，循环经济发展离不开关键链接技术的突破。国家将把循环经济关键技术纳入国家科技支撑计划，鼓励建设循环经济国家工程研究中心，适时发布电力、钢铁、有色金属、石化、建材等重点行业循环经济先进支撑技术，加快推动先进技术装备的推广应用，通过大量技术创新，包括技术引进消化吸收再创新，打通产业链接的上下游，增强资源循环利用的技术经济可行性，降低减量化和再生利用成本，取得良好的资源效益、环境效益和经济效益。

五是加强行为创新，实现循环经济发展操作的新突破。贯彻绿色发展理念，推进循环经济发展，要求行为操作脱离传统轨道，实现优化创新。"十三五"期间，国家发展改革委等部门将部署实施循环发展十大行动，以园区循环化改造、工农复合型循环经济示范区建设、资源循环利用产业基地建设、工业废弃物综合利用产业基地建设、"互联网+"资源循环利用、京津冀区域循环经济协同发展、资源循环利用技术创新、循环经济典型经验模式推广、循环经济制度创新等为抓手，确保目标任务落到实处，引领循环经济发展走向更高水平。

（2016 年）

推进循环经济发展 助力生态文明建设 [1]

在全党全国认真学习贯彻党的十九大精神之际，召开本次论坛，共商推进循环经济发展、助力生态文明建设之策，可谓正当其时、意义重要。

我结合论坛主题谈几点意见。

一、循环经济发展成效显著

党中央、国务院高度重视循环经济发展工作。党的十八大以来，以习近平同志为核心的党中央，把绿色循环低碳发展作为生态文明建设的重要任务，不断加大推进力度，在过去工作的基础上，取得了重大进展，开创了新的局面。

一是顶层设计基本形成。党的十八大明确要求，到 2020 年要初步建立资源循环利用体系，更多依靠节约资源和循环经济推动经济发展方式转变。党的十八届五中全会把绿色发展作为新的发展理念，进一步赋予了循环经济重要历史使命。党中央、国务院先后印发实施《关于加快推进生态文明建设的意见》和《生态文明体制改革总体方案》，把发展循环经济摆到了突出重要位置，强调在生产、流通、消费各环节大力发展循环经济。国务院印发实施《循环经济发展战略及近期行动计划》，首次以国家级规划的方式，明确了发展循环经济的总体思路、主要目标、重点任务和保障措施。这些要求形

---

[1] 本文系作者于 2017 年 11 月 20 日在中国循环经济协会主办的"2017 年中国循环经济发展论坛"上的讲话。

成了循环经济发展的总体部署和顶层设计。

二是制度框架不断健全。围绕建立健全发展循环经济的制度体系，出台了一系列重要法律法规和政策举措。在法律法规层面，全国人大颁布实施《中华人民共和国循环经济促进法》，构建了由发展规划制度、总量控制制度、评价考核制度、生产者责任延伸制度、重点企业监管制度、激励政策制度等六大制度组成的循环经济法律体系。国务院发布实施《废弃电器电子产品回收处理管理条例》，将发展循环经济有关制度在具体领域予以明确。有关部门出台了《再生资源回收利用管理办法》，修订了粉煤灰、煤矸石综合利用管理办法。在政策措施层面，印发了《循环发展引领行动》，设立了循环经济专项补助资金和废弃电子电器产品拆解处理基金，实行了差别电价、惩罚性电价、阶梯水价举措，出台了煤矸石、余热余压、垃圾和沼气发电的优惠政策，制定了资源综合利用产品和劳务的税收优惠政策。这些法规政策为推进循环经济发展提供了有力支撑。

三是绿色经济体系加快建立。按照新的发展理念，着眼于优化经济结构、形成绿色循环发展体系，开展了一系列工作并取得积极成效。开展了园区循环化改造、城市矿产示范基地建设、餐厨废弃物资源化利用、再制造产业化、大宗固废综合利用、再生资源回收体系建设等试点，形成了一批可复制可推广的重要经验。开展多种发展模式探索，产生了北京德青源、安徽铜陵、青海柴达木等一批行业区域代表性强、创新特色突出的循环经济典型模式。产业集聚效应逐渐凸显，形成了一批循环经济龙头企业和产业集聚区，以此为依托，企业循环式生产、园区循环式发展、产业循环式组合的循环型工业体系，以及绿色化和清洁化的循环型服务业体系初步建立。

四是资源、环境、社会效益初步显现。发展循环经济带来了多方面的效益，尤其在资源利用、环境保护及促进就业等方面十分明显。在资源利用效率上，资源产出率提高 20% 以上，回收利用各类再生资源近 2.5 亿吨，相当于节能近 2 亿吨标准煤，减少废水排放 90 亿吨，减少固体废物排放 12 亿吨。在能源消耗强度上，单位 GDP（国内生产总值）能耗降低 20.9%。在经济总量和就业上，2016 年我国资源循环利用产业产值达 2.3 万亿元，从业人员达到 2000 多万人。

二、发展循环经济迎来新机遇

不久前召开的党的十九大，对新时期推进中国特色社会主义伟大事业，决胜全面建成小康社会、开启全面建设社会主义现代化国家新征程做了全面部署，也对发展循环经济提出了新要求，这为大力发展循环经济带来了新的重大机遇。

第一，发展循环经济是建设生态文明的重要抓手。十九大报告强调，建设生态文明是中华民族永续发展的千年大计。要建设生态文明，必须推进绿色发展，而要推进绿色发展，就必须发展循环经济。循环经济的基本理念就是高效节约和利用资源，降低废物排放，搭建"资源—产品—废弃物—资源"的闭合式循环，实现资源永续利用，是资源节约、环境保护、经济增长有机统一的经济发展模式。因此，十九大报告提出要推进绿色发展，建立健全绿色低碳循环发展的经济体系，壮大节能环保产业，推进资源全面节约和循环利用。无疑，推进绿色发展、建设生态文明，必须紧紧把握发展循环经济这一抓手。

第二，发展循环经济是全面建成小康社会的关键环节。十九大报告指出，从现在到2020年，是全面建成小康社会的决胜期。当前全面建成小康社会面临许多短板制约，其中一个重要方面就是资源约束和环境污染。因此，十九大报告强调要坚决打赢包括污染防治在内的一系列攻坚战，使全面建成小康社会得到人民认可、经得起历史检验。发展循环经济，既能直接治理污染，也能从源头上控制污染，是打赢这一攻坚战的关键举措。

第三，发展循环经济是构建现代经济体系的重要内容。十九大报告指出，我国经济正处在转变发展方式、优化经济结构、转换增长动力的攻关期，建立现代化经济体系是跨越关口的迫切要求和我国发展的战略目标。发展循环经济，在区域层面优化产业组织形态，在园区层面实施循环化链接，在企业层面进行绿色生态全流程设计，可以全方位推动经济发展质量变革、效率变革、动力变革，提高全要素生产率，是现代化经济体系的重要组成部分，从而是建立现代经济体系的直接推手。

总之，发展循环经济高度契合了党中央治国理政的理念、契合了人民群众美好生活的向往、契合了经济社会发展的需求，前景广阔、大有可为，我们应当奋力推进。

三、着力关键环节实现循环经济新发展

贯彻落实好中央部署，深入推进循环经济发展，需要我们在明晰思路的基础上在关键环节着力。下一步，应着力抓好这样五个方面的工作：

一是进一步完善循环经济制度体系。落实生产者责任延伸制度。率先在复合包装物、报废汽车、动力电池、铅蓄电池等领域开展制度设计，合理界定生产商、进口商、销售商、消费者等各类主体责任，选择部分城市进行试点探索。推动建立区域循环经济评价指标体系。以资源产出率、循环利用率为核心指标，以物质流分析为基础方法，发布不同区域层面的循环经济发展水平评价指标。加快构建循环经济信用评价制度。将企业履行生产者延伸责任信息、资源循环利用信息、再生产品质量信息等纳入全国统一信息共享平台，实行企业绿色信用评价。

二是持续加大政策扶持力度。强化财政支持。整合现有资金渠道，提高财政资金使用效率和使用效益；落实废弃电器电子产品回收处理基金；强化财政资金与社会融资的联动，探索在再生资源回收等领域引入PPP（政府和社会资本合作）模式，引导社会资本投入循环经济。创新融资方式。积极提供包括银行信贷、外国政府转贷款、债券承销、保理、融资租赁等多重融资方式；落实绿色信贷指引，促进银行业金融机构大力发展绿色信贷；鼓励社会资本成立各类绿色产业基金。严格信用奖惩。对信用良好的企业，在循环经济相关补贴、优惠政策等方面优先支持，对失信企业依法依规进行联合惩戒。

三是充分发挥市场机制作用。深化价格改革。完善资源价格形成机制，全面推行居民用电、用水、用气阶梯价格；制定供热按用热量计量收费，落实污水处理收费政策，完善垃圾处理收费管理办法。加强税收调节。全面实施资源税从价计征改革；开展水资源税改革试点工作，逐步扩大征税范围；

落实资源综合利用产品及劳务增值税政策、资源综合利用和环境保护节能节水专用设备企业所得税优惠政策。

四是构建产学研用融合的技术转化体系。提升核心技术攻坚能力。将市场亟需的循环经济关键共性技术纳入国家"十三五"科技支撑计划；鼓励支持建设循环经济国家工程研究中心，组建优秀科研团队加强技术攻坚。加大技术工艺推广力度。及时推广电力、钢铁、有色金属、石化、建材等重点行业循环经济先进支撑技术，加快推动先进技术装备的推广应用，通过技术创新打通产业间链接的运行效率。

五是选择重点领域全力突破。以城市为重点，启动资源循环利用基地建设行动。推动实现废旧金属、轮胎、建筑垃圾、生物质废弃物等各类城市废弃物统一回收、自动分类和高值利用。以园区为重点，推进园区循环化改造行动。制定实施《园区循环化改造行动》，加强对长江经济带的涉水类园区、京津冀地区的涉气类园区、珠三角地区的石化、轻工、建材等园区的循环化改造。以京津冀为重点，开展区域循环经济协同发展行动。统筹规划京津冀地区再生资源、工业固废、生活垃圾资源化利用和无害化处置设施，建设一批跨区域资源综合利用协同发展重大示范工程。以商业模式为重点，实施"互联网+"资源循环行动。制定实施《"互联网+"资源循环行动方案》，支持回收行业建设线上线下融合的回收网络，建立重点品种的全生命周期追溯机制。

发展循环经济，关乎绿色发展、系着生态文明建设，是一项浩大而富有挑战性的系统工程，需要社会各界一起行动。让我们团结一心，在各自的岗位上以不同的方式为发展循环经济献策出力！国家发展改革委将履行好自身职能，进一步创造性地做好政策制定、部署推进与协调服务等各项工作，为实现更高质量、更有效率、更加公平、更可持续的发展做出新的贡献。

（2017 年）

依托绿水青山实现高质量发展 [1]

时值盛夏，烈日炎炎，热浪翻滚。但这里却是绿荫如盖、天清气爽。这里是鄂西生态文化旅游圈的核心城市，是国家宜居城市、国家园林城市和森林城市，是著名的道教圣地和风景名胜重地武当山的所在地，这就是我们的十堰市，坐落在鄂、豫、陕、渝毗邻地带的一颗璀璨的明珠。以"推动'两山'理论实践创新、实现高质量发展"为题的中国区域经济50人论坛第12次专题研讨会在这里举办，不仅正当其时，也可以说是恰逢其地。非常感谢十堰市委、市政府的热情相邀和周到安排，使我们能够在这里体验到这样一个美丽舒适的环境，在这样的环境和氛围下，本次研讨会一定能开成一个高质量的会议。

这次研讨会的主题是根据十堰市的建议确定的。深入研讨这个题目对全局有意义。过去数十年的发展证明，人和自然是一个紧密相依的生命共同体，经济发展必须与生态环境保护有机结合，否则人类将难以幸福快乐地生产生活，经济社会也难以持续向前发展。汲取过去的经验教训，我们认识到绿水青山的特殊价值，确定了绿色发展的理念，树立了保护生态环境就是保护和发展生产力的意识，推动形成绿色的生产和生活方式开始成为人们的自觉行动。

深入研讨这个题目，对于十堰也有意义。十堰山清水秀、生态优美，作为欠发达地区，甚至是国家级贫困县比较集中的地区，经济社会发展的任务十分繁重。十堰没有简单地靠山吃山、靠水吃水，没有竭泽而渔地搞毁灭式

---

[1] 本文系作者于 2019 年 7 月 28 日在湖北省十堰市召开的"中国区域经济 50 人论坛"第十二次专题研讨上的讲话。

开发，而是始终把保护生态环境作为推动发展的基础和前提，在推动经济快速发展的同时，实现了山更青、水更秀、川更美，成为国家生态文明先行示范区和"两山"理论实践创新基地，生态品质与城市价值不断提升。十堰的经验值得总结、挖掘和推广。

尽管如此，基于全国和十堰而言，都有一个进一步践行"两山"理论，推动实现高质量发展的问题，在理论上、实践上都需要深化研究。

中国区域经济 50 人论坛作为国内研讨中国区域经济理论、政策和实践的重要学术平台，集中了国内一批重量级的经济学家和区域经济学家，有责任对这个问题做深入的思考、提出有价值的观点。参加这次会议的有 10 位论坛成员，还有来自北京和湖北的一些特邀专家，很多同志是克服困难从异地的论坛或其它活动中赶过来的，有的同志昨天晚上两点多钟才到达十堰，非常辛苦。希望大家借此次研讨会充分展现睿智，结合主题阐述科学精当的见解，给全国的"两山"理论实践，也给十堰的进一步发展出招献策。

借此机会，我也谈一些看法。

我们的国家正在迈向高质量发展阶段。什么是高质量发展？可以从多个角度来定义，但有一点是肯定的，高质量发展必然是也必须是绿色发展。而绿色发展应当是全面节约和高效利用资源的发展；是严格保护环境、形成人与自然和谐相处良好格局的发展；是以绿色低碳循环利用的产业体系和节俭、简约、生态、自然的生活方式为支撑的发展；是把绿色理念、绿色技术等贯穿运用于生产生活生态各个方面并实现协调融合的发展；是山水林田湖草相生相偕、与国家现代化进程相辅相成的发展。绿色发展体现的是人和自然作为一个生命共同体相互支撑、紧密依存、日趋和谐的过程，推进绿色发展最终所呈现的不仅仅是一个经济繁荣、物质丰富的发达国家或地区，而且是一个天蓝、气清、水碧、土净的美丽国家或地区。

对于拥有青山绿水的地区来说，实现绿色发展具有天然的有利条件。纵观一些发展比较好的地区，特别是东部沿海的一些地区，当前为了恢复生态，花大量的钱搞移植培育，去挖湖堆山，种假花假草，可以说不惜一切代价，这些地区正在为过去的粗放发展承负买单。像十堰这样的地区山水环境得天独厚，为实践"两山"理论提供了一个优越的自然基础。但是大部分山清水秀的地区往往都是经济不够发达或者发展一般的地区，所以这些地区面对的一个现实而紧迫的任务就是如何实现跨越发展，彻底摆脱不发达甚至贫穷的困境，做到后发先至。

那么如何用好"两山"理论，在保护好青山绿水的同时，使经济实现高水平高质量，比肩甚至领先发达地区呢？这是我们面对的重大挑战。昨天我很高兴地听到新武市长介绍，十堰作为省里面比较穷的一个地区，这些年发展很快，现在城区经济发展已跃居全省第四位，而整个地区发展的排名也达到了前八位，这是很了不起的。但面对高质量发展，对比发达地区特别是长三角、珠三角这样的地区，十堰还有很大的发展潜力和空间，怎样依托绿水青山走一条跨越发展之路？我以为，要在解放思想、优化思维的基础上，按照"一二三"的操作思路来推进相关工作。

作为基础，思想认识要进一步提高、思维方式要进一步转变，或者说，思想基点要更高，认识视野要更宽。要用辩证的思维、动态的思维和系统的思维，而不是僵化的思维、静止的思维和片面的思维看待绿水青山。我们既要紧盯着绿水青山，又要超越绿水青山，并透过绿水青山看到金山银山；不孤立的看绿水青山，要看它的基础地位和耦合价值；不被动去保护，而是把严格保护和科学利用、绿色开发有机结合起来，这是一种有我无我、无我超我的境界。有了这种境界，静态的山水就活起来了，而依托绿水青山就能最终获取金山银山。在这个思想和思维基础上，按照"一二三"的思路做文章。

一、所谓"一"，是要守住一条底线

保护好生态环境是一切工作的底线，所有的规划、计划、方案、举措等都应以保护生态环境为思考边界和计算基数。发展的产业必须是绿色产业，而产业的发展必须是绿色发展。要实施最严格的保护政策，包括实行最严格的水资源管理制度、最严格的环境保护制度和最严格的土地管理制度，同时建立严格的考核评价和问责制度，强化约束性指标管理，实行能源和水资源消耗、建设用地等的总量和强度双控行动，建立绿色的政绩评价体系。衡量标准就是经济要发展，甚至要实现跨越发展，但是自然环境要更加优美。

二、所谓"二"，是要努力推进两个转换

这两个转换对欠发达地区特别是处于边缘地带的地区来说是非常重要的。一是要把边缘地带变成中心地带。风景优美的地区往往也是边远地区，或者是行政区的边界地区，很容易因为地理的边缘化而导致行政治理和政策支持的边缘化；而基于外部而言，很容易造成毗邻地区的相互封闭继而带来相互拆台、恶性竞争。正是这样两个原因，导致绝大部分边界地区发展都不够好。解决边缘地区的问题只有两个办法，一个办法就是通过行政手段调整区划。但这个办法不可取，因为这种调整必须过一个时期就得来一次；并且旧的边缘问题解决了、新的边缘问题又出现了。所以只能用另外一个办法即运用经济手段办法来解决。经济手段的办法是什么？就是深化毗邻地区的经济合作。处于边缘地区的各个行政区虽然分属于不同的省份，但是可以联合起来建立经济合作区，打造具有特色并实行特殊试验的经济体，这样边缘就变成了中心、冷区变成了热点，从而也使封闭走向了开放，竞争转向了合作。在这方面，国内有一些地区做的不错，已有成功的经验。如晋陕豫黄河金三角的四个城市，原来基本上是各自为战，我在发展改革委地区经济司工作期间，与相关地方的同志一道推动了四市间的经济合作，建立了合作示范区，制定了专门的规划。经过努力，取得了明显的成效，现在四市间每年都开展一系列实质性交流合作活动，相互争斗变为了联动发展。一个冷门的边缘地区现在成了各方面关注的重点，两任总理都做了批示。内蒙、山西和河北交界的乌兰察布、大同和张家口也在积极努力开展深度的经济合作，这几年做了不少的工作。十堰这样的四省交界边缘地区，也应尝试与毗邻地区加强合作，打造经济合作区，使大家摆脱都容易被边缘化的危险，由边缘地带变成中心地带。二是要借自然美景优化营商环境。营商环境十分重要，直接决定着投资经营主体的积极性和活跃度，进而影响着经济发展的好坏，而欠发达地区的营商环境往往容易受到诟病，包括思想的解放状况，人的素质的状况以及管理水平的状况等，都是被广为关注的内容。而对营商环境的认

识，事实上已不仅仅局限于世行所提出的从企业开办到清算全过程所涉及到的政策法规运转带来的情况，而是一项触及方方面面的庞大系统工程，涉及到软件、硬件，涉及到生产、生活、生态，涉及到投资者本身和投资者的亲属圈，可以说无所不在、无所不包，因而也就事无巨细地都得要做好。实现跨越发展，需要把打造优良的营商环境作为政府工作和各方面努力的核心内容。今天自然美景已成为营商环境的一个重要组成部分，绿水青山为打造优良的营商环境提供了难得的自然基础，要借此基础进一步扩展延伸，推进行政管理、制度建设、市场信用、社会道德等各方面的优化提升，使之成为吸引和激励投资者积极地、创造性地开展投资经营活动的综合性环境条件。例如，地区公民素质的提升就是很重要的一个内容，要通过教育引导与法制约束，把人们原始的、基础的、传统的感情与习俗上升到社会精神和现代文明的程度，使之体现为优良的道德素质、优秀的文明素养和高度的责任意识。

三、所谓"三"，是要做好三篇文章

欠发达地区要实现跨越发展，不仅要有超常规思维，更要有超常规举措。坐拥绿水青山，要紧紧依靠它、充分利用它，依其拓展功能、耦合要素、扩大市场、发展产业，为此要围绕三个字做文章：

第一，做"加"的文章。通过"加"，搞活青山绿水，拓展发展空间。加什么？要加企业或加主体，千方百计把富有活力的优势生产主体引进来，使之成为推动城市和地区经济发展的核心力量，成为促进产业、产品创新的坚实保障；要加技术，充分利用现代技术条件，特别是互联网、大数据、人工智能等技术手段或共享工具，把偏远地区的发展与世界的现代化进程紧紧联系起来，并通过产业与技术工具的耦合占领生产、销售的高地；要加模式，深化相关体制改革和推进制度模式创新，譬如实行农村土地"三权分置"改革，譬如建立和完善利益共享机制等，为先进组织模式、现代经营体制和优良管理方式的运用创造条件；要加概念或加内容，丰富提升发展思路举措的内涵与层次，增强感召力和影响力。好的思路和举措应该赋予一些有高度的名号或概念，这样有利于帮助人们把握他们的品质和地位，也能够对外迅速形成关注度和吸引力。比如田园综合体、特色产业园区、新型农庄、飞地经济、共享平台等等,这些概念就很有创造性和吸引力,容易引起投资经营者的兴趣。所以要善于加概念,使一些思路举措体现时代色彩和创新的要求。这不是简单地"包装",而是基于内容创新的一种提升。通过加概念,把那些体现时代色彩和发展方向的特质融到传统的生产和生活之中,给其赋予新的含义,同时又给未来的创新发展留下空间,这在很大程度上具有引导和倒逼的作用。

第二,做"借"的文章。回顾这些年国家的发展,一些落后地区实现跨越发展,大体有三条道路。一条道路叫做"弯道超车",其特点在于把握机遇,抓住关键点,在利用合适的时机一举超越别人。这种超越还是依赖于传统的路径,要做到并不容易。另一条道路叫做"换道超车",在传统的道路上难以快速前行,于是尝试开辟一条新路,另起炉灶。比如有些地区在通过发展传统经济和动能无法实现赶超的情况下,转过来紧跟时代发展和科技创新的要求,重点发展新经济新动能,结果是在这方面比肩甚至超越了发达地区,这就是"换道超车"。还有第三条道路,叫做"借道超车"。在继续挖掘自身潜力的同时,利用经济一体化的机遇和开放合作的手段,借助于各个方面实现了跨越发展。这条道路既有效利用了自己的比较优势,又通过适当的形式利用了外部资源和市场,可谓两轮驱动、双腿发力。对于欠发达地区来说比较务实管用,所以应予以高度重视。当然,这三条道路并不是相互排斥的,可以融会贯通,但"借道超车"更为可行。像十堰这样的欠发达地区,要通过发展绿水青山实现金山银山,一定要做好"借"的文章,即所谓"借船出海"、"借道行车",通过"借"超越原来的发展模式,也实现经济社会的跨越发展。

借什么?我认为要着力于四个方面的"借"。一是"借势"。借势可以理解为把握国际国内发展大势,但最重要的是借国家的战略大势,战略是机遇、是红利、是保障条件。过去二十多年来可以说是区域发展战略密集出台而又效果迭现的一个时期,我在从事区域经济政策与战略研究实施的过程中,听到地方同志有一个特别精彩的概括,第一句话叫做"四流的政府跑资金"。为什么?因为资金的额度是有限制的,跑多少就是多少,没有弹性。

所以光跑资金只能算四流水平。第二句话叫做"三流的政府跑项目"。因为项目有点弹性了，预算可以是一千万，但投到两千万、三千万也是有可能的，所以跑项目比跑资金强。第三句话叫做"二流的政府跑政策"。因为政策里面既包含项目也包含资金。第四句话叫做"一流的政府跑战略"。战略是囊括一切的，有了战略也就有了政策，也有了资金和项目。一个战略拿到手以后，就有了一系列的红利，所以聪明的政府总是把精力放在争取国家战略支持上。这也说明了区域战略的极端重要性。所以要借势，借国家区域发展重大战略之势。如十堰的发展，就要借长江经济带发展战略之势、借汉江经济带发展战略之势，还有借助"一带一路"发展战略之势等等。重要的是通过合适的切入点和连接点，把自身融入到各种国家战略安排之中，这样就能够获得丰厚的政策红利，还能够争取先行先试的空间。二是"借力"。简要地说，就是有效借用各种来自于外部的力量为己所用。这里面路径是可以多种多样的，如可以通过引进人才、引进企业来带动资源、技术、项目等的进入，而人才的引进可以是在社会上招贤纳士，也可以是依靠组织途径来引进有能力的管理人才。贵州这些年跨越发展的势头比较明显，尤其是在新经济新动能的发展上处于前列。贵州总结了一个经验，叫做"引京入黔"，就是引进了北京的干部，北京的干部把资源带到贵州，最后推动了新经济新动能的培育，特别是大数据的发展，成为大数据战略的策源地、技术标准的输出地，这对原来十分落后的贵州来讲似乎是不可思议的，但就是因为"引京入黔"，所以就做到了"无中生有"。十堰的人才资源也很好，对口协作使北京派来了大批的挂职干部，我们要充分利用好这个人才资源，借力北京发展十堰。三是"借方"。就是广泛借鉴和运用来自国内外的成功做法和良好方法。各种成功的实验探索，我们要借过来；各种实现跨越发展的有效途径，我们也要借过来。这其中包括一些基于比较优势交换而又有利于欠发达地区实现跨越发展的具体路径，比如市场换技术、土地换产业、园区换资本、"绿色"换"白色"等等。这些路径都是捷径，应当充分利用、积极借用。四是"借台"。台就是各式各样的创新平台、试验平台、发展平台。平台是载体也是支撑，是试验地也是辐射源，要通过建立适宜的平台来集聚资源、获取政策红利、扩大自我发展空间。

第三，做"联"的文章。"联"是跨越发展的重要手段，也是有效路径。怎么联？着眼于欠发达地区实现跨越发展，我认为要做好四个方面的"联"。一是"联手"。各个地区联起手来，一体深化开放合作，推进重大事项的建设，比如联手打造经济区、联手争取试验示范项目、联手创造经济品牌等等。二是"联动"。把握区际间经济的联系性和互补性，推进产业联动、建设产业协同发展带，推进科技联动、打造创新走廊，推进环保联动、建设上下游协同的生态链，形成地区间合理的生态价值补偿和利益交换。关于这一点，十堰可以有更深的研究和更好的作为。南水北调中线工程将丹江口的一库清水输送到北京、天津，北京、天津又通过对口协作的方式支持包括十堰在内蓄水地区的发展，这虽然还不是均等的利益交换，但中间已经体现出了一些生态价值补偿的色彩。正是因为目前北京 73%、天津 100% 的饮用水都是包括十堰在内的丹江口库区提供的，所以北京、天津相应开展了对十堰等地区的对口协作。那么，可不可以继续按照中央去年底发布的《中共中央 国务院关于建立更加有效的区域协调发展新机制的意见》的要求进一步探索输水区和用水区之间建立合理的利益平衡机制的有效路径呢？我以为是需要的。把生态产品作为一个重要的产品突出出来实现它应有的价值，是十分必要的。果若如此，十堰青山绿水的金山银山的价值就显现出来了。三是"联带"。就是要把各种相关的产业一并加以考虑，实现有机结合、融合发展。换句话说，就是要发展融经济、打造混产业。现在的很多经济综合体本质上就是融经济、混产业。打造青山绿水的融经济、混产业形态，就是要把康养、旅游、医疗、文化、创意和房地产等产业融合起来综合考虑。当前国家严控房地产，走单纯发展房地产的道路应该说是一条"窄胡同"，甚至是"死胡同"。但如果把房地产业发展融入到康养综合体、田园综合体之中，那么就能够得到国家有效的支持，房地产的发展就可谓是"柳暗花明"了。四是"联想"。怎么联想？就是要举一反三，把国家给的政策、外部给的各种支持用活用足，能拉长链条就拉长链条，能加以衍生就推动衍生。对一些重要的战略举措和合作机制能融则融、能攀则攀，通过虚实结合，努力从国家战略中争取自身发展机遇与政策；通过左右逢源，积极从外部发展中获得先进资源和有效市场。要善于联想，不要觉得有些战略离我很远，如认为"粤港澳大湾区发展战略"、"京津冀发展战略"等似乎与己无关，事实上只要善于联想并务实操作，就能找到连接点，也就能找到发展的机遇和合作的平台。

这就是我关于十堰这一类自然环境优美地区如何发挥比较优势实现高质量发展的一些想法，概括起来叫做"一二三方略"。我对十堰充满感情，近十多年来参与了很多跟十堰有关的工作，比如关于丹江口库区及上游水污染防治和水土保持的规划与推进工作、南水北调中线工程建设及相关对口协作机制的建立工作、扶贫攻坚与易地搬迁工作、以及武当山机场规划建设等一些具体工作。在这个过程中，与十堰建立了深厚的感情，结交了一批领导和朋友。借着这个机会谈了一些看法，不一定对，供大家参考和批评，如果对十堰发展有所帮助，我就十分开心了。

（2019 年）

新时代绿色发展的使命与品质 [1]

　　随着资源环境约束的日趋强化，经济发展方式的转变成为我国经济运行的必然选择，建立资源节约型社会和环境友好型社会等陆续提升到国家重大战略层面。进入新时代，绿色发展成为国家指导经济社会发展的新理念。绿色发展一旦与国民经济和社会发展相联系，就有了丰富的内涵、特殊的本质和明确的要求。认识和把握它们，绿色发展就能为经济社会发展增添新的能量和空间，经济社会发展也就会呈现出生机勃勃的状态。结合历史发展进程、基于规律演进逻辑要求、把握经济社会发展方向和人民对美好生活的追求，我们能够揭示出新时代绿色发展应该具有的使命与品质。

一、绿色发展是一种高度

　　发展的路径多种多样，但唯有绿色发展才真正达到了一种高度。其一，绿色发展支撑人类永续发展。各类资源是人类赖以生存发展的条件，再充足的资源对人类发展来说也都是有限的，而绿色发展带来的资源节约利用和循环使用，从根本上解决了支撑人类繁衍生存的物质条件问题，从而使人类的永续发展成为可能。其二，绿色发展是一种高质量发展。绿色发展强调亲近自然、远离污染，以人与自然和谐为前提、以低碳清洁为基础、以协调美好为指向，体现的是人和自然作为一个生命共同体相互支撑、紧密依存、日趋和谐的过程，是山、水、林、田、湖、草相生相偕，并与我国现代化进程相

---

[1] 本文系作者于 2019 年 10 月 20 日在中国区域科学协会举办的"2019 年年会暨生态文明建设与区域高质量主题研讨会"（浙江省丽水市）上的讲话。

辅相成的一种发展，这样的发展是健康的可持续的发展，也必然是高质量的发展。其三，绿色发展还体现着一种崇高的思想境界。"绿水青山就是金山银山"集中体现了绿色发展的理念，与"靠山吃山、傍水吃水"的开发理念形成鲜明的对照，这种理念不是轻易得来的，而是经历沉重的实践代价后形成的思想升华。

二、绿色发展是一条基线

过去的实践深刻证明，依靠资源要素硬性驱动，也就是以大量耗费资源和破坏生态环境来推动发展，可以求得一时的经济快速增长和社会生产生活某些方面的满足，但结果必然是经济发展的不可持续与人类生存的日益严重的危机。因此，体现可持续发展本质特征的绿色发展就成为新时代发展的核心要求，也就成为推进经济社会发展的一条基线。这意味着，必须以保护环境、节约资源为前提，把绿色生态作为产业发展、项目建设、城市改造、乡村振兴和环境优化等一切工作的基本守则和硬性约束；这意味着，无论发展基础怎样、发展任务多么繁重，都不能无视和破坏这条基线，推进发展的工作路径必须体现这一要求；这也意味着，绿色生态是市场准入的硬性标准，对外招商引资要守住这个门槛，发达地区与欠发达地区的产业转移承接也要把握这个关卡。而作为一项基础性工作，国家和地区层面都要研究形成高标准的绿色发展指标约束与衡量体系。

三、绿色发展是一种品态

绿色发展不是一个单纯的生态环境问题，更不仅仅是种花草、挖沟湖、造公园、兴湿地。绿色发展是一种经济社会的品态，它体现于经济社会发展的各个方面、各个环节，嵌刻在经济社会运行的各种元素、各个程序之中。它意味着人与自然和谐共生的发展格局与客观呈现，意味着生产生活生态的协调交融，意味着低碳经济与循环经济的高度发达，也意味着经济的高质量发展、社会的康宁顺达和山川大地的秀美壮丽。当然，它也必然带给人们健康长寿。假山假水、盆景式的园林、各种包装的绿色草坪，即便是做得再好，也不能等同于绿色发展，至多算是绿色发展中的一个点缀。推动和实现绿色发展，必须坚持走生产提升、生活富裕、生态良好的文明发展道路，必须进一步推进资源节约型、环境友好型社会建设，必须努力推动形成绿色发展方式和生活方式，必须优化经济结构、提高科技创新能力，不断地为人民提供更多优质的生态产品。

四、绿色发展是一场革命

绿色发展体现的是一种精细、和谐的发展方式，完全不同于过去那种粗放、侵害型的发展方式。因此，实现绿色发展，需要从思想观念到行为方式进行一场系统的、深刻的革命。换言之，应当从思想认识提升到政策法规设立、体制机制建设等全面形成促进绿色发展的强有力的约束。在思想上，要充分认识到绿色发展对人类、对国家的极端重要性，牢固树立大局和长远意识，谨防在经济下行压力增大时放松对资源节约、环境改造和循环经济发展的要求。与此同时，优化体制机制，建立促进全面节约和高效利用资源的管控体系，形成保障绿色发展的干部任用制度和责任追究制度；强化政策支持，形成支持绿色发展的财政、金融、产业、区域等政策举措；健全考核机制，形成准确评价绿色发展进程的科学指标体系。

五、绿色发展是一种本领

绿色发展涉及到两个重要方面：一是对现有生态环境实施有效的保护，这是最基础的工作和最基本的任务；二是推动形成绿色发展的生产方式和生活方式，这是绿色发展的本质内容和根本要求。要做到这两个方面，都相当不易，需要勇气和魄力、需要技术与手段，还需要智慧和技巧。

就前一个方面来说，根本的是要处理好生态环境保护和经济社会发展的关系。生态保护是硬要求，但保护不是被动的，也不是无所作为的。生态环境保护和经济发展不是矛盾对立的关系。不能机械地理解"宁要绿水青山、不要金山银山"。生存发展是硬约束，所以要坚持在发展中保护、在保护中发展，实现经济社会发展与人口、资源、环境的有机协调。怎样使绿水青山产生持续不断的生态经济和社会效益？面对着这个严峻的挑战和艰巨的任务，一些地方积极探索，大胆实践，摸索出了一些有效的路径，积累了许多成功的经验，值得认真总结、相互借鉴。但这方面的实践潜力仍然巨大。一个重要的途径是发展"融"经济、打造"混"产业。即依托美丽的自然山水，把康养、旅游、医疗、文化、创意和房地产等产业融合起来，实现创新发展；另外一个重要的途径是深度开发生态产品价值，以自然生态链为基础，打造价值链和产业链。

就后一个方面说，要大力发展节能环保型产业、清洁能源型产业等绿色经济；形成简约适度、生态自然、干净健康的绿色生活状态，而这些涉及到观念转变、体制创新、技术革命等，更不是一件容易的事情。

这意味着，实现绿色发展是一种重要的、高超的本领，对政府的领导管理能力、企业的开发创造能力、投资经营者的开拓运作能力等都提出了严格的要求。要千方百计的调动各方面乃至全社会成员的积极性，使大家都成为绿色发展的建设者和推动者，为保护生态环境、形成绿色的生产生活方式这种共同追求献计出策、竭尽所能。

六、绿色发展是一种创造

绿色发展是新时代的新使命，体现的是发展的新模式、新内容、新要求，需要进行一系列的创新和探索。比如，如何基于区际关系建立起利益平衡机制，包括建立流域区域生态补偿机制、粮食棉花等基本农产品主产区和主销区利益补偿机制、煤炭石油天然气等重要生产资料输出地与输入地间利益补偿机制等，是推动绿色发展的长效机制建设的重要内容。还有建立绿色发展的激励约束制度、考核评价制度等，在这些方面，虽然已有一些探索，但总体上说还是初步的和局部性质的，离形成系统性的制度框架和操作思路还有较大的差距，需要下大气力进行探索试验。2018 年 11 月出台的《中共中央 国务院关于建立更加有效的区域协调发展新机制的意见》，对形成包括建立区际利益补偿机制等提出了要求，这为我们深入探索提供了明确方向和有力支撑。这有利于处理好服从国家空间布局要求和实现自身跨越发展的关系，使各个地区在遵守全国一盘旗布局的前提下实现共同富裕、协调发展。再比如，生态良好地区往往也是经济欠发达地区甚至是贫困地区，如何利用区域合作深入推进、市场一体化加快发展和现代共享技术日新月异这些有利条件，通过各种有效手段和适宜载体发展无污染、低耗能的现代产业和新型经济，也需要深入的探索、积极的创造。

（2019 年）

新时代绿色发展的基点与路径[1]

　　我很高兴受邀出席这样一个重要的论坛，我也很喜欢今天论坛的主题"绿色 PPP 与区域可持续发展"。绿色大概是在地球上拥有最多喜好者的一种颜色，而绿色发展则是最有可能实现人类可持续发展或永续发展的一种发展模式。如今，绿色发展已成为新时代指导国家推动经济社会发展的基本理念，而确立这一发展理念可谓相当不易，它不仅以我们实现由贫穷到小康这一重大转变为前提或基础，而且也是以我们付出了高昂的学费和惨痛的代价作成本的。全国很多地区天不再蓝、水不再碧、土也不再干净，资源被毁灭性开发、环境被颠覆式破坏，以至于今天我们不得不花费巨额财资去加以修复，而有些方面已到了不可逆转的境况。显然，在当前和未来我们应该倍加珍惜这一发展理念并认真加以落实。

　　不久前，我在一次比较重要的论坛上作了一个题为"新时代绿色发展的使命与品质"的主旨讲话，主要是从理论和政策的角度论述了绿色发展。今天我结合会议主题，以"新时期绿色发展的基点和路径"为题再谈一些看法。

　　为什么要推动和实现绿色发展？简而言之，是为了实现可持续发展，更为具体的说，是实现经济社会的可持续发展。但这并不是我们的根本目的或最终目的，最终目的应该是人的可持续发展。准确的说，是人类整体或全人类的可持续发展。如何定义人类整体的可持续发展？除了要把握整体这个概念外，即它是指全人类而不是某个个人或某一个群体，是否可以考虑用这

[1] 本文系作者于 2019 年 11 月 16 日在清华大学主办的"第四届中国 PPP 论坛"上的主旨讲话。（PPP：政府和社会资本合作）

样依次提升的几个词汇来反映：一是生存。它体现的是温饱的状态，它使人类在最基本的层次上得以延续发展。二是满足。它体现的是富足的状态，它使人民日益增长的美好生活需要能够得到实现。三是舒心。它体现的是幸福的状态，它使人类不因外部环境不良而感到不适，这包括安全环境、生态环境等等。四是长寿。它体现的是健康状态，它能给人带来越来越长的生理寿命。

如果这样的认识可以接受的话，把它们与绿色发展联系起来，我们可以进一步作出这样的描述：第一，绿色发展要使人类得以永续繁衍生存，或者说保障人类永续繁衍是绿色发展的最基本要求。第二，绿色发展应努力推动人类物质生活需要和精神状态愉悦的有机结合。第三，人类平均寿命增长状况集中体现了绿色发展的状态，应当把它作为衡量绿色发展质量与水平的根本标准。

关于这一点，我们需要多说几句。前不久国家统计局提供了一个数据，迄今我国人均寿命为 77 岁。分阶段看，1949 年到 1978 年，平均寿命从 35 岁提升到 68 岁，而 1978 年到 2018 年，进一步提升到 77 岁。从中可以看到，后一阶段的提升幅度虽然也不小，但不如前 30 年的幅度大。深入分析，前 30 年幅度提升较大，固然有不再因连绵战火导致大量人口过早死亡的因素，恐怕还有两个方面的因素起了重要作用：一个方面是公共医疗资源分配比较均衡、医疗体系比较健全，就医相对容易，总体上不存在看病难、看病贵的问题。特别是广大农村的农民，由于有乡村卫生院和赤脚医生，治疗比较及时。另一个很重要的方面就是有良好的生态环境，这种生态环境不仅使人们少得病，而且很少得怪病，那时癌症患者是比较少的，我们面对的主要疾病挑战是血吸虫病、疟疾、天花、麻疹等。1978 年以后，人民生活更富裕了，医疗技术也更先进了，但寿命提升的幅度为什么收窄了？除了生命成长的一般规律是越高越难提升以及公共医疗资源配置不够均衡、存在着看病难看病贵等原因外，极为重要的一个原因是环境的影响。这种环境不仅使一些旧病如血吸虫病、鼠疫等卷土重来，而且导致了大量不治之症的发生，许多人因此过早失去生命。今天，当我们面对污尘蔽天、黄风怒号、雾霾压城的状态时，我们能够刻骨铭心地感知到曾经的天蓝水碧土净的生态环境是多么的珍贵和重要。人的寿命与生态环境息息相关,良好的生态环境是一座最高水平的医院、也是一座最能延长寿命的疗养院。当今世界上一些人均寿命较高的国家,如日本接近 84 岁、瑞士超过 83 岁、韩国超过 82 岁,美国的人均寿命也高于我国,达到了 78.5 岁,良好的生态环境是其中一个很关键的支撑因素。

所以我们必须推动并实现绿色发展,而上述三点就应当是绿色发展的基点,因而也应当是我们推动绿色发展的工作基点。那么立足于这种工作基点的有效路径是怎样的呢?

需要指出的是,基于工作基点与路径选择的一体考虑,我们对绿色发展的内涵应该有更加深入和清醒的认识,特别是应该把握住这样两个方面:第一,绿色发展不是简单的栽花种草修湖建园,也不只是就事论事的保护生态环境。绿色发展是一种经济社会的品态、一种全新生产生活方式,它体现于经济社会发展的各个方面、各个环节,嵌刻在经济社会运行的各种元素、各个程序之中。它意味着人与自然和谐共生的发展格局与客观呈现,意味着生产生活生态的协调交融,意味着低碳经济与循环经济的高度发达,也意味着经济的高质量发展、社会的康宁顺达和山川大地的秀美壮丽。当然,它也必然带给人们健康长寿。第二,绿色发展并不是不要发展和抑制发展,而是要实现更好的、更高质量的发展。生态保护是硬要求,但保护不是被动的;生存发展是硬约束,所以要坚持在发展中保护、在保护中发展,要切实处理好保护和发展的关系,实现经济社会发展与人口、资源、环境的有机协调。

在这样的思想基础上思考推动与实现绿色发展的路径,应当在这样一些方面下功夫,或者说应紧扣如下四个字做文章:

一是"导"。立足于保护生态环境、形成绿色的生产方式和生活方式,促进人与自然的和谐共生,形成严格的同向体制约束、法律强制和政策激励,依此将一切生产消费行为导入绿色发展的轨道。在这方面,既要考虑我国所处的发展阶段、当前面临的主要矛盾等具体实际,从而在适宜的领域、特殊的地区、非关键环节,在有关实施力度和时间考量上体现出一定的弹性,又要对涉及整体的关键领域、决定性因素实施严格的管控,不屈从于某种现实需要和应急任务。要倒逼社会各方面自觉地推动绿色循环低碳发展,切实保护好水、气、土等基本环境元素。

二是"提"。运用绿色技术如循环经济技术、绿色载体如田园综合体等改造提升产业结构，推动高污染、高耗能产业全面转型，并大力拓展节能环保型产业、清洁能源型产业，全面形成以绿色制造为主体的现代绿色产业体系，需要特别强调的是，从某种意义上说，以互联网、大数据、人工智能等为代表的新型工业、科技革命和以数字城市、数字农村建设为主要内容的社会创新与绿色发展在方向、内容上是一致的，要抓住新一轮科技革命和产业革命推进的机遇，以超常规举措抢占制高点。

三是"融"。以绿色生态资源为基础，促进各相关产业的融合创新，延伸绿色产业链条，推动其他产业绿色化转型，形成"融"经济、打造"混"产业。这意味着不仅可以科学利用绿水青山本身的资源发展特色经济，还可以依托美丽的自然山水，把康养、旅游、医疗、文化创意和房地产等产业结合起来，实现融合发展，做强做大绿色产业。

四是"转"。通过深化改革推动深度开发，将绿色生态功能转化为生态产品价值。其基础是，探索建立基于重要生态产品等的区际间利益平衡机制，主要包括流域上下游、区域毗邻地区生态保护与补偿机制、重要生产资料输出地与输入地间利益平衡与补偿机制等，其具体实现形式可以多种多样。在这方面，国内已有多个地区进行了行之有效的探索，如新安江千岛湖流域上下游间的生态补偿机制建设、南水北调中线工程调水与用水地区间的对口协作试验等。这些试点探索给我们一个重要的启示，生态功能是可以现实转化为生态产品价值的，绿水青山能够真正变为金山银山，珍贵的蓝天碧水净土应该有高昂的价格。对此，我们应当做更深入的探讨，特别是做好有关指标体系的设定、权重的把握和价格的考量，综合考虑范围、内容、方式、期限等因素。这样做，不仅能使拥有青山绿水生态的地区获得实实在在的益处，而且能真正唤起各方面对生态环境的保护意识，提高主动性和创造性。

绿色PPP是促进绿色发展的重要支撑，不仅以发展绿色项目、实施环境治理为己任，而且通过适宜的机制把政府和社会紧紧地联系在一起。在今天经济下行压力不断增大，而政府财政与债务约束从紧的情况下，绿色 PPP 可以大有作为。应当认真总结经验，强化科学操作，进一步有效发挥功能，努力为推动绿色发展、促进区域协调发展、实现国家经济社会的持续发展做出新的贡献。

（2019 年）

运用系统思维和立体举措
推动实现"双碳"预期目标 [1]

很高兴能够再次参加鲁青论坛。去年在山东济南召开的第四届鲁青论坛，讨论的主题也是黄河流域生态保护和高质量发展问题，我参加了那次会议，觉得开得很有质量。今天召开的第五届鲁青论坛继续围绕黄河流域生态保护和高质量发展问题展开，选择了碳达峰与碳中和路径这样一个很重要也很热烙的话题进行讨论，把上届鲁青论坛的研讨又向深刻性、务实性方向推进了一步，很有价值。

大家都知道，《中华人民共和国国民经济和社会发展第十四个五年规划和 2035 年远景目标纲要》，提出了一系列重要思路和举措，内容十分的丰富，具有不少亮点。而其中一个突出的亮点是，在积极应对气候变化方面，提出了"双碳"的预期目标，即在 2030 年前实现碳达峰，在这个基础上，努力争取 2060 年前实现碳中和。这是在有关国际场合习近平总书记做出宣示后国家以重要文献对之的确认，被称为"3060"目标，也常常称之为"双碳"目标。这一安排不同凡响，对内对外都具有重要意义。对外部而言，它体现了中国作为世界大国的负责任的精神，体现了中国作为一个发展中国家的勇敢担当。我在国家发展改革委工作期间，配合中国政府气候谈判代表解振华先生抓过应对气候变化的有关工作，协助服务过委里与这项工作密切相关的应对气候变化司与资源节约和环境保护司，对此问题有一些了解。向国际上提出有关应对气候变化的中国行动目标要考虑各个方面的因素，须经过

---

[1] 本文系作者于 2021 年 7 月 16 日在青海省西宁市召开的"第五届鲁青论坛黄河流域碳达峰与碳中和路径高峰论坛"上的讲话。

精细的研究与测算，并不是一件容易的事。中国作为一个拥有 14 亿人口的大国，作为世界上最大的发展中国家，勇于提出这样的目标，应该是说充分体现了大国的担当意识，体现了中华民族的责任精神，体现了我们为打造人类命运共同体和追求世界美好前景所做出的特殊贡献。中国是最早签署联合国气候变化框架公约的国家之一，在应对气候变化问题上，一方面积极维护"共同但有区别的责任"等重要原则，捍卫包括中国在内的广大发展中国家的合理权益；另一方面勇于承担减排责任，自觉加压，不断提升行动力度和工作目标。在 2020 年 9 月召开的第 75 届联合国大会一般性辩论中，习近平总书记做出了中国将提高国家自主贡献力度，采取更加有力的政策和措施，二氧化碳排放力争于 2030 年前达到峰值，努力争取 2060 前实现碳中和的庄严承诺。对内部而言，它体现了全心全意为人民服务、以人民为中心和人民利益至上的原则，体现了推动国家高质量发展和可持续发展的要求。高碳增长模式对大气环境破坏带来的极端气候事件及连锁反应给人民生活的负面影响不断增强，为了国家和民族的永续发展，中国必须痛下决心转变发展模式，走绿色低碳循环发展道路，以减排降碳为基础，加快建立绿色生产生活方式。

但实现"双碳"预期目标并不是一件容易的事。就碳达峰要求而言，我们期望在 2030 年之前实现，深入分析一下，这个目标实现受到多重因素制约。

一方面，面临着增排的压力。比较突出的有两个因素：一个是中国发展的任务仍然繁重。不久前，我们宣布全面建成小康社会，全面建成小康社会是以消灭绝对贫困为基础的，也就是说，我们刚刚解决了全国的绝对贫困问题，全面建设社会主义现代化的新征程也刚刚开启。中国还不够强，2020 年人均 GDP（国内生产总值）刚越过一万美元，远低于西方发达国家，加快发展仍然是第一要务。大体上，在 2035 年 GDP 要比 2020 年再翻一番，而到 2060 年左右，则要在 2035 年的基础上再翻一番。从逻辑常理上讲，随着经济的向前发展，排放总量会进一步增加，或者说在发展面前，排放应该让路，何况比之欧美发达国家，我国的累积排放和人均排放要低的多，有增加排放的理由。但我们不能这么做，我们需要承担起国际责任，承担起国家高质量发展的使命。另一个是，未来一个时期我国人口将会呈现出进一步增长的态势。不久前，国家出台了一对夫妻可以生育三个子女的政策和相关的配套支持措施。实施二孩政策以来，适龄夫妇生育欲望并不特别强烈，这有多个方面的原因。这次国家不仅出台了"三孩"生育政策，而且针对相关问题出台了配套支持措施，力度明显加大，是具有一定吸引力的，大概率有助于推动未来人口的进一步增长。从逻辑上说，随着人口的增长，排放自然应该进一步增加。但基于碳达峰的要求，即便人口增长，排放也不能放松。所以从面对的环境看，实现碳达峰的目标是颇具难度的。

另一方面，面对着时间的约束。我们设定碳达峰的期限是 2030 年前，这意味着，在工作努力上我们希望达峰越早越好，不仅如此，我们也希望把峰值降到尽可能低的水平。这一点也与西方国家明显不同，西方国家基本上都是自然达峰，与其排放历史结合起来，他们经历了一个漫长的过程。时间上的紧迫感也大大增强了工作的难度。

在碳达峰的基础上实现碳中和的难度更大。碳达峰主要讲的是二氧化碳排放的达峰，但碳中和就不能仅仅考虑二氧化碳排放了，还需要考虑到其他排放，也就是说要通过人为的努力和自然的过程去吸收消解各种排放，最后形成全部温室气体零增长的状态。当然，主体部分还是解决二氧化碳排放，特别是化石能源的碳排放零增长的问题。实现全部温室气体零增长的难度可想而知，不仅在操作上很艰难，在时间上也很紧迫。从碳达峰到碳中和，西方发达国家花费或预期的时间大都在 70—80 年左右，而我国预期的时间大约是 30 年。对于一个拥有 14 亿人口的国家来说，对于一个正在全力推动现代化的发展中的国家来说，要在短短 30 年的时间内实现碳中和，难度之大是可以想见的。总体上说，我们实现"双碳"预期目标的路程充满了挑战，充满了艰辛。

在时间限制、任务限制的情况下，面对着发展压力和严峻的外部影响，唯一的出路在于强化我们自身的努力，或者说我们要采取特别具有力度的举措来完成这个任务。可以肯定，无论是碳达峰还是碳中和，中国所要采取的举措在力度上无疑会比西方发达国家大的多，在内容上也会丰富的多。

从操作上考虑，实现"双碳"预期目标的难点在于，碳排放既与某些具体行为直接相关，更涉及到许多关键性体制机制的创新，还涉及到方方面面的协同联动。即便是某些具体的举措，也必须纳入全局视野和顶层设计来考量或安排，否则就会影响到它们的实施效果和可持续运转的状态。这也就是说，实现"双碳"预期目标不是一件简单的事，其中体现的不是单线条的逻辑联系，而是一种立体的、系统的关联，我们需要基于这个角度来认识和讨论实现"双碳"目标的路径和举措。在2021年3月召开的中央财经委员会第九次会议上习近平总书记明确强调，实现碳达峰、碳中和是一场广泛而深刻的经济社会系统性变革，要把碳达峰、碳中和纳入生态文明建设的整体布局。

在具体工作上，既要抓重点领域、重点环节，着力解决一些企业排放强度过大问题，还要"支持有条件的地方率先达到碳排放峰值"，更要树立系统观念，坚持统筹协调、区域联动和多措协同，着力构筑绿色低碳的产业结构、空间布局乃至整个生产生活方式。应该说，当前这方面的认识还比较薄弱。"双碳"问题是一个时髦话题，介入讨论的人很多，但大多还是基于线性思维就事论事，以为把某个问题解决了，所预期的目标也就达到了。一般是把气候问题归结为碳排放问题，把碳排放问题归结为能源结构问题，把能源结构问题归结为化石能源比重过大问题，认为解决化石能源比重过大问题，就是要大力发展低碳能源或清洁能源，或者新能源等等。实际逻辑并没有这么简单，哪怕是某个具体事项的解决也都不是一件简单的事情。例如新能源的发展过程就涉及到顶层设计、体制机制创新和配套体系的建设多个方面，不要以为架设几台设备就可以把光伏、风能等发展好，要使它们持续发展，不仅涉及到生产量、稳定度等技术问题，涉及到输送机制、价格决定等体制问题，还涉及相关设备生产、工程建设本身的低碳环保问题，需要系统考虑、整体设计。实现"双碳"目标，更是需要用系统的思维来考虑，用立体的办法来解决。

那么，运用系统思维和立体举措推动实现"双碳"预期目标，需要解决哪些问题呢？

首要的还是解放思想、创新思维。在实现"双碳"预期目标方面最重要的是树立正确的经济发展观。发展是硬道理,我们要解决温饱、过上小康生活,需要推动经济发展;我们要走向富裕、享受高品质的幸福生活,仍然需要推动经济发展。但是发展的模式和路径是有很大差别的,发展以高耗能、高污染、高排放为支撑固然能在一个时期带给我们眩目的增长,但最终会影响到国家的发展质量和人民的生活水平,是不可持续的,也会贻害无穷。所以,我们的发展应该是绿色低碳发展,是资源集约节约和循环利用的发展。但囿于各方面的原因,实际操作者并不都这么想,更不会都这么干。解放思想、创新思维必须从大局出发,进一步提高对发展与减排、整体和局部、短期和长期、治标与治本等重要关系的认识。同时,要从低碳发展不利于加快经济建设、妨碍现代化建设推进的思维误区中走出来。要牢固确立这样一些重要的观念:其一,过去若干年来,我国持续推进发展方式转型,即从粗放型增长转向集约型增长、从资源要素驱动型增长转向创新驱动型增长、从以高耗能高污染为支撑的增长转向以绿色为底色的增长,而低碳发展是新旧模式转换的必然要求和题中之义。也就是说,低碳发展是新时代经济发展和经济增长的重要特质。其二,推动低碳发展是更好维护人民利益、不断满足人民美好生活需要有效保障,且低碳发展是能够实现经济社会持续运行的高质量发展。其三,实现低碳发展固然会淘汰和限制一些高碳领域或行业,但同时也会创造新的市场需求,催生新的发展门类,如推动再生能源、碳捕集与利用、绿色制造、融合经济等的发展;而依靠技术创新,一些高碳行业能够转变为低碳行业。其四,低碳发展往往以科技创新、生态保护与合理利用、人和自然的和谐互动为前提,因而带来的往往是实实在在的高效率和高效益增长。低碳发展所带来的不是有害增长,也不是虚浮增长和无效增长,这意味着,低碳发展不会必然导致经济下滑,自然不是低增长的代名词。在思想上牢固确立了这样一些认识,相关行动就会迅速果断,一些好的措施也就能真正落到实处。

在解放思想、创新思维的基础上,运用系统思维和立体举措推动实现"双碳"预期目标,需要抓好如下三个关键方面的工作:

第一,要加快构造生态文明体系。低碳发展问题追根溯源是发展方式和生活方式问题。"双碳"问题与某些因素直接相关,但实现目标要求,并巩固和发展向好的态势，则需要形成系统性支撑。这类同于干和枝、本和末的关系，体现的是一桶水和一碗水的逻辑道理。实现"双碳"目标是建设生态文明的重要导引和抓手，但更会是生态文明体系有效运转和强力推动的结果。

十八大以来，生态文明建设得到了进一步的强化，中央相继出台了《关于加快推进生态文明建设的意见》《生态文明体制改革总体方案》等重要文件和数十项涉及生态文明建设的改革方案，全方位多层面对生态文明建设做出了部署与安排，但在实践中，追求既得利益的冲动和长期形成的行为惯性制约了相关工作的推进。应当结合"双碳"目标深化改革，加快构建生态文明体系。在主体上，还是要按中央所提出的那样，建立健全以生态价值观念为准则的生态文化体系，建立健全以产业生态化和生态产业化为主体的生态经济体系，建立健全以改善生态环境质量为核心的目标责任体系，建立健全以治理体系和治理能力现代化为保障的生态文明制度体系，还要建立健全以生态系统良性循环和环境风险有效防控为重点的生态安全体系。并依此形成节约资源、保护环境、防控污染、追求低碳的产业结构、空间格局、科技体系、政策保障和制度支撑。通过生态文明体系的构建，推动经济社会发展的全面绿色转型，构筑人与自然和谐共生的新型生产生活方式。

第二，要协力解决重点领域问题。基于实现"双碳"目标，着力解决二氧化碳排放大户问题是必要的。在推进生态文明体系整体建设的过程中也要抓重点，着眼点是降低化石能源的比重。我国化石能源二氧化碳的排放占到了整个温室气体排放的80%，化石能源包括煤炭、石油、天然气等，其中煤炭的二氧化碳贡献又占到80%左右。关于排放大户问题，专家学者们提供的数据有一些差别，但基本情况是清楚的。电力系统无疑是二氧化碳排放的第一大户，我国能源结构的主体是煤炭，而煤炭的主体是电煤，所以电力部门自然而然成为了排放大户，大体说电力部门的二氧化碳排放的贡献达到了50%左右。其他的排放大户还有工业、交通运输业等，城市建筑也是温室气体或二氧化碳排放的主要领域之一。要降低碳排放强度，关键要解决碳排放的大户的减排。工作重点在三个方面：一是要调整能源结构。努力减少化石能源，增加绿色能源和可再生能源，包括生物质能源、太阳能、风能、水能、地热能、海洋能等等。在保证绝对安全的情况下，核能也应当适当加大发展力度。能源结构调整中，有一个问题需要加以重视：当前我国能源消费中非化石能源的比重只占到15%左右，而我们向世界承诺到2030年非化石能源占一次能源消费比重要达到25%左右，考虑到我国能源消费量庞大，2020年一次能源消费达到了50亿吨标准煤，要做到这一点难度是很大的。绿色能源对化石能源的替代有一个过程，在时间紧迫的情况下，我们不仅要努力增加非化石能源的比重，还应搞好清洁煤等技术创新。作为以煤为优势资源和主要能量的国家，要想在比较短的时期里大幅降低煤的用量是不现实的，因此，推动实现"双碳"目标，我们仍然要坚持双管齐下或两条腿走路，在进行能源结构调整、强化新旧能源转换的时候，要加强对化石能源特别是煤炭能源和相关设备的技术改造，依此实现一些用煤领域的超低排放。二是优化产业结构。工业领域是排放大户，但降低工业领域排放的根本之途在于优化产业结构。一方面，要加大高污染高排放产业的改造和淘汰力度，另一方面，应大力发展节能环保产业、清洁生产产业、清洁能源产业，并大力推动产业绿色化与高端化、智能化的有机结合。三是要积极发展绿色建筑。城市建筑是重点，农村建筑也不能忽视。建筑耗用的大量的建材和其他的物质，是各种排放特别是碳排放重要来源，许多国家如新加坡、阿联酋、日本等都十分重视推动城市建筑减排，积极发展绿色建筑，引领城市向建筑零排放转变。如阿联酋早在2007年就颁布法律，强制新建建筑必须符合绿色标准；日本在2016年提出在2030年要实现50%新建建筑达到零排放，最近日本还提出了系统的住宅和建筑物脱碳的具体对策方案。我国正在推进世界上最大规模的城镇化，而广大的农村也正在按照乡村振兴战略规划进行建设改造，建筑物的绿色转变或零碳排放对全局意义重大，从现在起就应该严格标准，按照无碳的方向和"双碳"的目标来规划建设和监管。相应的，要推动建设节约型机关、绿色家庭、绿色学校、绿色社区、绿色商店、绿色餐馆，实行绿色出行等。所谓抓重点，就是要着力抓好上述三个方面。需要强调的是，推动这些重点领域的绿色转型也不能就事论事，仍然需要系统思维、总体设计、多措并举和协同联动。例如能源结构的调整，不仅涉及到对新能源或清洁能源的系统配套的政策支持，包括税收、金融、土地、科技等政策的支持，还涉及到价格平衡，涉及到竞争上网制度设计，涉及到供给稳定性把控等，此外还涉及到对化石能源的制度约束与政策抑制，进而涉及到新旧能源结构转换过程中能源供给与生产生活需求的平衡问题。大家应该记得，前些年上上下下也曾花费了大量气力推动新能源或无碳能源的发展，但中间却出现了弃风弃光问题，以至于管理部门不得不采取一些回调措施，包括调整收回下达的部分指标等，这些问题的产生就与相关因素考虑不周全、体系不配套有关。形不成必要的规模，发电量不够稳定，运作成本较高，无法接入大电网等实际问题导致了新能源发展一哄而上、一哄而弃的状况。所以推动新能源的发展需要深入研究、系统把握，不是简单提一些原则要求、发几个鼓励性的号令就能解决好的。风光水等清洁能源具有很强的地区性，且在很大程度上依赖于自然环境，并不是可以由人随意把控的，但我们又必须解决好各种新能源在时间上互补、在空间上对接等问题，所以对新能源的发电、储存、转化、消纳等都需要基于时间空间的错位与互补作深入研究，并形成切实可行的系统性解决方案。这显然不是一件容易的事。产业结构调整优化所涉及的面更为宽广，所触及的层次更为深刻，更需要进行系统设计与联动创新。

第三，要加强区域合作联动。考虑到碳排放与一些具体行业和行为直接关联，因而鼓励和促进一部分具备条件的地区和一些重点行业、重点企业率先达到碳排放峰值是必要和可能的。它们的率先行动也必然能为实现"双碳"预期目标提供有益经验和适宜路径。但实现"双碳"目标涉及到一些关键领域和行业的变革，涉及到整个生态文明体系的建设，所以仅靠部分地区、行业与企业单打独斗是难以圆满达到并持续优化的，需要全国统筹、整体谋划，需要一体联动、协同发力。地区是一些经济社会活动的空间载体，推进低碳发展尤其需要加强区域间的合作联动。碳排放直接影响着气候变化，而空气是流动的，这种特性把各个地区天然的联结在一块，也使合作成为维护自身利益的共同需要。各地区应围绕实现"双碳"目标全方位深化合作。特别要加强地区间在能源结构转换、产业结构调整、生态补偿机制建设、资源利用利益平衡机制建设、排污权用能权管理、碳交易市场建设等重要方面的合作，协同做好制度设计、政策制定、技术交流和项目建设。近日国家有关部门宣布要建全世界最大的碳排放市场，这在表层上体现的是交易问题，但背后则涉及到体制机制的衔接，地区间的联动等一系列重大事项。近些年来不少地方进行了碳排放交易的尝试，但取得的效果并不显著，究根溯源在于许多关键问题未能把握和处理好。考虑到品种、时差、稳定等因素，新能源供给体系建设特别需要实行地区协同与互补。在这方面，决不能搞地方保护主义，不能搞各行其是的制度政策设计，而应该从大局出发，同心协力构筑有助于低碳发展的良好市场与政策环境。

最后，我简要谈一谈推进黄河流域实现"双碳"目标的有关问题。黄河流域实现"双碳"目标，既具有优越条件，又存在着突出矛盾。黄河流域横跨青藏高原、内蒙古高原、黄土高原、华北平原等四大地貌单元和我国地势三大台阶，拥有黄河天然生态廊道和三江源、祁连山、若尔盖等多个重要生态功能区域，生态类型多样，经过持续不断的治理，整体生态环境明显向好，优质生态产品供给能力不断增强。黄河流域还拥有丰富的风光资源，非碳能源潜力充足。但也存在着不少问题，最大的问题也是生态脆弱。既存在着水土流失、湿地萎缩、水功能涵养降低等自然生态系统退化等问题，也存在着工业、城镇生活、农业面源、尾矿库污染等人类行为的侵害问题。环境修复压力巨大，因而实现"双碳"目标的任务也十分繁重。面对这种情势，黄河流域应以贯彻国家黄河生态保护与高质量发展战略为总纲，以保护生态环境为首要抓手，立足于发挥比较优势，统筹做好"双碳"有关工作。

在操作层面，黄河流域各省区是否可以考虑重点推进如下一些事项：一是选择适宜地区建立"双碳"先行试验区，青海条件得天独厚，应积极担当、努力争取。二是充分利用好黄河流域的风、光、水、地热等非碳能源资源，打造国家新能源发展示范区。三是积极争取国家对黄河流域推进生态保护提供特殊支持。从青海的实际出发，应当努力争取国家财政支持建立专门的低碳经济和生态经济发展基金。青海最大的价值在生态，最大的责任在生态，最大的潜力也在生态，保护好生态、发展好生态经济是青海的首要任务和根本发展道路，但青海本身的自我造血功能很低，完全依靠自身能力将生态功能拓展转化为经济功能有较大困难，需要国家提供必要的政策与资金支持。四是发挥区位优势，依据地理环境和经济脉络合作建设若干绿色经济走廊。五是结合推进城镇化和乡村振兴，大力进行城乡建筑的绿色化改造。在这方面，黄河流域任务重、潜力大、紧迫性强，有必要加大力度、加快进程。六是抓紧建立科学完善的促进绿色低碳发展的考核评价体系。原则上，应根据黄河流域不同地区的特点特别是生态保护的紧迫性来确定考核的重点。有的地方可把考核重点放在一般性经济指标上，有的地方则应重点考核生态经济指标，有的地方则可以在科学确定权重或比例的基础上把两者结合起来考核。在分类指导、因区制策的基础上建立科学完善的考核、评价、监督和约束体系。

这就是我要向各位报告的一些观点，不一定正确，请大家批评指正。

（2021 年）

把专题网站打造成推进生态文明建设的重要阵地 [1]

尊敬的各位领导、各位来宾、各位网友：

大家上午好！"长汀生态论坛"专题网站今天就要上线开通了，这是贯彻落实党的十八大和十八届三中全会精神、推动生态文明建设的一个具体举措。值此，我谨代表国家发展和改革委对网站的开通表示热烈的祝贺！

党的十八大把建设生态文明纳入中国特色社会主义事业"五位一体"总体布局，十八届三中全会进一步要求从制度层面推进生态文明建设，充分体现党和国家对生态文明建设的高度重视。福建省长汀县曾是我国南方红壤区水土流失最为严重的地区之一，被称为"南方的黄土高原"。经过20多年的努力，长汀水土流失治理和生态建设取得显著成效，走出了一条从荒山到绿洲、再从绿洲到生态家园的发展路子。长汀水土流失治理模式被专家誉为我国南方水土流失治理的一面旗帜。龙岩市委、市政府依托人民网设立"长汀生态论坛"网站，贯彻落实十八大关于建设美丽中国、推进生态文明建设的战略部署和习近平总书记关于推进长汀水土流失治理的重要批示精神，及时总结提升推广"长汀经验"，大力弘扬"滴水穿石，人一我十"的长汀精神，传播"尊重自然、顺应自然、保护自然"的生态文明理念，展示生态文明建设成果，促进生态经济合作，打造闽西、福建乃至全国的生态文明建设品牌，这是一件非常有意义的事情。

由于人类长时期对自然生态系统进行了前所未有的改造，全球出现了森

---

[1] 福建省长汀曾在治理水土流失、推进生态建设方面取得了显著成效。2014年5月13日，福建省龙岩市委、市政府依托人民网设立的"长汀生态论坛"网站正式上线，本文系作者于当日在上线仪式上的致辞。

林大面积消失、土地沙漠化扩展、湿地不断退化、物种加速灭绝、水土严重流失、严重干旱缺水、洪涝灾害频发、全球气候变暖等生态危机，对人类生存发展构成了巨大威胁。我国也面临着资源约束趋紧、环境污染严重、生态系统退化、自然灾害频发等严峻形势，严重侵蚀着中华民族生存发展的根基。

建设生态文明是时代赋予我们新的历史使命，我们必须站在中国特色社会主义全面发展和中华民族永续发展的高度，增强生态危机意识，增强责任感和紧迫感，充分发挥主观能动性和自身比较优势，努力为生态文明建设做出贡献。各级发展改革部门可以进一步发挥规划协调作用，把生态文明建设贯彻到重大战略、重大政策、重大布局、重大项目和重大改革的研究安排中，融入于经济社会发展活动组织推动的全过程，大力推进发展方式转变，积极发展绿色、循环、低碳经济，为建立资源节约型、环境友好型社会，推动形成人与自然和谐发展现代化建设新格局做出贡献！

我相信，只要大家齐心协力，"长汀生态论坛"专题网站一定会越办越好，真正成为宣传、探索和推进生态文明建设的重要阵地和有效载体。在全社会的大力推动下，我国的生态文明建设一定会不断结出丰硕成果，美丽中国也一定会加快呈现在世人的面前。

祝"长汀生态论坛"专题网站运营圆满顺利！

（2014 年）

为建设绿色城市奉献力量 [1]

很高兴参加 2014 中国环境与健康宣传周启动仪式。良好的生态环境是人民健康的重要保障，今年的活动以"城市（镇）环境与健康"为主题，准确把握了当前我国城镇化深入推进时期环境状况发展的新要求，抓住了人民群众关心的热点问题，很有现实意义。我谨代表国家发展改革委对宣传周活动的正式启动表示热烈的祝贺！

建设生态文明是中国特色社会主义事业五位一体总体布局的重要内容，有利于破解资源约束、保护生态环境，是关系人民福祉、关乎民族未来的长远大计。城市是资源要素的聚集地，是推动经济社会加快发展的主动源，对生态文明建设有着举足轻重的作用。城市环境不仅决定城市自身的品质，也深层次影响周边区域发展素质和生态环境面貌。在一个较长的时期里，伴随着粗放的发展方式，一些地区"城市病"不断滋生，大气、水、土壤等环境污染日益严重，影响了城镇化的质量，威胁着人民群众身体健康。当前，要立足于解决这些问题，坚持走中国特色以人为本的新型城镇化道路，以生态文明理念为指导，促进资源的节约集约利用，强化环境保护和生态修复，推动形成绿色低碳的生产生活方式和城市建设运营模式。

推进生态文明建设和新型城镇化发展是我委的重要职责。近几年，我委会同相关部门一起通过编制规划、完善政策、强化考核等措施，积极推进生态文明建设，推动城市绿色发展；每年安排超过 300 亿元中央预算内投资，

---

[1] "中国环境与健康宣传周"是中国农工民主党所组织开展的一项服务与建设"健康中国"和"美丽中国"的公益活动，持续多年。这是作者于 2014 年 6 月 6 日受邀参加"2014 年中国环境与健康宣传周启动仪式"时的致辞。

支持城镇污水垃圾处理设施建设、重金属污染治理、饮用水源地保护等重大环保工程实施。下一步，我委将继续积极履行职责，着力推进生态文明制度建设，推动完善城镇化绿色循环低碳发展的体制机制，协同解决影响群众健康的突出环境问题，为构建绿色生产方式、生活方式和消费模式，加快建设以人为本的绿色城市做出新贡献。

各位来宾！

良好的生态环境是最公平的公共产品，是最普惠的民生福祉。加强环境与健康工作，是加快推进生态文明建设、保障和改善民生的重要任务。"环境与健康宣传周"已经连续举办到了第七届，搭建了一个非常好的平台，凝结大家的智慧与力量共同举办形式多样的活动，有利于更为广泛地传播环境与健康的知识，引导相关单位和公众提高环境意识、做好自我防护，对于加强环境保护、保障公众健康、建设生态文明具有积极作用。我委将一如继往地支持和配合农工党中央做好"环境与健康宣传周"的相关工作，并将扎实做好资源节约和环境保护各项工作，为推进生态文明建设、建设美丽中国奉献力量。

预祝 2014 中国环境与健康宣传周活动取得圆满成功，也祝愿在座的来宾和朋友们身体健康，生活愉快！

（2014 年）

推动建设绿色低碳的美丽家园 [1]

很高兴参加第五届"低碳发展·绿色生活"公益展开幕式,我代表国家发展改革委表示热烈祝贺!

改革开放三十多年来,我国经济社会发展取得的成就举世瞩目,但也付出很高的代价,资源环境生态问题日益突出,严重制约可持续发展。中央对此高度重视,要求加快转变发展方式,提高发展质量和效益,建设生态文明、美丽中国。环境和生态问题,从本质上可以说是资源问题,大部分环境污染和生态破坏都是对资源的过度开发、粗放使用造成的。所以说,节约资源、提高效益、循环利用是保护生态环境的根本之策。

节能减排低碳发展是生态文明建设的有力抓手,是破解资源环境瓶颈约束的必然选择。"十一五"起,我国将节能减排作为国民经济和社会发展的约束性目标,"十二五"又增加了碳强度下降的约束性目标,努力构建推动转型升级的倒逼机制,取得了积极成效。"十一五"完成了节能减排目标任务。"十二五"前三年全国单位国内生产总值能耗降低 9.03%,二氧化碳排放强度下降 10.68%,累计节能约 3.5 亿吨标准煤,相当于减少二氧化碳排放8.4 亿吨;化学需氧量、二氧化硫、氨氮、氮氧化物排放量分别下降 7.8%、9.9%、7.1%、2.0%。

实现"十二五"节能减排降碳约束性目标,形势仍然十分严峻,特别是节能和氮氧化物减排分别只完成五年任务的 54%、20%,与 60% 的进度要

---

[1] 2014 年 6 月 26 日,由国家发展改革委、工信部、原环保部(现生态环境部)、国务院国资委、国务院新闻办、北京市政府等单位指导,中国新闻社举办的第五届"低碳发展·绿色生活"公益展在北京举办,本文系作者在开幕式上的致辞。

求还有明显差距。为确保实现目标，国务院召开了节能减排和应对气候变化工作会议，要求坚定不移地推进节能减排，积极应对气候变化，努力走出一条能耗排放做"减法"、经济发展做"加法"，经济发展与能耗物耗脱钩的绿色低碳循环发展之路。审议通过了《2014-2015年节能减排低碳发展行动方案》，对结构调整、重点工程、技术支撑、政策扶持、监测预警、目标责任等提出了明确要求，并将能耗增量控制目标、燃煤锅炉淘汰任务、脱硫脱硝工程、黄标车和老旧车辆淘汰任务等分解落实到各地区。我委将按照国务院的部署和要求，会同有关部门认真抓好落实，确保实现目标任务。

良好的生态环境是最公平的公共产品，是最普惠的民生福祉。而建设良好的生态环境，既需要加快经济转型升级，严控"两高"行业增长，积极发展服务业、高技术、节能环保等产业，努力走出一条低投入、低消耗、低排放、高效率的发展路子；又需要加快转变生活方式和消费模式，加强资源环境国情教育，推动全民在衣、食、住、行、游等方面向简约适度、绿色低碳、文明健康的方式转变。因此，推动绿色低碳发展是公益性很强的事业，涉及各行各业、千家万户，需要动员全社会的力量共同努力。5月底，中宣部、我委启动了节俭养德全民节约行动，紧紧围绕培育践行社会主义核心价值观，深入开展节俭节约宣传教育，营造厉行节约、拒绝浪费的浓厚社会氛围。这次中国新闻社举办第五届"低碳发展绿色生活"公益展，对于培育公众意识、推广节能低碳技术产品、扩大对外影响无疑具有重要的意义和作用。大家为节能减排、低碳发展都发挥正作用，释放正能量，我们的生态文明建设就能不断取得新进展。

国家发展改革委作为经济宏观调控部门和节能减排主管部门，将认真履行职责，注意发挥社会各方面的力量，积极支持绿色发展这项公益事业，为建设天蓝地绿水净的美丽中国作出积极贡献。

（2014年）

对《中国绿色发展指数报告——区域比较》 的评审意见 [1]

2011

《2011 中国绿色发展指数报告——区域比较》（以下称《报告》）从经济的绿色增长、资源和环境的承载、政府的绿色行动三个方面分析了我国"十一五"期间绿色发展总体情况和区域差异，并对"十二五"时期绿色发展的趋势进行了展望。《报告》内容丰富，数据翔实，点面结合，语言通俗，表现形式多样，充分运用图、表和专栏等形式直观地进行了描述和分析，较 2010 年版本体系更加完善，科学性更强，逻辑更为严谨。《报告》意义重大，有助于"十二五"时期更好地指导和测度各地区绿色发展进程，推动实现经济发展方式加快转变和进一步提高全民科学发展意识。但是，《报告》测算得出的西部地区省份资源环境承载能力排名较为靠前的结论，并不意味着这些地区生态资源环境承载能力较强，而在于目前的开发强度尚在资源环境承载能力可控范围内，建议报告对此问题予以必要说明，以免引起政府、企业和民众的误解。

（原载《2011 中国绿色发展指数报告——区域比较》北京师范大学出版社 2011 年出版）

---

[1] 北京师范大学科学发展观与经济可持续发展研究基地、西南财经大学绿色经济与经济可持续发展研究基地、国家统计局中国经济景气监测中心联合提供中国绿色发展指数报告。本文系作者应邀分别为 2011-2016 年报告所撰写的评审意见。

2012

　　《2012 中国绿色发展指数报告——区域比较》（以下简称《报告》）在研究总结国内外相关研究成果基础上，结合中国实际，进一步健全了绿色发展指标体系，并运用该指标体系对各省区的绿色发展进行测算，分析各地区在绿色发展中存在的差异，为更好地转变发展方式、实现经济的绿色增长提供有益的借鉴参考。《报告》整体框架结构较为完整，指标体系设计合理，能够比较全面地反映当前中国绿色发展的实际和要求，具有一定的可操作性，评价结果能够基本反映研究地区的实际情况，并为研究地区如何更好地实现绿色发展提供导向。《报告》新增了公众满意度的问卷调查，有利于更为广泛地吸引更大范围的利益相关者参与其中，将社会认同度、公众感知与理论研究有机结合，使研究结果更具代表性。新设立的教授论坛篇章也提升了《报告》的研究深度，为绿色发展的路径选择、推进方式等提供了不同的视角，使研究工作更加多元化。《报告》不仅立足于所选择的国内典型城市和地区之间的比较，还探索性地构建了绿色发展指数的国际比较指标体系，选取了全球范围内具有代表性的城市进行研究，通过总结国际绿色发展的经验教训为我国的绿色发展提供参考。建议报告在以下几方面做进一步修改完善：一是建议对测算成果进行深入分析，就如何缩小区域差距提出更具针对性和可操作性的政策建议；二是建议可增加国内外地区间的对比分析，如基础四国之间的横向比较，发达国家与我国之间的纵向比较，为我国更好地实现绿色发展提供有益的参考和借鉴；三是建议在指标设置过程中适当增加部分能反映不同地区特点的差异性指标，以便更好地反映各地实际。

　　（原载《2012 中国绿色发展指数报告——区域比较》北京师范大学出版社 2012 年出版）

2013

《2013 中国绿色发展指数报告——区域比较》(以下简称《报告》) 在总结回顾 2010 年以来绿色发展指数研究经验的基础上, 进一步健全了绿色发展体系指标, 新增了 $PM_{2.5}$ 平均值等评价指标; 更加突出关注实践进展, 增加了东中西地区典型省区、境外发达地区和国家绿色发展情况的分析研究; 一如既往地重视公众对区域绿色发展的态度和评价, 增强了研究的客观性和公正性。《报告》从省际、城市和公众评价等多个角度客观反映了我国东中西部地区在不同的资源禀赋条件下的发展现状、阶段、以及存在的问题, 分析了各地区在绿色发展中存在的差异, 为更好地推动发展方式转变、加快生态文明建设提供有益的参考。

《报告》整体框架结构较为完整, 指标体系设计合理, 能够比较全面地反映当前中国绿色发展的实际和要求, 具有一定的可操作性, 通过绿色体检表显示评价结果的方式也比较直观。《报告》中的公众评价调查, 将社会认同度、公众感知与理论研究有机结合, 使研究结果更具客观性, 而其中的教授论坛篇则提升了《报告》的研究深度, 为绿色发展的路径选择、推进方式等提供了不同的视角, 使研究工作更具权威性。特别是,《报告》还增加了实地调研环节, 选取具有一定典型性和代表性的地区进行个案分析, 有针对性地提出进一步加强绿色发展的意见建议和政策措施, 具有较好的指导意义。

建议《报告》在以下几方面做进一步修改方案: 一是在现有共性指标的框架下, 针对不同地区的特点, 适当设置一些能反映不同地区特点的差异性指标, 可以使评价结果更具针对性; 二是在现有体检表显示进退图谱的基础上, 增加原因分析和提升绿色发展能力的政策建议, 丰富体检表的诊断内容, 为该地区未来的绿色发展指明方向; 三是增加国内外地区间的对比分析, 为我国更好地实现绿色发展提供有益的参考和借鉴; 四是对 2010 年以来的省际绿色发展指数进行年际分析和纵向对比研究。

(原载《2013 中国绿色发展指数报告——区域比较》北京师范大学出版社 2013 年出版)

2014

《2014 中国绿色发展指数报告——区域比较》（以下简称《报告》），延续以前好的做法，同时又推陈出新，更具科学性和参考价值。该报告在沿用 2012 年确定的审计绿色发展指数指标体系对 30 个省份和 100 个城市进行绿色发展策略和分析的基础上，对中国省际绿色发展指数指标体系和中国城市绿色发展指数指标体系做了进一步改进，新增了"城市环境基础设施建设投资占全市固定资产投资比重"指标，适当调整了"绿色投资指标"下属的三级指标权重。该报告注重关注实践最新进展，增加了对典型地区的实践调研和经验总结，对工业转型升级与绿色发展进行了实证研究，也对国际组织推进绿色发展的最新措施进行了分析，更有现实感和时代性。《报告》进一步对中国省际和城市绿色发展的动态变化和主要因素进行了分析，试图厘清背后的逻辑和脉络，其还一如既往地重视公众对区域绿色发展的态度和评价，增强了研究的客观性和公正性。总的来看，《报告》从省际、城市和公众评价结果来看，指标体系能够较为客观的反映东部、中部、西部地区在不同的资源禀赋条件下的发展现状、发展阶段和存在的问题，分析了各地区在绿色发展中存在的差异，可为有关方面更好的推动发展方式转变，加快生态文明建设提供有益的参考。

《报告》整体框架结构较为完整，指标体系设计合理，具有一定的可操作性和指导性，评价结果较为客观和直观地反映了不同地区的绿色发展水平，能够比较全面地反映当前中国绿色发展的实际和要求。根据测评结果，该报告还增设篇章，对省际和城市绿色发展的实现路径和政策研究进行了有益的探索，此外，该报告还紧密结合国际形势对"里约+20"峰会之后的国际绿色经济走向等做了相应的介绍和研究，为绿色发展的路径选择、推进方式等提供了不同的视角和借鉴。

建议《报告》在以下几个方面做进一步修改与完善：一是深化对绿色发展状况变化的原因分析，与时俱进地提出推动绿色发展的政策建议，为该地区未来的绿色发展指明方向。二是在现有共性指标的框架下，适应各地区发展阶段的动态变化，针对不同地区的特点，适当设置一些能反映不同地区特点的差异性指标。三是进一步完善国内外地区间的对比分析，为我国更好的实现绿色发展提供有益的参考和借鉴。四是对 2010 年以来的省际绿色发展指数进行年际分析和纵向对比研究。

（原载《2014 中国绿色发展指数报告——区域比较》科学出版社 2014 出版）

2015

《2015 中国绿色发展指数报告——区域比较》（以下简称《报告》）基于实践的进展和形势的要求，对 30 个省（区、市）和 100 个城市进行了绿色发展测度和分析，体现出一些新的特点：一是进一步体现绿色发展的理念，按照中央提出的"绿色化"战略，结合环保部门公布的数据，完善了城市测算中"可吸入细颗粒物（PM2.5）年均值"，使人民群众关心的大气环境质量状况有所体现；二是结合"一带一路"倡议，专题研讨环保在"一带一路"倡议中的定位和作用，提出一些建设性意见建议；三是增加了对企业绿色发展的实地调研，选取传统建材、高新技术、民营环保、能源资源等方面的一些企业，总结其在污染治理、技术创新、转型升级等方面的经验，为同类企业实践提供了有益借鉴；四是对政府、企业、公众在绿色发展中发挥的作用都有适当表述，较为完整地展示了各方面推动绿色化进程的状况。总的看，《报告》整体框架结构较为完整，指标体系设计合理，评价结果较为准确和直观地反映了区域的绿色发展水平，基本符合我国东中西各地区在不同资源禀赋条件下的发展特点，具有一定的代表性和参考价值。

建议报告在以下方面进一步完善：一是针对不同地区的特点，适当设置一些差异性指标，并选择国内外典型地区做对比分析；二是对 2010 年以来的省际和城市绿色发展指数做时间序列分析，同时可基于过去几年来各地的绿色发展状况，对未来进行趋势性分析；三是对第四篇"企业绿色发展调研考察"进行小结，分行业提出推进绿色发展的意见建议，使研究结果更好地指导实际工作。

（原载《2015 中国绿色发展指数报告——区域比较》北京师范大学出版社 2015 年出版）

2016

《2016 中国绿色发展指数报告——区域比较》（以下简称《报告》）基于独特的绿色发展评价体系，从多个角度评估了我国各省（区、市）和主要城市的绿色发展水平，是各级政府推进绿色发展的重要依据。《报告》还对新常态下中国经济绿色发展的战略做了较为深入的研究，进一步提高了研究的高度和完整性。在方法上，进一步改进数据标准化模式，完善指标体系，优化指标权重，使研究结果更具客观性。总体上看，《报告》结构完整，内容丰富，资料详实，建议可行，有较强的借鉴价值和应用意义。

（原载《2016 中国绿色发展指数报告——区域比较》北京师范大学出版社 2017 年出版）

重大规划
与绿色发展

站在高基点上推动社会发展综合实验区建设 [1]

社会发展综合实验区建设是一项富有创新性的重要实践，我们应站在历史和全局的角度，超越思想与行为误区，不断推动实验区工作迈向新台阶。

一、可持续发展和实验区的历史责任

我国正处于重要的转变时期，这一转变主要体现为三个方面：从体制上说，是从计划经济体制转向社会主义市场经济体制；从社会环境上说，是从相对的不宽松或较为封闭的状况转向促进人的自由全面发展的全面开放的局面；从发展上说，是从不发达的经济转向发达的经济。上述三个转变的核心问题还是发展，即要使我国从根本上摆脱发展不充分的状态，加快实现社会主义现代化。但解决发展问题，不仅仅是要把经济增长速度提上去，更重要的是实现全面的、和谐的发展。也就是说，我们的发展应该是从自身实际出发，最大限度地节约和利用资源、抑制人口过快增长并提高人口素质，同时有效保护和改善生态环境的发展，是科技、经济、社会与人口、资源、环境相协调的可持续发展。

我认为，可以把可持续发展的特质概括为两句话：一是"经济的发展"，另一是"发展的经济"。"经济的发展"，讲的是人类物质生产活动开展，强调经济要保持一定的增长速度，否则就谈不上发展。"发展的经济"，讲的是经济增长应当建立在综合成本比较低，且综合效益比较高的基础上，是各个

[1] 本文系作者于 1997 年 2 月 27 日在原国家科委、原国家体改委和原国家计委联合召开的"社会发展综合实验区理论研讨会"上的讲话。作者时任国家社会发展综合实验区领导小组副秘书长。

方面动态平衡和有机协调的发展。这个"经济"体现的是成本的概念、规模经济的概念、经济与不经济的概念。既是"发展的经济",又是"经济的发展",这就是"可持续发展"的理论内涵。

社会发展综合实验区是深化社会变革、推进体制创新和探索新型发展模式的实验基地,承担着区域乃至全国实施可持续发展战略的重大责任。我们必须高度重视社会发展综合实验区的实践,而不能简单对待。实验区工作由国家科委等有关部门牵头开展,但实验区的实践绝不单纯是推动科技上台阶,如果局限于这种定位,建设实验区的意义也就大打折扣了。设立社会发展综合实验区实际上是为研究解决国家实现可持续发展这个重大课题所进行探索,而无论从理论还是实践上看都是一项非常重要的探索。它不仅是科技创新的实验区,经济增长的实验区,也是经济社会发展与资源环境等协调发展的实验区;它不仅是经济发展的实验区,也是体制改革的实验区,是建设有中国特色的社会主义市场经济体制的实验区。这个实验无论是对解决眼前问题,还是实现长期目标,都起着有益的探路作用。应当把社会发展综合实验区放在这样一个高度上来认识和建设。

事实上,小到邻里关系,大到生产生活方式,整个社会遇到的各类问题,在实验区也几乎都能够碰得到,如果能够通过实验区试验形成有效的操作路径,无疑会对整个社会解决类似问题提供有价值的思路。实验区的类型多种多样,有大、中城市的城区或郊区,有县或中小城市,还有建制镇,在探索上也各有特色、各有侧重,因此,实验区的实践完全可以对整个面上的操作提供有益的经验。

二、实验区是推进可持续发展战略的创举

可以说,对实施可持续发展战略来说,建立社会发展综合实验区既是一种特色,又是一个创举。这一做法与改革开放以来所实施的一个重要方略,或者说坚持的一项重要原则紧密契合,这就是投石问路、试点先行。改革开放以来,国家对一些风险难以准确把握的重要改革措施,往往视情选择若干企业或地区先行探索,借此测试风险、积累经验、探索路径,反过来也对改

革措施加以检验甄别、调整完善。通过社会发展综合实验区实施可持续发展战略与之一脉相承，也是一种先行先试。

建立社会发展综合实验区是一个创举，也是因为这一实验符合我国国情，有利于实现一些重要关系或基本要素的有机协调统一。突出的是这样三个方面：

第一，能够把坚持发展第一位和推进可持续发展有机结合起来。可持续发展战略实施面对着我国属于发展中国家、经济处于欠发达状态这样一种大环境。在当前阶段，处于第一位的问题还是加快经济发展。我国的很大一部分地区属于相对不发达地区甚至贫困地区，需要抓住机遇，充分利用各种资源，千方百计把经济增长搞上去。这是一项巨大的充满风险与挑战的系统工程。但同时，从我国耕地、水、矿产等重要资源的人均占有量较低的实际出发，又必须充分考虑发展的综合成本。因此，在现代化建设中，必须实施可持续发展战略，把节约资源、保护环境放到重要位置，使经济建设与资源、环境相协调，实现良性循环。通过社会发展综合实验区的试点和实验，可以破解经济不发达状况下有效实施可持续发展战略碰到的一系列棘手难题，为处理好经济建设和人口、资源、环境等的关系，实现良性互促探索路径，从而引领推动整个社会实践迈上快速发展和可持续发展相统一的轨道。

第二，能够把追求地区发展的特殊目标要求与提供带有普遍性的操作经验有机结合起来。各个实验区的入选是经过深入考察论证的，具有很强的代表性。这些实验区所面对的问题，既是直接制约自身发展的个性问题，又是关乎全局协调发展和现代化建设的共性问题。因此，实验区富有创造性的实践，一方面能够激发地区发展的活力与潜力，加快实现其设定的发展目标与定位，另一方面又能够为面上推进可持续发展战略提供普遍适用的经验与方法，从而加快经济发展和国家现代化建设的进程。

第三，能够把局部先行、重点突破与全面实施、整体推进有机结合起来。在过去一个比较长的时期，经济发展是以追求较快的经济增长速度为基本取向的。随着人口、资源、环境等方面的问题逐渐凸显出来，实现经济的可持续发展成为必然选择。但可持续发展战略的确立还是近些年的事，自觉而全面地推进可持续发展普遍缺乏经验。通过兴办社会发展综合实验区，使那些具有代表性的地区围绕重点、难点事项超前试验并实现率先突破，对于全国整体实施可持续发展战略而言，既发挥了示范带动作用，也承担了寻方探路功能，因此能够避免因盲目推进而可能带来的全局性挫折和系统性风险。

三、实验区十年的探索特色鲜明

十年来，社会发展综合实验区的探索取得了长足的进步，对全国整体实践发挥了强有力的领引带动作用。我以为，这种功效来自于实验区所具有的良好特质。在我看来，相对现有的其它类型的试验区，社会发展综合实验区的探索具有如下一些特点：

第一，更具综合性。实验区的实验寓含方方面面，既涉及人口、资源、环境，又涉及技术、经济、社会，还涉及中央、地方和民众，能够统筹把握并科学处置各种发展要素和重要关系。

第二，更具配套性。实验区的实验不是就事论事，不是单打独斗，每一项试验都要考虑到各相关方面的有机联系，都要基于这种联系进行综合配套，需要一体考虑当前与长远，物质与精神，改革、发展与稳定等重大关系。

第三，更具创造性。实验区的实验具有先行先试特点，需要做过去没有做过的事情。实验区的操作必须以"三个有利于"为原则，结合国情和当地实际，积极探索、大胆创新，不仅为加快经济增长提供经验，为促进协调发展提供经验，而且为推进体制改革、寻找可持续发展的有效途径提供经验。没有创新和创造，实验区寸步难行，也会失去存在的价值。

第四，更具自主性。实验区的实验不以国家优惠政策作支撑，主要能量来自各试验单位从实际出发的自主探索和大胆创新，实验区"最大的优惠政策是改革开放的实验权"，这种权利比那些以减免税收等为基本内容的优惠政策更具含金量。先行一步天地宽，有了这种权利，实验区就能放开手脚，尽其所能开拓发展新空间。

四、推动实验区工作迈上新台阶

实验区工作大有可为，必须不断进取，跃上新高度、迈上新台阶。总结以往的经验，契合时代的要求，需要超越思想和行为的误区，立足于关键环节，精心做好五篇文章。

第一，超越单项推动的误区，在"综合"上作文章。"综合"二字凸显了社会发展综合实验区的特质，实现物质和精神，眼前和长远，经济发展和社会发展，生产力进步和人口控制、资源节约、环境改善等的有机结合与协调平衡，是实验区各项实验的基本指导思想和价值导向。调研显示，个别实验区的操作局限于单项推动，探索面过窄。单项推动难以解决系统问题，无法对理顺重大关系发挥实质性影响；单项推动也很难实现有效突破，无法推动整体向纵深拓展。任何事物都不是孤立存在的，一个问题的解决往往依赖于多种关系的全面理顺。譬如科教进步，仅仅靠技术改造、增加科技投入等是不够的，还涉及到体制的变革、环境的改善等。实验区的实验一定要紧扣综合作文章，做到综合设计、综合推动、综合配套。应认识到，社会发展综合实验区是可持续发展的实验区，而可持续发展本身就是一个综合性系统工程。

第二，超越单一部门推动的误区，在"联动"上作文章。实验区工作的综合性，昭示了工作主体的多元性和联动性，这项工作由科委、体改委、计委三部门牵头，并不等于只是这三个部门的事，更不等于仅仅依靠这三个部门就能把所有事情办好。推进实验区建设，促进可持续发展，需要各个部门一起上阵、协力同心工作。因此，强化各部门对实验区建设参与、投入的力度，十分重要、非常必要。各个部门联动还体现为形成一个强有力的协调领导机制。担负实验区实验职责的地区应成立一个由多部门参加的强有力的工作领导小组。特别要强调的是，党政主要负责同志应介入其中。如果说改革到位必须领导先到位的话，那么同样，要想实验区工作到位，领导也必须先到位。只有主要领导高度重视，各个部门一体联动，实验区工作才能扎实展开并不断迈上新的台阶，否则就会陷入一句空谈。

第三，突破囿于环境难有作为的误区，在"特色"上作文章。前面已述，对于实施可持续发展战略来说，有两个方面是我们需要科学把握的：一是，我们尚处于不发达阶段，推动发展是第一位的。在未来时期，我们必须保持一定速度的经济增长，以此提高人民的生活水准，推进各个方面的建设。二是，人口、资源、环境问题的呈现与强化要求实施可持续发展战略，但在工作重点、路径等还不清晰的情况下，把全国作为一盘棋实施整体推动具有难度，也充满风险。我们选择若干有代表性的地区先行开展相关实验，可以看作是基于这种国情所实行的一种特色化处置。各地的实验也要突出特色，也就是说，应坚持从实际出发，走各具特色的探索之路。各个实验区都面临着一系列难题，即便是共性难题，也并非要采取统一的化解模式，实际上也很难找到一个普遍适用的统一模式，只能依据具体实际做特色化的探索。特色化的探索就是因地制宜、因情施策。总之，实验区的实验与探索不能按一个模式搞一刀切，要充分发挥实验主体的主观能动性，充分运用自身的比较优势，各显其能，以特制胜。

第四，超越依赖优惠政策驱动的误区，在"自主"上作文章。实验区的实验，没有财政拨款，也没有税收减免，最大的优惠政策就是改革开放的实验权或者先行先试的探索权。三个牵头部门和其他部门密切合作，是可以给一些支持政策的，但这样的政策是有限的，也会限制在最必要的范围内。我们要认识到，依靠优惠政策办实验区，即使获得了成功也不具有说服力，所取得的成果和经验不具示范性和推广价值。办好实验区必须充分发挥自主性，在自闯、自创、自立上下功夫。自主性有多强，发展空间有就多大。在操作上，自主探索可以朝四个方面靠，一是往国家已经确定下来的重大发展改革思路的前端要求上靠。率先实践中央的最新决策，就能够取得一般地区无法拥有的政策红利和发展机会。二是往自己具备的能力和权力上靠。不懈怠、不推诿、不敷衍，解放思想、积极作为，在自己能办、能够办好的方面多下功夫。三是往地区特色和优势上靠。以特色和比较优势为基础，不仅使各项实验拥有了最好的支撑条件，而且能扬长避短，迅速形成良好的发展改革成果。四是往群众的积极性和创造性上靠。智慧与力量都深植于人民群众之中，这些年许多重大改革战略与政策举措的直接来源或主要发明者都是普通老百姓。农村联产承包制、城市企业承包制等都是老百姓最先搞起来的，不少创新举措在初期都受到过责难甚至刁难。经过这些年的实践，我们应该变得聪明起来了，不要落在群众后面指指点点当评判官，而应该站在前面做领路人。群众是创造历史的动力，也是实验区创新发展的动力。我们要依靠群众，充分发挥群众的首创精神。

第五，超越就事论事的误区，在"治本"上作文章。实验区的实验综合性、配套性很强，且涉及到一些深层关系，要不断向前推进并取得实质性进展，必须立足根本、狠抓关键。实验区工作涉面广、头绪多，浅层的问题易于以眩目的形态显露出来，很容易形成误导，诱使人们将操作重点置于治标之上。应理顺思维、突破假象，在治本上下功夫。我以为，实践区应着力搞好三个方面的建设：一是体制建设。要按照社会主义市场经济改革的方向，积极探索建立有利于推进可持续发展的政府、市场、社会、企业协调能动作用的体制机制。二是法制建设。一方面，建立健全相关法律法规，为先行先试提供强有力的法制支撑；另一方面，及时将行之有效的创新举措以法律法规的形式进行确认或规范。三是人的素质建设。推动精神文明和物质文明协调发展，提高政府行政服务能力和全社会文明水准，为实现人的自由全面发展创造条件、优选路径。

（1997 年）

立足大局编制《鄱阳湖生态经济区建设规划》[1]

非常感谢江西省委、省政府的邀请，我们能有机会来到江西，来到美丽的江西鄱阳湖畔进行实地考察，一起研究探讨建设鄱阳湖生态经济区的有关重大问题。出行较为仓促，调研时间很短，看得不太仔细，研究的也不够透彻，在这种情形下，要提出比较深刻的思想见解的确比较困难。我也没有想到，省里安排了这样高规格的一个座谈会，省直各部门主要领导到场了，这表明了江西对建设鄱阳湖生态经济区的重视程度，但也着实给我的发言带来了压力。没有准备，结合调研情况即兴谈几点看法，供大家批评指正。

一、加快推进重点地区的开发开放有利于促进区域协调发展和加速实现国家现代化

新中国建立后，我们一直为着建立富强繁荣的国家而努力奋斗着。改革开放前 30 年，我们花费了很大精力，摆脱了"一穷二白"的局面，建立起独立的比较完整的工业体系和国民经济体系，创造了社会主义建设的伟大成就。改革开放后，我们立足于体制机制创新，推动开放开发，带来国家经济社会发展的新面貌，我国 GDP（国内生产总值）达到了世界第三，即成为了世界第三大经济体。当然，我们也认识到，虽然我国综合国力和人民生活水平实现了大幅提高，但距离现代化的目标仍然较远。不过极为重要的是，通过这些年的实践探索，我们不仅看到了发展的希望，更找到了良好的发展

---

[1] 本文系作者于 2008 年 9 月 4 日在江西省人民政府召开的"鄱阳湖生态经济区调研座谈会"上的讲话。

路径。其中的一个关键，是大力推动重点地区的开发开放，促进区域协调发展。

促进区域协调发展工作涉及方方面面，但简单而言，就是要抓两头，一头是推动欠发达地区特别贫困地区加快发展，通过政策支持、对口帮扶的手段，培育和发挥当地比较优势，依托"输血"实现"造血"，使这些地区跃上经济增长的快车道。通过这个努力，我们解决了几亿贫困人口的温饱问题。另一头就是推动一些基础条件优越、目前走在前列的地区深化开发开放，围绕一些关键问题先行探索试验，为全国寻找路径，也引领带动其它地区发展。从改革开放之初起就采取了加快重点地区发展这个路径。在这个发展过程中，不同时期工作着力点和发展方式是不一样的。进入新世纪之前，总体上说是通过依托体制改革促进国家经济加快发展，其着力点主要放在通过改革激发经济主体的活力之上，主要目的是实现经济的高速增长。在发展方式上实际采取了动员一切可以利用的资源要素的做法。进入 21 世纪以后，发展方式有了明显的调整，核心是贯彻科学发展观，实现经济社会全面协调可持续发展。这种调整基于这样一个事实：过去许多年虽然经济增长速度很快，经济总量不断增大，但资源环境不堪重负。许多地方的发展是建立在过度消耗资源和严重破坏环境的基础上的。按这样的方式走下去，经济发展就会难以为继，社会运行也会面临严重风险。科学发展观就把推进改革、优化发展方式和实现快速增长有机结合起来。从加快发展到实现科学发展虽然只变了几个字，但操作要求完全不一样了。不仅要求通过改革推动发展，而且要求把体制创新和实现经济社会全面协调可持续发展结合起来，题中之意就是要处理好经济建设与资源、环境的关系，建设资源节约型、环境友好型社会，使人民在良好的生态环境中生产生活，实现经济社会的永续发展。我们推动重点地区发展也必须体现这样的发展要求。

党中央国务院采取了一系列措施推进重点地区发展，国家发改委积极履行相关职责，地区经济司直接负责具体操作。2006 年后，贯彻落实科学发展观、基于推动区域协调发展促进一部分条件较好地区加快开发开放，主要采取了三种形式：一是开展综合配套改革试验区建设，陆续在上海浦东新区、天津滨海新区、成渝地区和武汉城市圈、长株潭城市群等地区开展了综合改革试点；二是为某些特殊区域或重点地区量身打造推动经济社会发展的文件，制定出台了进一步促进新疆经济社会发展的意见、进一步促进宁夏经济社会发展的意见、进一步推进长江三角洲地区改革开放和经济社会发展的意见等，近期将推出支持青海等省藏区经济社会发展的意见、支持福建省加快建设海峡西岸经济区的意见等，未来还会着手制定推动一些重点地区协调发展的指导性文件；三是为相关地区发展编制战略规划，目前出台的有广西北部湾经济区发展规划，还将着手制定珠江三角洲地区改革发展规划纲要、江苏沿海地区发展规划、关中——天水经济区发展规划等。这些措施带来了十分显著的效果，不仅加快了增长速度，而且促进了质量和效益的提升，推动了经济发展与人口资源环境的协调，抑制了对生态环境的破坏。同时还形成了强烈的示范带动效应，有力促进了其他地区的发展和区域协调发展。处于这样一种良好的发展氛围之中，江西应抓住机遇，在全面建设小康社会、推进国家现代化的进程中体现担当、做出表率。

二、建设鄱阳湖生态经济区是落实科学发展观、推进区域协调发展的重大举措

今年初，江西省委、省政府正式提出了建设鄱阳湖生态经济区的战略构想。应该说，这一构想有效把握了当前的大好机遇，符合国家的政策导向，也体现了江西实际发展需要。今年3月3日，江西省委省政府主要负责人访问国家发展改革委时，我谈到了研究制定这一战略的必要性，明确表达了地区经济司的支持态度。这大半年，我们与江西的领导同志就此事一直进行着积极而务实的沟通。今天应邀实地考察了鄱阳湖，对此有了更深更实的一些认识。鄱阳湖目前的湖泊面积达到3500平方公里，为1998年大洪水之后形成的比较理想的水位，基本上恢复了历史的原貌。最使我们感到高兴的是，这么大的水面，水质一直保持优良状态，是几大淡水湖中唯一没有富营养化的湖泊。放在全国范围看，也是少有的，过去水质清纯的河湖差不多都不同程度的被污染了。典型的如太湖，不仅污染比较严重，还因蓝藻暴发导致了严重的饮用水危机。饮用水危机发生后，太湖污染治理提到了重要议事日

程，国家专门制定了《太湖流域水环境综合治理总体方案》，各方面协调行动，近几年的治理取得了明显的成效。但要完全治理好，恐怕要二三十年，甚至可能需要更长时间。位于日本滋贺县的琵琶湖，湖体水面面积才 670 平方公里，治理近 40 年，付出了很大的代价，至今也没有完全恢复到从前的优良状态。重大湖泊一旦污染，要想恢复是极为艰难的。因此，江西提出这一战略构想是非常必要的，对保护好一湖清水，构筑美好的生活环境是非常有益的。把这件事办好了，毫无疑问是为子孙后代留下一笔十分宝贵的财富。当然，其意义还不仅如此，建设鄱阳湖经济区具有多方面的益处：

有利于江西实现经济社会又快又好发展。虽然江西近些年来发展速度加快，但与发达地区比还有明显差距，发展基础也比较薄弱。构想中的鄱阳湖生态经济区核心区为 4.36 万平方公里，涉及到 6 个市、22 个县，国土面积占到全省的 1/4，是江西综合实力最强的地区，潜在能量很大。这一地区发展好了，不仅可以为其他地区发展做出示范，也能为带动其他地区发展提供支持。全国要抓重点地区发展，江西也一样需要如此。如果把发展重心放在这里，江西就可以解决全省发展面面俱到，却难以面面都难以照顾到、发展好的问题。鄱阳湖地区的"强身健体"，将为全省又快又好和可持续发展打下良好产业、财力和其它基础。

有利于加快促进中部地区崛起。江西地处我国中部，近年来发展步伐明显加快，但与中部其他省份相比，主要经济数据排名依然靠后，发展水平仍有一定差距。加快鄱阳湖生态经济区建设，不仅会为江西加快发展增添新的动能，推动江西从后排走向前列，也将为促进中部地区崛起形成新的支点。从这个意义上说，建设鄱阳湖生态经济区，不仅是江西的事，也是中部的事，是全国的事。

有利于探索生态与经济协调发展的新路子。把生态环境保护与经济建设结合起来，是落实科学发展观的要义，是促进区域协调发展的要义，也是推动发展方式转变的要义。鄱阳湖经济区生态地位重要，工业化、城镇化发展任务艰巨，如何实现防治污染、保护生态和加快发展的有机统一，是面对的重大难题。探索破解这一难题，走出科学发展的路子，对江西重要，对全国也很重要。

　　鉴于上述考虑，我们认为，鄱阳湖经济区的建设具有重大战略价值，应该基于国家层面来谋划与推进。正也因为如此，我们对江西省委省政府的要求给予了积极回应，表明了大力支持的态度。我们要与江西一起，会同有关部门将鄱阳湖生态经济区规划好、建设好。

三、基于国家发展全局和江西实际精心编制好鄱阳湖生态经济区规划

　　据介绍，在省委省政府的领导下，江西省发改委组织骨干力量，几易其稿，形成了鄱阳湖生态经济区规划的基础稿。地区经济司一直非常关注规划的编制过程，也以各种形式较为深入地参与了这个过程。稿子写到这个水平已经花费了较多的心血，相当不易。比之 8 月 22 日提出的初稿，有了较大进步，国家的视角和战略的高度一定程度地体现出来了。

　　规划是行动的指南，要建设好鄱阳湖生态经济区，首先必须制定一个好的规划蓝本。但深入看，目前的稿子还要进一步提升高度和精度，特别是要研究如何突出体现好四个结合：

　　第一，如何把体现国家战略要求与解决江西实际问题有机结合起来。规划编制需要说清讲透一个问题，鄱阳湖生态经济区规划的地理区域完全在江西境内，推动这一地区发展应该是江西的事，或者说江西就可以把许多事情做好，为什么要上升到国家战略层面，由国家审批？要找到一个正确的切入点，说明鄱阳湖生态经济区所推动的工作、进行的探索具有典型性、示范性，对全国有指导意义。2007 年着手编制，2008 年初出台的《广西北部湾经济区发展规划》开了一个先例。北部湾经济区地域范围涉及南（宁）、北（海）、钦（州）、防（城港），都在广西境内。虽然它不跨省、跨大区，但它是东盟合作的前沿阵地，是推进泛北部湾经济合作桥头堡，加快推进北部湾经济区开放开发，既关系到广西自身发展，也关系到国家整体发展，所以对之的谋划与建设需要基于国家全局考虑。站在国家的基点上考虑问题，鄱阳湖生态经济区建设，需要进一步提高规划的思想性、理论性，体现与国家发展改革战略和政策导向的对接，并增强体制机制的创新性。目前的文本总体

上说还是就江西论江西，原来三个区捏合的痕迹还比较重。前面讲的是核心区发展，后面的主要讲的是全流域工程建设，内容杂、融合度不高，需要进一步优化提升。

第二，如何把推动核心区发展与促进江西全省又好又快发展有机结合起来。规划的重点必须放在核心区，核心区建设要突出特色、突出导向、突出创新，紧扣实际解决重大问题，充分发挥示范引领作用。不能把鄱阳湖生态经济区规划编制成缩小版的全省经济社会发展规划。但核心区作为全省基础最好、实力最强地区，不能独善其身，要发挥辐射带动作用。其发展要同其他地区联动发展、促进区域协调发展有机结合起来，其思路、举措必须具有开放性和普惠性。

第三，如何把思想性、理论性和务实性、可操作性有机结合起来。一个好的规划不仅能体现出良好的理论基础和思想深度，还能有效解决实际问题、导引操作方向，是高而实的有机统一。目前这个稿件除了在战略高度方面需要进一步提升外，还需要把功夫特别下在做实上。目前关于空间布局等的阐述比较空泛，前后虚实结合得还不够，总体上说务实性和操作性不强。下一步修改时，可以借鉴广西北部湾经济区规划的思路，把措施项目与空间安排紧密结合起来。一体解决好做什么、怎样做、在哪里做、什么时候做完的问题。

第四，如何把自主努力和国家支持有机结合起来。鄱阳湖生态经济区建设成为国家战略，不仅需要承担国家使命，也需要依靠国家支持。就攻克生态与经济协调发展这一难题而言，江西的大胆探索是必须的，但肯定也有江西自身无法处理的事项。要认真梳理一下哪些事情是江西自己就可以解决的，哪些事项是要国家授权或给予直接支持的，并在规划中予以明确。对于体现为国家战略的重点地区的建设，国家支持更多的应放在赋予探索权开展先行先试等方面，比如开展建立生态补偿机制的探索，建设水权、排放权分配与交易制度的探索等。在特殊情况下，也可以直接赋予一些优惠性政策支持，但应限制在最必要的范围内。目前规划中关于改革开放的部分写得还不够扎实，有关授权和政策需求不够明确，要进一步下功夫。另外，涉及到要国家支持的大工程、大项目较多，应分清轻重缓急与中央地方责权，适当进行调整。

总之，将鄱阳湖生态经济区建设上升为国家战略，目前的规划稿本还要进一步提升，概括起来主要是三点，即体现国家规划的高度，立足于全局阐述思路与要求；体现区域规划的特色，不求面面俱到，更加突出主线和重点；体现发展规划务实，不致虚无缥缈，进一步增强可操作性。

这是我的一些基本意见，仅供大家参考。建议对目前规划稿本做一些适当调整后，以江西省委，省政府的名义抓紧上报国务院，待国务院领导明确批示同意后，我们会按要求直接介入规划起草工作，并推动这一战略早日颁布实施。

（2008 年）

高标准高质量编制《鄱阳湖生态经济区规划》[1]

国家部委为编制鄱阳湖生态经济区规划所联合开展的实地调研今天就要结束了。根据中央领导同志的批示，由国家发展改革委牵头，来自国家 20 多个部门和单位、80 多位同志组成 8 个调研组，两天来奔赴南昌、九江、景德镇、鹰潭、抚州和新余 6 个市的 25 个县（市、区）进行了实地调研，足迹遍及 130 多个调研点。总体上说，这次调研线路多、覆盖地域广、选点较全面，因而所取得的收获也较大。通过这次调研，不仅增强了对江西省情、鄱阳湖区情的了解，也对建设鄱阳湖生态经济区的基本方向、主要任务、重点措施等有了更加清晰的认识，这从 7 个专题组组长刚才的发言中就能明显地感受到。尽管所谈的见解与思路不一定全面，也不一定都很准确，但无疑对下一步修改和完善鄱阳湖生态经济区规划有非常积极的作用。这些见解和思路，是在今天上午各组交换意见的会议上形成的，所以不少内容也是我提出的建议或为我所认同的。我接触鄱阳湖生态经济区规划工作比较早，从 2008 年 3 月 3 日江西省委省政府主要负责同志赴我委交换意见时起就开始介入了，期间也按照我委主要负责同志和分管负责同志的要求，带领调研小组来江西做过实地考察，当时在省里召开的座谈会上也谈过一些见解。在 4 月 15 日上午的见面会上，省里的书记、省长和我委负责同志都作了讲话，提出了一些重要的思路，也对编制好规划提出了明确的要求。应该说没有多少具有实质性意义的话要讲了。但在今天的交换意见会上，作为留守的联合调研

---

[1] 2009 年 4 月 15 日—18 日，国家部委联合调研组就编制《鄱阳湖生态经济区规划》在江西省展开调研活动。本文系作者 2009 年 4 月 18 日在联合调研组与省委省政府举行的交换意见会上所作的讲话。作者担任国家部委联合调研组副组长、《鄱阳湖生态经济区规划》编制组组长。

组的负责人，又受到组长杜鹰副主任的委托，不讲似乎还不行。那么我就结合调研中的所见所想，就规划的修改和提升谈一些认识吧。

一、努力编制一个有特色、重实效的战略规划

建设鄱阳湖生态经济区，是基于国家发展战略全局和江西发展实际需要提出的重要举措。建设鄱阳湖生态经济区有利于探索大湖流域综合开发的新模式，有利于开拓生态保护和经济社会协调发展的新途径、有利于促进江西经济社会持续迈上新台阶，也有利于推动形成区域发展的新格局。科学合理的规划是一个区域持续健康发展的前提。要把生态经济区建设好，最为基础的工作就是编制一个质量高、指导性强的规划。鄱阳湖生态经济区既是重要的生态功能区，又是重要的经济发展区，这使得鄱阳湖经济区规划不同于一般的区域规划，也必须基于此来把握现有规划的修改、完善和提升。综合把握，规划编制要努力做好如下四个方面。

（一）基点要高远

规划编制要体现三个"立足于"：一是要立足于服务全局。规划的直接对象是鄱阳湖经济区，但不能简单的就鄱阳湖论鄱阳湖，甚至不能就江西论江西。要有世界眼光、国家立场。我们国家正处于转变发展方式的关键阶段，过去几十年来虽然实现了经济的高速增长，但也付出了沉重的资源环境代价，可供利用的土地、矿产、能源等资源大幅减少，全国地表水污染相当严重，七大水系均受到不同程度污染，全国主要湖泊大都呈富营养化状态。国家推动建设鄱阳湖生态经济区，意在依此探寻协同推进生态环境保护和经济发展的良好途径，为全国转变发展方式、实现科学发展提供有益示范。鄱阳湖是具有世界影响的重要湿地，鄱阳湖经济区建设既要充分吸取世界大湖流域治理的良好经验，也应为全世界探索大湖流域综合治理提供良好模式。二是要立足于增益长远。鄱阳湖生态经济区建设，要把解决当前的紧迫问题作为直接抓手，但同时要着眼于未来，把握未来的环境特征，明确未来的发展方向，提出未来的建设任务。要通过有力的举措，统筹人和自然的和谐统一，促进生态保护和经济发展的良性循环，实现经济社会的全面协调可持续

发展，为建设美丽江西、美丽中国做出贡献。三是要立足于实现跨越。从主要经济指标看，目前江西经济发展位次相对靠后。建设鄱阳湖生态经济区，不仅仅是划一块地方搞几个工程、上几个项目，更重要的是通过它发挥体制和科技的动能，创新发展路径、加快转变发展方式，打造具有重要影响力和辐射力的经济增长极，支撑、带动江西全省经济社会实现跨越式发展，同时在促进中部地区加快崛起中发挥引领推动作用。

（二）理念要革新

从区情与使命出发，推进鄱阳湖生态经济区建设，必须树立一些不同于一般的重要的发展理念。一是要树立生态建设优先的理念。全面贯彻建设生态文明的战略思想，把节约资源、保护生态环境作为发展的前提，走出一条生态与经济协调发展的新路子。二是树立体制创新支撑的理念。直面新情况新问题，不断深化改革、大胆试验创新，为推动生态与经济协调发展提供体制保障和强劲动力。三是树立开放合作拓展的理念。打破地区封锁、市场分割，强化机制对接与一体联动，实现资源要素的合理配置和高效利用，促进产业发展的合理分工和地区比较优势的充分发挥，推动生态环境的协同治理和有力有效保护。

（三）特色要鲜明

要把保护生态环境、建设生态文明作为贯穿规划的主线，着眼于实现产业经济生态化、生态经济产业化安排和推进各项工作；要深入契合区域特点和实际，突出比较优势和发展重点。不要把鄱阳湖生态经济区规划编成一个面面俱到、普适于任何地区的规划，要真正使其成为"这一个"而不是"又一个"。

（四）措施要实在

编制规划的目的在于为鄱阳湖地区促进生态与经济协调发展提供思想与操作指南。对这一地区来说，不仅要切实搞好生态建设，也要在保护生态环境中谋求利益与实现崛起。当前的实际是，这个地区发展基础薄弱、经济实力不强，赶超任务艰巨，各方面的期待迫切。既要立意高远，指明发展方向和原则思路；又要脚踏实地，提出可操作、有实效的举措，包括提出必要的政策支持措施，要有产业、项目、工程、资金、人才等方面的具体安排。

概括起来是一句话，要把鄱阳湖生态经济区规划编制成一个富有特色、非常实在、必见实效的战略规划。

二、编好规划要着力在"三个结合"上下功夫

鄱阳湖生态经济区建设涉及领域较为广泛，规划编制必须统筹把握，科学体现，深刻阐述。综合考量，编好规划要着力在实现三个结合上下功夫。限于时间关系，我将重点阐述第一个方面的结合。

（一）在实行生态环境保护与经济社会发展的有机结合上下功夫，走出一条生态良好、生产发展、生活富裕的文明发展之路

鄱阳湖生态经济区生态系统总体上十分脆弱，一旦遭到严重破坏，恢复起来极为不易，必须严格防护，重中之重是保护好鄱阳湖"一湖清水"；鄱阳湖生态经济区经济社会发展基础较为薄弱，谋崛起、图跨越是现实所迫、竞争所趋。未来一个时期，这一地区将处于工业化、城镇化的快速推进阶段，能源资源需求将大幅增加。因此，把生态环境保护与经济社会发展有机结合起来，是建设鄱阳湖经济区的必然选择，这是难点，也是重点，更是亮点。规划需要找准结合点，实现在集约节约利用资源中求发展，在严格保护生态环境中展新局。为此，规划要突出体现这样一些内容：

第一，把生态建设和环境保护作为开展一切经济社会发展活动的前提。鄱阳湖湖体及流域生态关乎长远发展，保护好鄱阳湖"一湖清水"，是鄱阳湖生态经济区建设的直接依据。进一步说，鄱阳湖生态经济区首先是重要的生态功能区，要严防其生态功能遭到破坏，否则经济社会发展就失去了基础。要坚持生态优先，促进绿色发展，把生态建设和环境保护放在首要位置。具体说，一是要把生态环境保护观念与原则贯彻于思想创新、道德建设、体制设计、政策安排等各个方面，体现在产业体系布局、基础设施建设、城乡关系调整等各个环节。二是要实施有利于保护生态环境的最为严格的法律法规与政策措施，包括实行最严格的环境保护政策、最严格的水资源管理政策和最严格的土地管理政策等。三是要以湖体保护、滨湖控制和生态廊道建设为重点，统筹湖区及流域上下游、干支流的生态建设和环境保护，

推进流域综合治理，提高鄱阳湖生态经济区的环境容量和生态功能，增强可持续发展能力。这方面可做的事情很多，如采取工程治理和自然修复相结合的方式，加强湿地保护与恢复，增强净化水质、涵养水源、休养生息的能力；统筹生产生活、兼顾城市乡村，实行点源、面源、线源、内源污染一体治理，把环境污染消灭在发端；加强林业生态体系建设，积极建设沿湖、沿河、沿路生态保护带；等等。从鄱阳湖地区的实际出发，要突出做好湿地保护、水污染防治、生态屏障建设、血吸虫防治四大领域的相关工作，为经济社会发展创造良好的生态环境条件。

第二，积极发展、大力开拓生态型产业。保护生态环境不能就事论事，为保护而保护。一则生态环境保护状态与经济社会发展水平密切相关。从根本上说，没有经济的长足发展，就难以有大力度和可持续的生态环境保护。二则生态环境的内在循环仅仅是在相对封闭和较小体系状况下的循环，至多只能满足自身持续运转的需要；而经济发展与环境保护之间的互动循环是更加开放、更大体系的循环，是人类社会永续发展的需要，而这正是我们应当努力的方向。不能把保护与发展对立起来。单纯讲环境保护是难以持续实现保护环境的，经济条件较差的地区尤其如此。建设鄱阳湖生态经济区，既不能以牺牲环境为代价发展经济，也不能以抑制经济发展为前提被动保护环境。不仅如此，还应把推动鄱阳湖地区乃至整个江西的跨越式发展作为生态环境保护的有力保障和鄱阳湖生态经济区建设的坚实基础。生态保护的症结不在于要不要大力发展经济，而在于要发展什么类型的经济。对鄱阳湖地区来说，一定要在牢固树立保护生态环境意识的前提下优化提升产业结构、大力发展各类生态型产业。

要大力发展高效生态和循环农业。从本体上看，农业属于生态型产业，但如果发展方式不当，就会从生态型产业转变成污染型产业。农业的污染称之为面源污染，影响面很广，今天大江大湖的污染就有相当一部分来源于此。在江西、在鄱阳湖地区农业所占比重都比较大，因此转变农村生产生活方式、发展环境友好型农业是鄱阳湖经济区建设的重要任务和基本导向，而所谓环境友好型农业，也就是生态、高效、可循环的农业。一是要依托山水资源优势和生态环境优势，推进优质粮食生产，拓展绿色有机农产品，包括特种水产、有机绿茶、特色果业、无公害蔬菜，优质畜禽等。创建一批规模化的绿色农产品基地，培育一批国际国内知名的农业品牌。山东寿光等县是发展有机农业、无公害蔬菜类农产品的先进典型，他们的实践表明，这条路是行得通、走得远的。而这样的农业，既是生态的，也是高效的，既亲近环境，又促进发展。二是要加快现代科技改造传统农业的力度，创新农业企业经营体制和产业化经营模式，做大做强龙头企业，推进农产品精深加工，延续产业链条，在提高绿色水平的同时实现农产品多层次、多环节的转化增值。三是要积极发展循环农业，推进农业资源的多层与高效利用，最大限度降低农业废弃物。比如要围绕控源治污、种养平衡等目标，加快农业面源污染防治和秸秆综合利用；比如要重视畜禽养殖场改造和加快沼气建设，探索实现沼气循环利用的有效模式和促进机制等。

要加快发展资源节约型和环境友好型工业。江西经济发展相对落后，主要还是因为工业发展相对落后，产业层次不高，产品竞争力不强。江西要实现跨越发展，必须把工业发展放到突出重要的位置，而鄱阳湖地区作为江西工业发展的主阵地，其发展状况举足轻重。但鄱阳湖生态经济区建设需要加快发展的是绿色工业、生态工业。应严格准入、强化创新，推动项目集聚、产业成群，努力打造科技水平高、经济效益好、资源消耗低、环境污染小的新型工业体系。

一是要做大做强优势特色产业。经过多年的努力，鄱阳湖地区已经形成了一批区域竞争力强劲的优势特色工业，如景德镇的陶瓷产业、鹰潭的铜业、九江的石化产业、南昌的飞机制造业等，应充分利用这一良好基础，通过先进适用技术运用和现代产权制度与经营模式激励，一方面推进绿色转型，发展循环经济，另一方面拓展产业链条，提高产品附加值。景德镇一些陶瓷产业的创新发展，令我们耳目一新。把新的理念植入进去、用高新科技予以支撑，传统产品就会大放异彩。海畅法蓝瓷公司就是一个典范，其产品丰富多样，件件精美，且价值很高，一套餐具就能卖出十几万。这些产品是实用品，也是艺术品，寓含着深邃厚重的文化元素。如果不思改造，就会在竞争中走向衰落。我们在北京经常能看到一些号称景德镇瓷器的坛坛罐罐摆放在大操场上，很大一个器物200元就能买走，如果是真品，那就有点辱没景德镇这块金字招牌了。北京的景泰蓝也是如此，景泰蓝典雅雄厚、清丽庄重，原本是雍容华贵之物，现在却堕落成为了凡夫俗子，几百年来没有大的技术创新，且见个客人就送上一堆，谁还把它当稀罕物？法蓝瓷为我们树立了一个榜样，应当推动文化、技术、时尚、实惠等有机融合，对传统产业、产品不停歇的进行改造创新，不断强化比较优势。鄱阳湖生态经济区也好、整个江西也好，应该切实做好强化工业特色和优势这篇大文章。

二是要加快发展高技术产业。包括先进制造业在内的高技术产业的发展不仅关系当下，也影响未来，而高技术产业往往也都是绿色生态产业。提升工业层次，提高经济效率，实现跨越式发展，鄱阳湖地区必须坚持全面提升与重点突破相结合，积极推进自主创新，大力发展高技术产业。鄱阳湖地区目前已拥有一批具备一定比较优势的高技术产业，如半导体照明、生物医药、电子信息、航空、新能源、新材料、装备制造等，要进一步培育拓展，同时紧扣市场需求。我们在鹰潭调研时参观了贵雅照明公司生产的高品质稀土节能灯和照明灯具，这些产品体积小、功能强、价格低、寿命长，很受国内外市场的欢迎，在当前国际金融危机等环境下，外销占到了50%，且订单依然持续上升。难能可贵的是，其知识产权均为自创。如果这样企业众多，就能有效抗衡外部不良因素的冲击，使国家和地区经济发展持续保持在一个较高水平之上。顺便说，开拓市场还要学会找结合部、打顺风球。运用高科技把景德镇陶瓷制成精美的艺术酒瓶，装上上好的酒，价格就能卖得很高。这就是打"结合部"。在九江昌河汽车厂调研时，了解到其生产的小型农用车物美价廉实用，又很好地利用了国家刺激内需所实施的汽车下乡补助政策，所以产品十分抢手，可以用"供不应求"来形容。这就是打"顺风球"。还应借助高新技术支撑，不断拓展新的增长点。例如港口经济就有很大的拓展空间。九江的城西港区区位优势明显，可谓长江中下游的良港，往上游能走载量3000吨的船，往下游可走载量5000吨的船。据了解现正与上港集团合作建设，对港口设施进行现代化改造。一旦完成改造，无疑将会大大增强对周边省份物流、货流的集聚与疏解能力，从而大幅度拓展市场空间，对鄱阳湖地区、对整个江西的经济发展形成新的强有力的支撑。

要积极培育拓展绿色服务业。服务业是工农业发展的支撑与保障，一般不会直接损害生态环境，因此从总体上说要加快发展。对于鄱阳湖生态经济区而言，要特别重视发展有益于生态环境优化的服务业，这类服务业或可称为绿色服务业或生态服务业。包括大力发展生态旅游、商贸物流、金融保险、文化创意、电子商务等现代服务业，也包括大力拓展合同能源管理、节能减排技术研发、环境保护技术咨询等节能环保服务业。

第三，扎实构建维护与促进生态经济发展的基础支撑体系。鄱阳湖地区水利设施体系不完善，部分水利工程老化脆弱；综合运输通道少，交通阻隔多；能源结构不合理，一次性能源资源匮乏；信息网络建设不平衡，分割状况明显。要坚持统筹布局、适度超前、安全环保、集约用地的原则，加快水利、交通、能源和信息等重大基础设施建设，形成配置合理、调节有力的水利运行体系，高效便捷的综合交通体系，清洁安全可靠的能源保障体系，以及通畅安全的信息网络体系。还有一个重要方面，也应作为维护和促进生态经济发展的基础支撑体系来建设，这就是着力构建优美的城乡环境。调研中感到鄱阳湖地区大部分城市和农村的建筑品貌都不太美观，与合肥、南宁等城市及周边的乡村形成了较大的反差，那些地方的经济发展水平也不够高，但城市布局大气，乡村容貌秀丽，与周边自然环境比较协调。城市是资源要素的集中承载地，农村污染源头众多且地域广阔，因而城乡治理关乎全局，城乡面貌制约整个生态环境。鄱阳湖经济区要按照尊崇自然特质、适应环境友好的要求，创建宜居、宜游、宜观的生态城镇；要结合新农村建设和面源污染治理，打造生态家园。地处黄河三角洲的山东东营、潍坊等地，大力整治城乡环境，一些污水湖、乱泥岗、垃圾场转变成了生态园林、平原水库、旅游景点，形成美丽的城市和乡村景观。这种做法值得江西及鄱阳湖地区借鉴。

（二）在实行重点地区带动和区域协调联动的有机结合上下功夫，以鄱阳湖地区为引领与支撑推动全省经济社会又好又快发展

一个地区的发展不仅取决于充分发挥内部的潜力与优势，也取决于有效利用外部资源与条件；同时，一个地区的发展不仅要基于自身考量，也应有益于其他地区的发展。在经济全球化和区域一体化深入发展的背景下，应当把鄱阳湖生态经济区的建设置于更为广阔的空间和更加开放的格局考量，一方面，以内部一体化发展为基础，加强同省内其他地区的合作联动；另一方面，增进比较优势，对全省经济社会发展发挥引领带动作用。无疑，以鄱阳湖地区发展为支撑与示范，带动全省经济社会又好又快发展，也是江西省委省政府和全省人民的愿望。所以，实现重点地区带动和区域协调联动的有机结合，是规划需要认真研究和科学体现的重要问题。要站在全省乃至全国发展的大局中考虑鄱阳湖地区的发展，不能够就鄱阳湖论鄱阳湖；各领域发展及其项目建设不应囿于一己需要，而应体现协同联动，要为周边地区的发展留有空间；要坚持开放合作，加强地区融通，广泛承力借势。从操作层面考虑，应着力做好三个方面的工作。

第一，大力推进区内一体化进程。一体化是资源要素高效配置的基础，也是有效攻坚克难的条件。鄱阳湖生态经济区地域广阔，涵盖多个行政区，要实现高效运转、快速发展，必须着眼于此狠下功夫。

要抓住两个基础环节的一体化建设，切实提高其他方面的一体化水平。一是要推进管理体制和运行机制的一体化。坚决打破行政垄断和地区封锁，清理并废除一切画地为牢、相互掣肘的政策与做法，破除妨碍资源要素自由流动、自主配置的体制机制障碍，推动建立开放、公正、高效、规范的市场体系。二是要推进重大基础设施建设的一体化。统筹推进重大水利工程、综合交通运输体系、能源供应体系和信息传输网络等的建设，大力提升共建共享、互联互通水平，发挥重大基础设施的综合效应和协同效应。依托这两个关键方面，促进生态环境的共保共治，产业体系的互促互补，基本公共服务的同建同享。

与此同时，鄱阳湖经济区建设还应着力推进城乡统筹发展。与全国其他地区一样，鄱阳湖生态经济也有着明显的二元经济结构特征，城乡之间的发展差距依然比较明显，统筹城乡发展的任务很重。推动城乡统筹发展，必须充分发挥中心城市的辐射带动作用，促进公共资源在城乡之间均衡配置、生产要素在城乡之间自由流动，实现城乡经济社会的融合发展。当前，统筹城乡发展一个最重要的方面，就是要努力推进城乡基本公共服务均等化。一是要加大对农村社会事业发展的支持力度。要把社会事业发展的重点向农村倾斜，加大政策扶持和资金投入力度，努力推进实现公共服务均等化进程，全面提高人民生活质量和水平，让城乡人民群众都能享受到改革发展的成果，二是要突出解决农村社会事业发展的薄弱环节。教育方面，要着重发展中等职业教育，完善农村义务教育经费保障机制，加强农村校舍和教师队伍建设；医疗卫生方面，要全面普及农村新型合作医疗，提高乡镇卫生院服务能力和水平；文化方面，要健全农村公共服务文化体系，推进乡镇综合文化站、村文化室和农家书屋建设，实施新一轮广播电话村村通工程；就业和社保方面，要建立社会保险、社会救助、社会福利、慈善事业相衔接的覆盖城乡居民的社会保障体系。

第二，强化省内区域间的联动发展。鄱阳湖生态经济区所属各地区应做好与江西省整体发展战略的有机衔接，处理好与省内其他区域的关系，做到相互呼应、错位发展、协同推进。特别要处理好与相对落后地区之间的关系，注重发挥引领辐射作用，带动革命老区、原中央苏区、贫困地区加快发展。鄱阳湖经济区发展上升到国家战略层面，将会带来强大的发展能量和前所未有的发展机遇，省内其他地区应主动对接，通过适宜的机制和载体加强与鄱阳湖地区的联动，充分发挥比较优势，承接国家战略红利和鄱阳湖地区发展的外溢效益。

第三，积极主动推进跨省区的开放合作。一是广泛借鉴、充分利用先进地区的探索经验。我们许多地区，尤其长三角、珠三角等发展较快地区，既有从实际出发、自主开拓创新的经历，又有承担国家使命、实施重大发展改革战略的实践，积累了不少成功的经验和成熟的做法，鄱阳湖经济区的建设，要积极吸收借鉴，以求避弯就直、事半功倍。二是切实加强与沿海发达地区和周边重点区域的合作互动。在这方面，要敢于与先进区域对标，善于"东张西望，左右逢源"。应依托生态环境、产业基础、劳动力资源、农产品资源、矿产资源等比较优势，深度融入长三角、珠三角、海峡西岸等地区的经济活动，通过共建园区、合力发展产业集群等形式承接产业转移，实现资源整合、优势互补，要把鄱阳湖生态经济区建设置于中部地区整体发展之中，加强与武汉城市圈、长株潭城市群、皖江经济带等的协调互动，形成中部地区崛起的重要战略支点。三是不断提升国际合作特别是生态合作的水平。持续改善投资软环境，合理把握准入门槛，不断提高利用外资的水平；

提升优势产品技术含量与个性特质，进一步扩大外贸市场。积极争取国际资金、技术支持，合作推进山江湖可持续发展示范区、山地资源综合开发、湿地保护、生态恢复、清洁发展机制等生态项目建设。

（三）在实行促进生态经济发展和推动体制机制创新的有机结合上下功夫，依靠制度约束形成良好的经济结构和发展方式

鄱阳湖生态经济区建设的关键是处理好生态环境保护和经济发展的关系，实现经济发展与资源、环境相协调，本质上是优化经济结构、转变发展方式。为遏制行为惯性，保障科学发展，必须建立起强有力的体制机制保障，而这只有通过改革实现。所以，建设鄱阳湖生态经济区，直接看是环境问题、经济问题，从深层次看则是体制问题、改革问题。要不断深化改革，创新体制机制，在一些重要领域和关键环节开展先行先试，全面形成有利于生态与经济协调发展的制度环境。

一是要进一步完善促进科学发展的基础性制度。这些制度从根本上制约着发展方式与运行模式，是鄱阳湖生态经济区高水平建设的坚实支撑。推进行政管理体制改革，强化政府在生态建设和环境保护等公共服务领域的职能；完善公共财政体制，改革固定资产投资体制，增强生态保护投资，切实建立对短期行为的约束机制；完善所有制结构，依法平等保护各类产权，形成多种所有制共同推动生态经济发展的局面；推进市场一体化建设，健全统一开放的现代市场体系；建立健全体现科学发展的政绩考评机制，压实各级政府及官员的环境保护责任；等等。

二是要大力推进直接与生态环境保护相联系的体制改革。包括流域管理体制改革、资源要素价格改革、生态补偿机制改革、水权交易制度改革、排污权有偿使用制度改革、林权制度改革等等。这些改革有利于建立健全生态环保长效机制，应在规划中充分体现。

三是要围绕化解关键矛盾与问题积极推进重要改革试验。如创办循环经济试验区，建设以资源节约、环境保护技术为重点的交易市场，建立多要素流转区际利益平衡机制，开征环境税等。

三、在深化研究基础上进一步加快规划编制进程

规划是行动的指南，也是工作的保障。早日出台鄱阳湖生态经济区规划、扎实推动生态经济区建设，是中央的要求，也是江西省委省政府对我们的期待。我们要努力工作，进一步加快规划编制进程。与这次调研相联系，要继续深化相关问题的研究，同时做好编制工作安排，抓紧形成一个高质量的规划文本，依程序报送国务院审批。

（一）关于需要继续深入研究的有关问题

结合调研中反映的问题，有六个方面的事项需要做进一步的研究。一是规划范围。有的建议把革命老区、特别是原中央苏区一并纳入规划范围；有的认为，五河上游的保护直接影响生态经济区的建设，应在规划中阐明鄱阳湖地区与五河上游关系并提出相关发展思路。二是规划期。有的认为规划第一个阶段时间跨度太短，能否从 2012 年调整到 2015 年；有的建议规划期可以拉的更长一些。三是目标设定和指标体系设计。有的认为生态环境、社会发展目标定得过高；有的提出目前稿本中提出的指标体系不够完备，需要增加环保、能源与资源节约、社会发展等方面的指标。四是生态工业。这一提法是否科学，如何准确表述？生态工业涉及的是工艺流程问题还是产业性质问题，或者产业系统问题？五是重大工程。对于建设中的重点项目特别是湖控工程，也就是鄱阳湖水利枢纽工程建设，几位专题调研组组长在刚才的发言中都有所涉及，大家的认识都是积极的，但也的确需要对一些具体问题做进一步研究论证。比如对湿地保护、鱼类洄游、越冬候鸟栖息地、水质变化、泥沙淤积等的影响，工程建成后的江湖关系的状况等。六是支持政策。加大国家政策支持力度是必要的，但具体应给予哪些支持政策，要深入研究、合理体现。目前的规划稿本已有关于政策支持的相关内容，省长在讲话中也提出一些新的建议；各地提供的基础材料中有不少具体要求，调研过程中又补充了新的意见，内容繁杂，需要进一步梳理。这里要强调一点，需要江西做的，请江西研究；需要国家各部门做的，各专题调研组要认真研究。

（二）关于下一阶段的工作安排

我委负责同志在见面会上已经作了部署，各相关单位及规划起草组要全力以赴，对标对表认真落实。5月1号之前，各调研组应提供本次调研的基本思路文稿，相应对现有规划提出修改意见。之后，我委将会同有关部门和江西省对规划文稿从头到尾进行修改，在此基础上，起草小组做进一步的修改订正。争取在5月底或6月上旬完成修改工作，然后正式征求相关部委意见，按程序上报国务院。这一期间，会同步对相关问题进行专门研究，召开各种形式研讨会或协商会。总之，规划编制时程会尽量往前赶，力争在10月份之前，最迟争取在本年底前，获得国务院批准印发实施。

应该说这次调研总体上是很成功的。时间不长，学到的知识很多，取得收获不少。调研的成功，源于江西省委省政府的高度重视，源于省直相关单位和各地市的精心安排，当然也源于调研组各位同志尽职尽责。我们特别感动的是，省委省政府主要负责同志抽出很多宝贵时间直接参与调研，近十位省级领导全程参加调研，省直部门抽调庞大的队伍加入调研组并担负起了繁重的组织协调工作。借此机会，我代表国家部委联合调研组向省委省政府、向各相关部门、各相关城市和地区的领导同志、人民群众，向所有支持和参与这次调研的江西方面的工作人员表示衷心地感谢！

蓝图正在绘就，航船蓄势待发。调研中我们亲身体验到了江西广大人民群众正直善良、朴实真诚的优秀品德，体验到了江西各级干部团结一致、砥砺奋进的崇高精神，由此进一步增强了我们高标准编制规划，高水平、高质量推进推动鄱阳湖经济区建设的信心与决心。我们要更加踏实的工作，深入消化和积极展现调研成果，与江西的同志一道圆满完成党中央、国务院交办的任务，不辜负江西4000多万人的殷切期望。

（2009年）

探索建设生态文明的新型发展道路 [1]

日前，国家正式批准实施了由国家发展改革委牵头编制的《鄱阳湖生态经济区规划》（以下简称《规划》）。这是国家部署编制和批准实施的一个十分重要的区域性规划，是贯彻落实科学发展观、探索建设生态文明、促进中部地区崛起、切实保护鄱阳湖"一湖清水"的重大举措，必将对今后一个时期鄱阳湖地区乃至全国转变发展方式、实现又好又快发展产生重大而深远的影响。贯彻实施好《规划》，必须充分认识建设鄱阳湖生态经济区的重要意义，准确把握《规划》的精神实质，认真落实各项任务和措施，全面推进《规划》实施。

一、《规划》关系国家区域协调发展和可持续发展大局

鄱阳湖生态经济区包括南昌、景德镇、鹰潭 3 市，以及九江、新余、抚州、宜春、上饶、吉安的部分县（市、区），共 38 个县（市、区），国土面积 5.12 万平方公里。该地区位于沿长江经济带和沿京九经济带的交汇点，毗邻武汉城市圈、长株潭城市群、皖江城市带，是连接南北方、沟通东西部的重要枢纽，是长江三角洲、珠江三角洲、海峡西岸经济区等重要经济板块的直接腹地，在我国区域发展格局中具有重要地位。根据国务院领导批示精神，国家发展改革委和江西省人民政府一道，在会同国务院有关部门进行实

---

[1] 本文系作者于 2010 年 1 月间为《鄱阳湖生态经济区规划》撰写的解读文章。该规划于 2009 年 12 月 12 日由国务院批复实施。作者为该规划编制组组长，时任国家促进中部地区崛起办公室副主任，国家发展改革委地区经济司司长。

地调研的基础上，组织开展了规划编制工作。2009年12月，国务院正式批准实施《规划》。科学确定发展战略定位，合理谋划鄱阳湖生态经济区建设工作，对于实现鄱阳湖地区人与自然和谐、促进区域协调发展和流域可持续发展十分重要，也非常必要。

第一，打造全国生态经济示范区，有利于探索生态与经济协调发展的新路子。正确处理生态与经济的关系，是人类实现可持续发展的一个主要目标。人类历史证明，只要金山银山，不要青山绿水的发展模式，是不可持续的；先要金山银山，再要青山绿水的"先污染、后治理"发展模式，也付出了惨重的代价；而为了保护青山绿水，放弃经济发展的道路，在人类发展中是没有过的。多年来，我国坚持可持续发展战略，不断创新实现途径，在确保社会不断进步和人民生活水平不断提高的同时，生态建设和环境保护的力度不断加大，可持续发展能力大幅提升。中国的可持续发展实践表明，作为发展中国家，只有用发展的思路解决工业化和城镇化进程中面临的资源环境约束，通过发展才能实现人与自然和谐，实现经济发展与生态保护的平衡。在看到成绩的同时，我们也必须清醒地认识到，这些年增长方式也一定程度上存在的以高能耗、高资源消耗、高污染排放为代价的特点，一些区域发展与资源环境保护的矛盾尤为突出。这就要求我们必须进一步转变发展方式，选取一些基础条件较好地区开展试点示范，努力探索新型发展路径。鄱阳湖地区生态环境总体良好，承载能力较强，发展潜力较大。通过编制《规划》，打造生态经济示范区，引领该地区按照产业经济生态化、生态经济产业化的理念，创新体制机制，合理利用资源环境，积极发展生态经济，努力创建生态文明社会，转变传统的生产方式和消费方式，积极探索经济社会与生态环境协调发展的新路子，推动工业文明向生态文明迈进。《规划》的颁布，标志着鄱阳湖生态经济区与黄河三角洲高效生态经济区一道，成为国务院批准的国家级生态经济示范区。这是国家全面推进实施可持续发展战略的又一次新的尝试，必将为全国其他同类地区科学发展提供示范。

第二，打造加快中部崛起重要带动区，有利于构建国家促进中部地区崛起战略实施的新支点。加快中部地区崛起，有利于发挥中部地区综合优势以及承东启西的重要作用，加快形成东中西互动、优势互补、相互促进、共同发展的区域发展新格局。加快中部崛起步伐，也有利于进一步拓展国内市场空间，培育新的经济增长点，有效应对国际金融危机冲击。鄱阳湖地区区位条件优越，以江西 30% 的国土面积，创造了 60% 以上的经济总量，是江西综合实力最强的地区。按照国家促进中部地区崛起规划建设"两纵两横"经济带的战略部署，鄱阳湖地区就是长江经济带、京九经济带这两个"大动脉"的交汇点，是连接南北方、沟通东西部的重要枢纽，对与中部地区区域总体战略的成功实施具有特殊意义。通过编制《规划》，打造加快中部崛起重要带动区，培育一批具有较强竞争力的核心企业和知名品牌，培育若干在全国有重要影响的重大产业集聚基地，将环鄱阳湖城市群打造成为长江中游地区新的城市群，不仅能够加快自身发展，形成中部地区崛起的重要战略支点，而且能够引领带动江西全省以及周边其他地区的加快发展，为我们应对国际金融危机、保持国民经济平稳较快发展方面做出积极贡献。

第三，打造全国大湖流域综合开发示范区和长江中下游水生态安全保障区，有利于探索大湖流域综合开发的新模式。鄱阳湖作为我国第一大淡水湖泊，丰水期最大面积 5100 平方公里，容积 360 亿立方米，流域面积 16.2 万平方公里。鄱阳湖是长江的重要调节器，年均入江水量达 1450 亿立方米，约占长江径流量的 15.6%，水质长年保持在 III 类以上，是我国鄱阳湖、洞庭湖、洪泽湖、太湖、巢湖五大淡水湖中目前唯一没有出现严重富营养化的湖泊，生态环境相对较好。近年来，由于全球气候变暖，长江上游来水减少，鄱阳湖水位变化异常，连续多年出现历史罕见低水位，鄱阳湖水体污染呈日益加重趋势，直接威胁鄱阳湖的生态功能以及湖区群众身体健康和经济社会发展，也对鄱阳湖周边乃至长江中下游地区的用水安全产生影响。通过编制《规划》，打造全国大湖流域综合开发示范区和长江中下游水生态安全保障区，引领该地区保护和修复湖泊生态系统，有效控制滨湖和江河源头地区的人为破坏，合理开发环湖平原地区，着力提高调洪蓄水能力，切实维护生态功能和生物多样性，探索大湖流域保护、治理、开发的新经验，有助于保护"一湖清水"，维护湿地复合生态系统的完整性和生物多样性，保障长江中下游水生态安全。

第四，打造国际生态经济合作重要平台，有利于树立我国坚持走可持续发展道路的新形象。鄱阳湖是我国唯一的世界生命湖泊网成员，是国际重要湿地，是全球 95% 以上的越冬白鹤栖息地，国际社会高度关注。围绕鄱阳湖保护，江西省于 20 世纪 80 年代提出的"山江湖"工程模式，以"治湖必须治江，治江必须治山，治山必须治穷"为原则，立足生态，着眼经济，系统开发，综合治理，具有较高的国际知名度。通过编制《规划》，打造国际生态经济合作重要平台，充分发挥鄱阳湖生态经济区的自身特色，广泛开展国际经济和技术交流，传播生态文明观念，积极借鉴国际生态经济发展的经验和模式，探索建立国际生态经济合作新机制，在全方位交流合作中展示中国坚持生态与经济协调发展、走可持续发展道路的新成就，展示我国负责任的大国形象。

二、《规划》把推动科学发展、建设生态文明作为战略取向

《规划》以促进生态与经济协调发展为主线，强调经济社会发展与资源环境承载能力相适应，强调经济建设、社会建设、生态文明建设协调发展，强调区域一体化发展，集中反映了科学发展观的基本要求，很好地作到了"五个有机结合"，是指导鄱阳湖生态经济区建设的基本路径，具有十分鲜明的时代特色。

第一，突出绿色发展，体现发展与保护的有机结合。建设鄱阳湖生态经济区，就是将鄱阳湖地区的生态与经济综合考虑，通过生态环境和经济社会两者间的良性互动，实现生态经济系统的持续发展。即既能保持区域的生态环境良好，又能实现经济结构的优化升级和产业的生态化，进而摆脱江西目前发展相对落后的局面。为此，《规划》首先确立了生态优先的原则，把生态建设和环境保护放在首要位置，加大保护和建设力度，提高鄱阳湖生态经济区的环境容量和生态功能；其次将生态环境融入生产、流通、消费的各个环节，把资源承载能力、生态环境容量作为经济发展的重要依据，实施有利于保护生态环境的严格的法律法规和政策措施，优化产业布局，调整产业结构，发展生态产业，对传统优势产业实施绿色化改造，加快发展高技术产

业，培育现代服务业，实现在集约节约利用资源中求发展；第三是树立生态文明观念，以培育生态文化为先导，以打造绿色乡村、生态城镇为抓手，培育人们的生态文明自醒意识，倡导全社会的生态文明自觉行为，建立有利于生态文明的自律机制。与此相对应，《规划》分生态环境保护、生态经济发展、生态文明社会构建三个方面，提出了定性和定量相结合的发展目标。

第二，突出跨越发展，体现继承与创新的有机结合。建设鄱阳湖生态经济区是建立在长期以来对生态环境与区域经济重视的基础上，在原有战略上不断提升、创新和发展的产物。从上世纪 80 年代江西省委、省政府提出"山江湖"战略，到后来的昌九工业走廊、环鄱阳湖城市群、九江沿江大开发，以及"三个基地一个后花园"等，所有这些战略有个共同点，即都是把鄱阳湖地区作为江西发展战略的重心，把实现鄱阳湖地区的保护和发展放到中心位置。建设鄱阳湖生态经济区战略，是对江西早期发展战略的总结、提升和跨越。在江西省围绕如何建设鄱阳湖生态经济区开展的 10 大课题研究以及一个总体规划和 18 个专项规划的"1 + 18"规划体系的基础上，《规划》紧紧围绕生态与经济协调发展的主题，牢固树立在保护中谋求发展的理念，通过不断深化改革，创新体制机制，推进那些直接有利于生态经济发展、生态环境保护的改革，鼓励在生态环保方面先行先试，进而推进影响生态经济发展和科学发展的一些深层次、关键环节体制环节的改革，为加快形成利于生态与经济协调发展的体制环境、实现跨越发展提供动力。

第三，突出有序发展，体现当前与长远的有机结合。今后一个时期是世界经济格局的巨变期，也是我国发展的战略机遇期，更是江西省实现赶超进位、加快崛起的关键时期。同时，建设鄱阳湖生态经济区也绝非一朝一夕之功，必须把解决当前问题作为建设的基础，同时要着眼于未来，考虑未来发展的趋势和要求，为今后的发展提出明确的建设任务。《规划》按照统筹规划、分步实施的原则，把建设阶段分为先行先试、强基固本和深入推进、全面发展两个阶段。2009—2015 年为第一阶段，主要任务是：创新体制机制，夯实发展基础，壮大生态经济实力，初步形成生态与经济协调发展新模式。基本目标是：生态建设取得显著成效，生态产业体系初步形成，生态文明社会初步构建。2016—2020 年为第二阶段，主要任务是在第一阶段的基础上，构建保障有力的生态安全体系，形成先进高效的生态产业集群，建设生态宜居的新型城市群，为到 21 世纪中叶基本实现现代化打下良好基础。

第四，突出协调发展，体现区内与区外的有机结合。鄱阳湖生态经济区规划面积占全省的近 1/3，涉及江西 9 市 38 个县（市、区），既有区域内部如何协调发展的问题，又有如何通过鄱阳湖生态经济区建设带动周边地区以及革命老区协调发展的问题。为此，《规划》首先遵循主体功能区的理念，根据区域内自然生态系统的不同特征和经济地域的内在联系，将鄱阳湖生态经济区划分为"两区夹一带"，即湖体核心保护区、滨湖控制开发带和高效集约发展区，并依据各区域资源环境承载能力、发展现状和开发潜力，明确功能分区，优化空间布局，促进人口、产业、资源集聚；其次，《规划》提出在高效集约发展区内加快构建鄱阳湖城市群，加强各中心城市的协调互动，开展工业园区和产业基地共建，加强上下游产业的配套协作，推进市场体系、基础设施、体制机制对接，统筹城乡发展，推进鄱阳湖经济区内部的一体化进程；第三，《规划》从鄱阳湖全流域出发，将生态建设和环境保护任务延伸至注入鄱阳湖的赣江、抚河、信江、饶河、修河"五河"，通过加强沿岸及其源头区的保护和治理，确保鄱阳湖环境目标；第四，《规划》以鄱阳湖生态经济区建设为龙头，通过辐射带动和大力支持，促进周边地区和革命老区的借势发展；第五，《规划》放眼全球，坚持错位发展、优势互补，加强区域合作和国际交流，大力发展开放型经济，扩大国际生态经济交流与合作，在开放合作中实现区域的融合与对接，实现区域协调发展。

第五，突出和谐发展，体现崛起与惠民的有机结合。目前，鄱阳湖地区的经济总量还不够大，人均国民生产总值虽为江西全省平均水平的 138%，但仅为全国平均水平的 90%，发展的任务十分繁重，同时人民群众的生活条件也急需得到改善。建设鄱阳湖生态经济区就是要加快发展步伐，实现绿色崛起，同时又必须把改善民生摆在重要位置，这是全面建设小康社会，构建社会主义和谐社会的必然要求。《规划》坚持以人为本，以保障和改善民生为重点，围绕教育、就业、养老、医疗、住房等直接关系人民群众根本利益和现实利益的问题，大力发展社会事业，让改革发展的成果惠及广大人民群众。

三、《规划》围绕生态与经济协调发展确立战略任务

为把鄱阳湖地区建设成为全国生态文明与经济社会发展协调统一、人与自然和谐相处的生态经济示范区，《规划》在深入分析了鄱阳湖地区发展优势和面临的机遇挑战的基础上，着眼全局，科学定位，以促进生态与经济协调发展为主线，以体制创新和科技进步为动力，转变发展方式，创新发展途径，加快发展步伐，明确提出了六大建设任务以及一批工程项目和政策措施。

第一，围绕"一湖清水"要求，切实加强生态建设和环境保护。提高鄱阳湖地区的资源环境承载能力，维护鄱阳湖生态系统功能，是建设鄱阳湖生态经济区的前提和基础。党中央、国务院领导提出保护好"一湖清水"，既是对近年来鄱阳湖生态环保工作的肯定，更是对今后工作提出的基本要求。《规划》针对目前鄱阳湖流域环境存在的问题和需要加强的领域，提出以湖体保护、滨湖控制、生态廊道建设为重点，进一步完善生态空间架构，加大流域水环境综合治理力度，统筹湖区及流域上下游、干支流的生态建设和环境保护，确保"一湖清水"。一是湿地保护。采取工程治理与自然修复相结合的方式，减少不合理的人为活动的干扰，加大湿地恢复治理力度，加强湖泊湿地的重要野生动植物保护，增强净化水质、涵养水源、休养生息的能力，保证湿地面积不减少。二是污染防治。坚持防治并举，统筹生产生活、兼顾城市乡村，实行最严格的污染防治政策，从源头上预防污染物的增加。同时，加大工业点源、农业面源和生活污染防治力度，加快城镇环境基础设施建设，全面提高污染防治水平，实现化学需氧量、氮、磷、二氧化硫等主要污染物排放及削减量大幅下降。三是绿色屏障建设。坚持宜林则林、宜草则草原则，积极建设沿湖、沿河、沿路、"五河"源头区生态绿化带，合理布局城镇和产业密集区周边的开敞式绿色生态空间，提高林分质量，加大水土流失治理力度，形成密布城乡、点线面结合的绿色屏障和生态网络，实现森林覆盖率达到63%的目标，进一步增强生态系统服务功能，确保生态江西、绿色江西的品牌。四是血吸虫病防治。以控制传染源为重点，加强综

合治理，建立健全政府主导、部门配合、社会参与的工作机制，提升防治能力，降低疫情、压缩疫区，有效控制血吸虫病。

第二，围绕转变发展方式，加快形成环境友好型产业体系。鄱阳湖地区目前正处于工业化中期阶段，必须加快发展，必须按照生态与经济协调发展的要求，切实转变经济增长方式。为此，《规划》基于鄱阳湖地区的产业基础和特点，提出改造提升传统产业，发展生态经济，努力构建以生态农业、新型工业和现代服务业为支撑的资源节约型、环境友好型产业体系。一是发展高效生态农业。坚持用现代手段装备农业，用现代科技改造农业，用现代经营形式发展农业，提高优质粮食生产能力，巩固和加强粮食主产区地位，开发绿色有机农产品，推进农业产业化经营，建立生态农业服务保障体系，大力发展高产、优质、高效、生态、安全的现代农业，建成全国粮食安全战略核心区和生态高效农业示范区。二是创建新型工业体系。突出特色、严格准入、优化布局，以工业园区为平台，以骨干企业为依托，推广循环经济发展模式，推进节能减排降耗，着力增强自主创新能力，改造提升传统优势产业，大力发展先进制造业，加快发展高技术产业，积极承接国内外产业转移，促进项目集聚、产业集群，打造光电、新能源、生物、航空、铜、钢铁、化工、汽车等八大工业基地，形成科技含量高、经济效益好、资源消耗低、环境污染少的新型工业体系。三是培育现代服务业。利用鄱阳湖地区生态资源优势和交通区位优势，依托中心城市，发挥服务业的配套、支撑和引领作用，积极培育节能环保服务，着力发展绿色旅游、红色旅游，努力打造陶瓷等特色文化产业，大力发展商贸物流和金融保险等服务业，不断提高服务业的比重。

第三，围绕提高支撑能力，着力推进重大基础设施建设。完善的基础设施体系是支撑鄱阳湖生态经济区建设、实现经济平稳较快发展的重要保障。目前，鄱阳湖地区的水利设施不够完善，运输通道联结不畅，一次性能源资源匮乏，信息网络不够健全。针对这些薄弱环节，《规划》坚持统筹布局、适度超前、安全环保、集约用地原则，加快水利、交通、能源和信息等重大基础设施建设，大力提升共建共享、互联互通水平，形成与建设生态经济区相适应的基础设施支撑体系。一是强化水利设施。按照兼顾防洪与抗旱、生产与生活、当前与长远的要求，加快推进峡江、浯溪口水利枢纽工程建设，实施病险水库、水闸除险加固工程，加强主要圩堤和河道治理，完善灌溉排涝系统，重点研究、适时推进鄱阳湖水利枢纽工程建设，构建调控有力、配置合理的现代化水利保障体系，确保防洪安全、饮水安全、粮食安全和生态安全。二是完善交通体系。推进铁路干线建设，加快国家高速公路网和中心城市主通道建设，完善环鄱阳湖公路体系，加快鄱阳湖水系的航道建设，推进干支线机场建设，推动陆、水、空各种交通方式一体化协调发展，形成连接南北、沟通东西的综合运输通道格局，构建高效便捷的综合交通运输体系。三是保障能源供应。坚持"适度超前、因地制宜、电为中心、多元发展"的方针，开工建设一批重大能源项目，增强能源供应能力，加快能源结构调整，积极开发利用新能源和可再生能源，加强能源输送网络建设，构建清洁高效、保障有力、安全可靠的能源体系。四是健全信息网络。合理布局互联网、通信、广播、电视等传输通道，形成以南昌为中心、连接环湖城市、覆盖区内乡村的信息传输网络。

第四，围绕培育生态文化，加快构建生态文明社会。生态经济区建设是一项系统工程，不仅仅关乎经济领域，也关系到社会建设和民生改善，还涉及到精神文化层面。构建生态文明社会不但要为居民提供一个良好的生活环境，还要引导人民群众增强生态意识、转变生活方式，并为之提供良好的公共服务。《规划》以培育生态文化为先导，以建设绿色乡村、生态城镇为抓手，以改善民生为重点，努力构建生态文明社会。一是建设绿色乡村。抓住国家大力推进社会主义新农村建设的有利时机，改善农村生产生活条件，提高公共服务水平，促进农村经济社会全面进步，在村庄布局上做文章，在美化环境上下功夫，在树立文明乡风上想办法，改善农村卫生条件和人居环境，建设富裕文明、安宁祥和的美好家园，形成布局合理、节约用地、城乡贯通的村镇建设格局。二是创建生态城镇。尊崇城镇自然风貌，突出历史文化传承，提升城镇功能品位；引导绿色消费，逐步提高个人、家庭、企业、机关在节约资源、保护生态环境和低碳生活等方面的意识；完善社区功能，构建和谐社区，打造富有特色魅力、宜居宜业宜游的生态城镇。三是促进社会和谐。加强生态意识教育，培育生态文化，推进生态文明建设；强化人才支撑和就业服务，完善社会保障体系，着力改善民生，切实解决教育、就业、养老、医疗、住房等直接关系人民群众根本利益和现实利益的问题。

第五，围绕中心城市辐射带动，促进区域协调发展。建设鄱阳湖生态经济区，不仅仅是将鄱阳湖地区的经济社会和生态环境搞好，而且要充分发挥鄱阳湖生态经济区龙头作用，引领带动周边地区和革命老区加快发展。《规划》采取"抓两头促中间"的思路，以沿江、沿线城市为支撑，以长江、浙赣铁路和京九铁路为依托，促进区域协调发展。一是发挥中心城市的辐射带动作用。以省会城市南昌为核心，九江、景德镇、鹰潭、新余、抚州其他5个中心城市为重点，加快构建鄱阳湖城市群，完善城镇板块，形成以点带轴、以轴促面的城镇集群发展模式。二是带动革命老区发展。江西老区多、贫困地区多，国家和江西省要加大支持力度，落实各项政策，帮助这些地区充分发挥自身的积极性、主动性，做大做强特色产业，提升发展能力，增强造血功能。三是统筹城乡发展。以城乡规划、产业布局、基础设施建设为突破口，壮大县域经济实力，提高公共服务均等化水平，促进公共资源在城乡之间均衡配置、生产要素在城乡之间自由流动，推动城乡经济社会发展融合，实现城乡一体化发展。

第六，围绕增强发展活力，深化改革开放。推进鄱阳湖生态经济区建设，直接看是环境问题、经济问题，但是从深层次来看，基本上都是体制问题、改革问题。《规划》在三个层面探索改革开放的新路子。一是推进重点领域改革。把推进行政管理体制改革摆在第一位，特别注重改革影响流域环境治理的体制瓶颈，同时着力所有制结构调整和市场一体化，增强经济活力。二是推动生态环保体制创新。探索建立绿色国民经济考评机制，将提升经济发展质量、保护生态环境作为领导干部考核的重要内容，提高政府科学决策水平；充分运用市场手段，推动资源环境要素价格改革，开展生态补偿试点，加强环境监管，建立健全生态环保长效机制。三是扩大开放合作。推进与港澳台以及国际经济的对接和融合，积极参与全球经济分工合作，全面提升开放水平。切实加强国内区域合作，积极推进与沿海发达地区和周边重点区域在基础设施、市场一体化方面的对接，积极承接产业转移。加强与国际社会的沟通与交流，在湿地保护、流域综合开发、应对气候变化、发展低碳经济等领域广泛开展国际合作。

四、《规划》的落实需要切实把握精神实质和建立健全实施机制

规划要成为行动、目标要变为现实，关键在落实，否则再好的规划也只能是"墙上挂挂"。我们必须清醒地看到，鄱阳湖生态经济区建设刚刚处于起步阶段，面临诸多的困难和挑战，必须充分认识到实现《规划》确定的任务目标的长期性和艰巨性，在深刻领会《规划》精神实质、准确把握《规划》深刻内涵的基础上，加强领导，精心组织，健全机制，确保《规划》顺利实施。

第一，加强学习，深刻领会精神实质。总体上看，鄱阳湖地区的发展，推进科学发展是实质，转变发展方式是根本，实现经济社会与资源生态环境相协调、推进经济平稳较快发展是目标。出台《规划》，对于鄱阳湖地区来说，不仅是机遇更是挑战，不仅是动力更是压力。要充分认识到，鄱阳湖地区作为一个欠发达地区，要率先构建生态文明社会，率先探索经济与生态协调发展的新机制，施行严于国家的主要污染物排放及削减指标，必须付出艰辛的努力。也正因为如此，鄱阳湖生态经济区建设被纳入国家战略；也正是为了更好地推动鄱阳湖地区试点示范工作，《规划》提出了一批重大项目和政策措施。江西省及各级相关政府要牢牢把握《规划》的经济与生态协调发展这一主线，充分利用各种媒体加大宣传力度，采取多种有效形式让广大干部群众了解、熟悉、把握《规划》的丰富内涵和精神实质，牢固树立转变发展方式、促进经济与生态协调发展的根本要求，深刻理解《规划》的指导思想、发展原则、功能定位、发展目标和重大举措。要强化目标责任评价考核，将提升经济发展质量、保护生态环境作为领导干部考核的重要内容，引导树立正确的政绩观。要充分调动广大干部群众加快建设鄱阳湖生态经济区的积极性、主动性和创造性，营造全社会关心、支持鄱阳湖生态经济区建设的浓厚氛围。

第二，周密部署，抓紧制定实施方案。这是贯彻落实好《规划》的重要

保障。要以科学务实的态度，按照《规划》确定的功能定位和发展重点，抓紧制定兼具针对性和可操作性的规划实施方案，并进一步细化制定各专项领域实施方案，明确实施主体，推进相关项目建设，确保《规划》有效实施。一是要加快编制规划实施方案。要将《规划》提出的各项任务和措施分解落实到江西省各部门、规划区内各市县，明确责任主体，明确工作要求。二是要加快编制分区详细规划。根据《规划》提出的"两区夹一带"功能分区，抓紧制定湖体核心保护区、滨湖控制开发带和高效集约发展区分区详细规划，进一步明确各区域的发展方向、发展目标、发展重点，以及相应的政策措施。三是加快修改完善18个专项规划。18个专项规划为起草《规划》提供了很好的基础。当前，要根据《规划》确定的任务措施，抓紧对鄱阳湖生态经济区环境保护、生态林业发展、水利建设、湿地保护、流域综合治理、土地利用、矿产资源开发利用、新型工业化、新型城镇化、生态农业发展、物流基地和口岸建设、综合交通体系建设、能源发展、生态旅游发展、生态文化建设、血吸虫病防治、建设贫困人口和科技创新这18个专项规划进行修改完善。四是深刻把握《规划》的精神实质，指导鄱阳湖地区各市县乃至《江西省"十二五"国民经济社会发展规划》的编制工作。

第三，加强领导，明确工作责任。《规划》实施的核心是建立健全责任机制，确保任务落实到位、责任分工到位、组织领导到位、跟踪检查到位。江西省人民政府是贯彻落实《规划》的第一责任人，要细化工作任务，制定分工方案，安排工作进度，确定综合协调机构加强对区域内市（县）的工作指导，建立区域内城市之间和省直部门之间的协商沟通机制。省直相关部门和区域内各市要树立大局意识，加强协调，密切配合，共同推进《规划》贯彻落实。国务院有关部门要按照职能分工，切实加强对鄱阳湖生态经济区建设的指导和协调。国家发展改革委作为《规划》编制的牵头单位和国家宏观调控部门，对鄱阳湖生态经济区建设负有重要责任。我们将结合自身职能，统筹协调相关政策，加大支持力度，加强对《规划》实施情况的跟踪检查，适时开展对《规划》实施情况的评估，及时帮助研究解决《规划》实施中出现的问题，确保《规划》顺利实施。

在新的历史时期，江西鄱阳湖地区迎来了千载难逢的发展机遇。要以实施好《规划》为契机，脚踏实地，强化措施，开拓创新，锐意进取，共同推动鄱阳湖生态经济区在新的起点上实现新跨越，把鄱阳湖生态经济区建设成为全国大湖流域综合开发示范区、长江中下游水生态安全保障区、加快中部崛起重要带动区和国际生态经济合作重要平台。

（2010 年）

开创高效生态经济发展道路的行动指南[1]

在全国上下深入贯彻落实科学发展观、国际国内应对金融危机、中央地方共同谋划"十二五"发展的重要时期，国务院批复了《黄河三角洲高效生态经济区发展规划》（以下简称《规划》），明确要求黄河三角洲地区走出一条具有自身特色的高效生态经济发展新路子。这是在新的历史条件下，国家着眼推动区域协调发展全局作出的重大战略部署，必将对今后一个时期黄河三角洲地区乃至全国转变发展方式、实现又好又快发展产生重大而深远的影响。贯彻实施好《规划》，必须充分认识发展黄河三角洲高效生态经济的重要意义，深刻领会《规划》的精神实质和基本内容，明确战略定位和重点任务，健全完善相关保障机制。

一、发展黄河三角洲高效生态经济关系国家区域协调发展和可持续发展大局

黄河三角洲高效生态经济区包括山东省的东营市、滨州市，潍坊市的寒亭区、寿光市、昌邑市，德州市的乐陵市、庆云县，淄博市的高青县和烟台市的莱州市，共19个县（市、区），陆地面积2.65万平方公里。黄河三角洲位于渤海南部黄河入海口沿岸地区，是环渤海地区的重要组成部分，距天津滨海新区最近距离80公里，与辽宁沿海经济带隔海相望，向西可连接广阔

---

[1] 本文系作者于2009年12月上旬为《黄河三角洲高效生态经济区发展规划》撰写的解读文章，刊载于2009年12月15日《大众日报》。该规划于2009年11月23日由国务院批复实施，作者担任该规划编制组组长。

中西部腹地，向南可通达长江三角洲北翼，向东出海与东北亚各国邻近，区位优势独特，战略地位十分重要。国家历来高度重视黄河三角洲地区的可持续发展，国民经济和社会发展"十五"计划、"十一五"规划纲要中都明确要求这一地区大力发展高效生态经济。根据国务院领导同志指示，2009年3月，国家发展改革委会同国务院有关部门组成联合调研组赴黄河三角洲地区进行实地调研，在此基础上组织开展了规划编制工作。2009年11月，国务院正式批准实施。发展黄河三角洲高效生态经济，不仅是山东实现又好又快发展的战略需要，也关系到全国发展大局，具有重要的战略意义。

一是有利于培育形成新的增长极，构筑山东跨越式发展的重要支点。长期以来，山东的快速发展主要依靠胶济沿线地区的有力支撑，相对而言，黄河三角洲和鲁西南地区实力相对较弱，但发展潜力和空间较大。特别是黄河三角洲地区更是有着明显的资源优势和较好的产业基础，有条件成为继胶济沿线地区之后，又一支撑山东发展的新的重要区域。正是出于这种考虑，从"十五"时期开始，山东一直在着力谋划推动黄河三角洲地区加快发展，并得到了国家的有力支持。在当前国家保持经济平稳较快发展的政策背景下，抓住历史性机遇出台《规划》，通过大力发展高效生态经济，加快培育形成新的增长极，能够为山东发展注入新的动力和活力，形成与胶济沿线地区协调互动的良好局面，对于山东实现科学发展、和谐发展、率先发展具有重要的支撑作用。

二是有利于提升环渤海地区整体实力，进一步完善全国沿海经济布局。黄河三角洲是我国东部沿海地区"三大增长极"中环渤海地区的重要组成部分。与长三角、珠三角相比，环渤海地区一体化程度较低，区内发展水平差距较大。目前，黄河三角洲在环渤海地区虽然占有十分重要的战略地位，但整体实力还有待于进一步提高。因此，选择高效生态经济的发展道路，充分发挥比较优势和挖掘发展潜力，把黄河三角洲培育成为支撑环渤海地区加快发展的又一重要区域，与京津冀都市圈、辽宁沿海经济带形成掎角之势，既能够促进环渤海地区的交流与合作，加快一体化步伐，又能够提升环渤海地区整体实力和竞争力，形成"三大增长极"相互呼应、共同发展的新格局。

三是有利于实现开发建设与生态保护的有机统一，开创高效生态经济发展新模式。黄河三角洲是我国东部沿海为数不多的未充分开发地区，虽然具有良好的发展条件和一定的发展基础，但由于生态系统独特而脆弱，绝对不能沿袭传统的发展模式，只有在科学发展观的指引下，努力探索符合自身实际的发展道路，才有出路。因此，突出发展高效生态经济，加强生态文明建设，率先探索开发与保护、资源与环境、经济与生态有机统一的发展模式，既是黄河三角洲自身发展的必然选择，也能够为其他地区乃至全国实现科学发展积累经验和提供示范。

四是有利于保护环渤海和黄河下游生态环境，实现区域可持续发展。黄河三角洲处于大气、河流、海洋与陆地的交接带，多种物质和动力系统交汇交融，陆地和淡水、淡水和咸水、天然和人工等多类生态系统交错分布，是世界典型的河口湿地生态系统，既具有大规模发展生态经济的独特优势，又对渤海湾和黄河下游流域的生态环境保护至关重要。大力发展高效生态经济，不仅有利于加快把资源优势转化为发展优势，更有利于加强以国家级湿地、国家地质公园、黄河入海口为核心的生态建设与保护，改善环渤海地区和黄河下游的生态环境，维护渤海湾和黄河下游流域生态安全。

五是有利于有效应对国际金融危机冲击，保持国民经济平稳较快发展。在中央一揽子刺激经济计划的政策拉动下，我国经济已经进入企稳回升阶段，但回升的态势仍然不巩固、不平衡。在这个关键时期，更需要进一步拓展国内市场空间，培育新的经济增长点。黄河三角洲地区蕴藏着巨大发展潜力，选择高效生态经济的发展道路，加快这一地区的发展步伐，不仅能够加快自身发展，而且对于我国扩大内需具有重要的促进作用，也能够为应对国际金融危机、保持国民经济平稳较快发展方面做出积极贡献。

二、《规划》以推动科学发展、建设生态文明为战略取向

《规划》围绕发展高效生态经济的主题，把推动科学发展、建设生态文明作为基本战略取向，强调经济社会发展与资源环境承载能力相适应，强调经济建设、社会建设、生态文明建设协调发展，强调区域一体化发展，具有

十分鲜明的时代特色。

一是突出可持续发展。黄河三角洲成陆时间短，生态环境相对脆弱，如果沿袭传统的开发模式，势必会对生态环境造成较大破坏，必须走可持续发展之路，大力发展高效生态经济。高效生态经济是指具有典型生态系统特征的节约集约经济发展模式，体现为在经济体系高效运转的同时，实现生态、经济、社会协调发展。根据这一要求，《规划》提出必须牢固树立生态文明观念，统筹考虑生态保护、经济布局和人口分布，优化空间结构，实现国土空间集约利用和有效保护，在保护环境、建设生态文明方面树立典范，在发展循环经济、构筑生态产业体系方面走在前列。同时，针对这一地区经济发展对油气资源的依赖性较强，石油接续替代产业规模小、层次低、链条短、带动能力弱等问题，《规划》超前谋划和布局，提出加快培育壮大新的接续替代产业，推进东营资源型城市可持续发展试点，为全国其他资源型城市和地区可持续发展探索成功模式。

二是突出一体化发展。区域经济一体化发展是大势所趋。从黄河三角洲地区内部来看，各市市情特点不尽相同。滨州市和德州的乐陵、庆云，毗邻天津滨海新区，是对接京津冀都市圈、融入环渤海的重要平台；东营市是胜利油田所在地，发展石油装备制造业和石油接续替代产业条件得天独厚，是建设高效生态经济区的主战场；潍坊北部是全国最大的盐化工基地，海洋化工和装备制造业基础较好；烟台市的莱州是黄河三角洲地区连接胶东半岛的纽带，承接胶东半岛产业转移的条件优势明显。区域内各地特点不尽相同，差异较大，只有在发挥各自特色和优势的前提下，促进形成发展合力，才能实现共同发展。基于这一认识，《规划》始终贯彻一体化的发展理念，明确要求区域内实行重大产业项目统一布局、陆地海洋统一规划、重要资源统一管理，共同推动形成良性互动、互为支撑、一体化发展的新格局。

三是突出协调发展。实现区域协调发展是科学发展观的基本要求，而加强区域合作则是促进区域协调发展的有效手段。目前，环渤海地区的综合实力能否进一步增强，关键在于区域合作水平能否得到进一步提升。天津滨海新区作为环渤海地区的增长中心，对周边区域辐射带动能力不断加强；辽宁沿海经济带发展较快，正在成为环渤海地区加快发展的重要支撑点；黄河三角洲蓄势待发，是环渤海地区拓展发展空间的潜力所在。从这些实际情况出发，《规划》始终贯彻协调发展的理念，明确要求充分发挥黄河三角洲区位优势和后备土地资源丰富的优势，创新区域合作机制，加强与天津滨海新区、辽宁沿海经济带以及山东半岛在重大基础设施建设、产业发展、企业合作等方面的全面对接，以促进环渤海地区协调发展。

四是突出创新发展。提高自主创新能力和创新体制机制，是转变发展方式、促进黄河三角洲高效生态经济又好又快发展的关键环节。在提高自主创新能力方面，《规划》提出构建国家与地方创新联动平台和机制，重点在盐碱地改良、生态农业、环境保护、循环经济、资源综合利用等关键领域和核心技术方面取得突破，增强科技对高效生态经济发展的支撑能力。在体制机制创新方面，针对区域土地资源富足和开发资金需求大的状况，对土地、金融等关键领域的改革创新给予了一定的先行先试权，为充分发挥土地资源优势，促进高效生态经济发展提供保障。

五是突出和谐发展。发展高效生态经济的最终目的是促进人与自然和谐与社会和谐，《规划》兼顾了这两方面的要求。在促进人与自然和谐方面，明确提出坚持保护优先，以资源高效利用和生态环境改善为主线，着力发展环境友好型产业，协调推进生态建设和经济发展，走可持续发展之路。在促进社会和谐方面，要求以改善和保障民生为重点，大力发展社会事业，着力推进基本公共服务均等化，让区域内人民公平享受发展成果。

这些，充分体现了《规划》在发展思路上的鲜明特色，集中反映了科学发展观的基本要求，不仅是下一步推进高效生态经济发展需要坚持的重要理念，更是指导黄河三角洲地区开发建设所要努力践行的基本路径。

三、《规划》围绕发展高效生态经济主线确立战略思路和重点任务

《规划》围绕发展高效生态的主线，在深入分析了黄河三角洲地区发展优势和面临的机遇挑战的基础上，着眼全局，提出了黄河三角洲高效生态经济区发展的总体要求和重点任务。

一是黄河三角洲高效生态经济发展的总体要求。《规划》的第二部分，系统阐述了发展黄河三角洲高效生态经济的指导思想、发展原则、战略定位和发展目标。

在指导思想和发展原则方面，考虑到黄河三角洲地区既有巨大的发展潜力，同时也面临着生态环境脆弱、急需加以保护和改善的问题，《规划》明确要求这一地区的发展模式要有别于其他区域，必须把保护和改善生态环境放在突出重要的位置，在建设生态文明方面走在前列；必须把高效利用资源和优化产业结构作为支撑点，在发展循环经济、转变发展方式方面树立典范；必须把克服基础设施薄弱环节、提高区域协调发展水平、创新适应高效生态经济发展的体制机制作为着力点，增强支撑保障能力。为此，《规划》提出，发展黄河三角洲高效生态经济，要深入贯彻落实科学发展观，突出发展高效生态经济主题，以资源高效利用和生态环境改善为主线，着力优化产业结构，着力完善基础设施，着力推进基本公共服务均等化，着力创新体制机制，率先转变发展方式，提高核心竞争力和综合实力，打造环渤海地区具有高效生态经济特色的重要增长区域，在促进区域可持续发展和参与东北亚经济合作中发挥更大作用。同时，《规划》提出了工作中要坚持的四条发展原则：坚持生态优先，实现可持续发展；坚持统筹兼顾，推进一体化发展；坚持互利共赢，促进共同发展；坚持改革开放，推动创新发展。

在战略定位方面，着眼于促进生态环境保护与经济社会发展的有机统一，着眼于充分发挥土地后备资源丰富的优势，着眼于打造环渤海地区发展新的支撑点，《规划》提出要把这一地区建成全国重要的高效生态经济示范区、特色产业基地、后备土地资源开发区和环渤海地区重要的增长区域。所谓全国重要的高效生态经济示范区，就是要高效利用区域优势资源，加快推进资源型城市可持续发展，加强以国家重要湿地、国家地质公园、黄河入海口为核心的生态建设与保护，实现生态文明建设和经济社会发展相互促进、协调互动，为全国生态经济发展探索新路径、积累新经验。所谓全国重要的特色产业基地，就是要发挥该地区生态经济和循环经济发展基础较好的优势，突出发展高效生态经济的要求，壮大发展循环经济规模，大力推进清洁生产，突破制约产业转型升级的关键技术，培育一批特色优势产业集群，构筑现代生态产业体系,建成全国重要的高效生态农业基地和循环经济示范基地。所谓全国重要的后备土地资源开发区,就是充分发挥这一地区拥有近800万亩未利用地和滩涂资源丰富的独特优势,统筹规划土地资源开发利用,合理划分农业、建设和生态用地,探索土地利用管理新模式,推进土地集约高效开发,为环渤海地区拓展发展空间提供有力的土地资源保障。所谓环渤海地区重要的增长区域,就是根据地处环渤海、面向东北亚的区位特点,立足发挥在对内对外开放中的潜力,充分利用两个市场、两种资源,加快建成支撑环渤海地区发展新的增长区域,为推动全国区域协调发展和提升对外开放水平做贡献。

在发展目标方面,充分考虑目前的发展基础和未来发展需要,按照定量和定性相结合、约束性和预期性相结合的原则,确定了近远期两个阶段的发展目标。主要发展指标共14项,其中一半是约束性生态环保指标,并且要求较高。近期目标是:到2015年,基本形成经济社会发展与资源环境承载力相适应的高效生态经济发展新模式,环境质量不断改善,公共服务能力得到加强,人民生活质量大幅提升。具体指标是:核心保护区面积达到550万亩,占区域总面积的14%左右;单位地区生产总值能耗降低22%,万元工业增加值用水量降低20%,主要污染物排放总量减少20%,城市污水集中处理率达到85%,林木覆盖率达到25%,人均地区生产总值达到90000元,远期目标是:到2020年,率先建成经济繁荣、环境优美、生活富裕的国家级高效生态经济区。具体表现为:人与自然和谐相处,生态环境和经济发展高度融合,可持续发展能力明显增强,生态文明建设取得显著成效,形成竞争力较强的现代生态产业体系,开放型经济水平大幅提高,社会事业蓬勃发展。这些目标,都是在认真测算和反复论证的基础上提出的,经过努力是完全可以实现的。

二是黄河三角洲高效生态经济发展的重点任务。《规划》根据区域功能定位、资源环境承载能力和发展潜力,统筹考虑生态保护、经济布局和人口分布,把黄河三角洲地区分为核心保护区、控制开发区和集约开发区三类区域,按照适度扩大核心保护区面积、协调推进控制区的保护与开发、有序推进集约开发区建设的要求,分五大领域明确了高效生态经济发展的重点任务：

——加强生态建设和环境保护。黄河三角洲是一个待开发、正在开发的地区，生态环境相对脆弱，决不能走"先开发、先污染、再治理"的老路。科学发展观要求别的地区不能走这条路，高效生态经济区更不能走。为突出保护和改善生态环境这条主线，生态建设和环境保护不仅是《规划》分量最重的一部分，而且也摆在了优先的地位。首先，《规划》把生态建设放在更加突出的位置，要求加强生态林、自然保护区、水源涵养区、重要地质遗迹、湿地、草地、滩涂和生物物种资源的保护，维护生物多样性和植物原生态，恢复和增强生态服务功能。第二，《规划》要求加大环境保护力度，坚持预防为主、综合治理，严格执行环境保护标准和污染物排放总量控制制度，形成环境共同保护、共同治理的新局面，切实提高环境质量。第三，《规划》要求集约节约利用资源，积极探索资源集约节约和持续利用的有效途径，建立完善资源开发保护长效机制，推动土地集约化利用、规模化经营，提高水资源集约利用水平，合理开发矿产资源，实现集中集约用海。第四，《规划》要求大力发展循环经济，按照减量化、再利用、资源化的原则，推进国家循环经济试点企业加快发展，推进环境友好型产业集群发展，推进重大循环经济项目建设，推进清洁生产审核，壮大循环经济规模，建设全国重要的循环经济示范基地。

——构建高效生态产业体系。黄河三角洲的生态脆弱性决定了只有发展高效生态经济，才能走出一条比其他地区起点更高、可持续发展能力更强的发展道路。目前，黄河三角洲第二产业特别是重化工业比重偏高，与高效生态经济区的发展方向不太吻合，必须统筹规划，周密部署，加快转变发展方式，大力发展高效生态经济。《规划》指出，要按照生态建设和经济发展协调推进的要求，充分发挥区位和资源优势，推动产业结构优化升级。第一，大力发展高效生态农业，突出特色，建设全国重要的生态畜牧、健康养殖、优质粮棉、特色果蔬生产加工出口、经济林草基地。第二，坚持走新型工业化道路，以园区为载体，大力发展环境友好型工业，促进产业集群发展。第三，以现代物流和生态旅游业为重点，推进现代服务业加快发展，为经济社会发展提供有力支撑。通过努力，形成以高效生态农业为基础、环境友好型工业为重点、现代服务业为支撑的高效生态产业体系。

——强化基础设施支撑。基础设施是经济发展的前提和基础。基础设施相对滞后，是制约黄河三角洲地区经济社会发展的主要因素。目前，黄河三角洲没有高标准的防潮堤坝，开发建设成果和人民生命财产受到威胁；淡水资源相对贫乏，对产业发展有重要制约；港口建设规模较小，铁路建设滞后，高速公路网络尚未形成，支撑经济发展的能力偏弱。《规划》强调，要加强基础设施一体化建设，增强发展高效生态经济的支撑能力。第一，围绕构筑生态保护、经济发展的安全屏障和提高水资源供应保障能力，高标准规划建设防潮体系，加快引供水体系建设。第二，围绕构筑便捷、通畅、高效、安全的现代综合运输网络，加快港口、铁路等重大交通设施建设，加快打通连接京津冀、长三角和东北地区的陆海通道。第三，围绕形成安全清洁的能源保障体系，加快推进能源设施建设，优化能源结构，稳步发展石油，建设生态环保型燃煤电厂，加快城乡电网升级改造，大力发展新能源。

——加快社会事业发展。基本公共服务均等化的水平，是反映社会和谐程度和区域协调发展的重要标志。让区域内人民公平享受发展成果，促进社会和谐，是发展高效生态经济的最终目的和重要内容。《规划》指出，要以改善和保障民生为重点，大力发展各项社会事业，推进基本公共服务均等化，形成覆盖城乡、设施完善、适应生态经济发展的公共服务体系。第一，大力发展科技事业，提高科技对高效生态经济发展的支撑能力；第二，优先发展教育事业，强化人才和智力支撑；第三，进一步深化医药卫生体制改革，构建覆盖城乡居民的基本医疗卫生制度；第四，加强公共文化体育设施建设，丰富人民精神文化生活；第五，突出保障和改善民生，实施积极的就业政策，努力扩大社会保障覆盖面，完善公共就业和社会保障管理服务体系。

——加强体制机制创新。发展高效生态经济是一个全新的课题，更需要靠改革创新建立完善有利于高效生态经济发展的体制机制。比如建立生态补偿机制、节能减排、未利用地的开发利用等，都直接依赖于改革和创新。因此，高效生态经济区的建设，更要把改革和创新摆在突出重要的位置。《规划》强调，要进一步深化改革开放，形成经济发展与生态保护有机结合、良性互动、协调推进的体制机制，为高效生态经济发展提供强大动力和制度保障。要加快推进行政管理、财税和金融体制等重点领域和关键环节的改革与创新，进一步增强区域发展活力和动力。要在坚持实行最严格的耕地保护和节约用地制度的前提下，改革土地管理和土地利用方式，支持开展未利用地开发管理改革试点，更好地发挥后备土地资源丰富的优势。同时，围绕提高开放水平，《规划》提出要加强对外开放平台建设，构建开放型经济体系，主动加强与周边地区特别是天津滨海新区和辽宁沿海经济带的经济技术合作，进一步拓展高效生态经济发展空间。

四、《规划》的落实需要切实把握精神实质和建立健全实施机制

一个好的规划能否发挥作用，关键在于落实。如果不落实，再好的规划也只能是"纸上画画，墙上挂挂"。我们要清醒地看到，黄河三角洲的发展仍处于起步阶段，面临诸多的困难和挑战，必须充分认识到实现《规划》确定的任务目标的长期性和艰巨性，在深刻领会《规划》精神实质、准确把握《规划》深刻内涵的基础上，加强领导，精心组织，健全机制，确保《规划》顺利实施，推动黄河三角洲地区实现后发先至、跨越发展。

一是加强学习，深刻领会精神实质。《规划》已经发布，方向已经明确。但实施好《规划》，不能停留在《规划》的文字表述表层的把握上，关键是把握其精神实质，深刻领会蕴含的重要思想和根本要求。总体上看，黄河三角洲地区的发展，推进科学发展是实质，转变发展方式是根本，发展高效生态经济是途径，实现经济、社会、生态与人口、资源、环境相协调，推进经济平稳较快和可持续发展是目标。必须充分认识到，出台这一《规划》，对于黄河三角洲来说，不仅是机遇更是挑战，不仅是动力更是压力，切不可以为有了一顶好帽子，给了一些支持政策，就可以把规划区的事办好，重要的是把握体现方向和本质的内在要求，是实践中的深入探索创新。要采取多种有效形式，让广大干部了解、熟悉《规划》的主要内容，特别是把握其丰富内涵和精神实质，深刻认识发展黄河三角洲高效生态经济对完善全国沿海经

济布局、保护环渤海和黄河下游生态环境的重要性，增强贯彻落实《规划》的责任感和使命感；要深刻理解《规划》的指导思想、发展原则、功能定位、发展目标和空间布局，坚持贯彻落实《规划》的基本方向和有效途径；深刻把握强调在生态建设和环境保护、构筑高效生态产业体系、加强基础设施建设、繁荣发展社会事业、创新体制机制等方面的内在要求，增强推进重点领域建设的系统性和创造性。要通过各种方式加强宣传，凝聚全社会力量和共识，充分调动广大干部群众加快建设黄河三角洲的积极性、主动性和创造性，营造全社会关心、支持黄河三角洲开发建设的浓厚氛围。

二是周密部署，抓紧制定实施方案。这是贯彻落实好《规划》的重要保障。要以科学务实的态度，抓紧制定兼具针对性和可操作性的总体实施方案，并进一步细化制定各专项领域实施方案，明确实施主体，确保《规划》有效实施。重点是制定国土开发专项方案，围绕优化空间结构，进一步明确核心保护区、控制开发区和集约开发区的开发建设时序和内容，推动实现国土空间的集约利用和有效保护；制定生态环境建设与保护专项方案，围绕推进资源节约型和环境友好型社会建设，进一步细化生态建设修复、环境综合治理、资源集约节约、发展循环经济等方面的举措，增强区域可持续发展能力；制定产业发展专项方案，围绕打造环渤海地区重要的增长区域，提出发展高效生态农业、环境友好型工业和现代服务业的具体措施，加快构建高效生态产业体系；制定基础设施建设专项方案，围绕突破发展瓶颈制约，大力推进水利、现代交通运输体系等重大基础设施建设，提高基础设施支撑保障能力；制定社会发展专项方案，围绕提高社会和谐程度，要进一步加大对社会事业发展的支持力度，在推进基本公共服务均等化水平方面迈出实质性步伐；制定改革创新专项方案，围绕创新体制机制，加快推进土地管理、金融等重点领域和关键环节的改革，创新区域合作思路和方式，进一步增强发展动力和拓展发展空间。

三是加强领导，明确工作责任。《规划》实施的核心是建立健全责任机制，确保任务落实到位、责任分工到位、组织领导到位、跟踪检查到位。山东省人民政府是贯彻落实《规划》的第一责任人，要细化工作任务，制定分工方案，安排工作进度，明确省直相关部门和区域内各市的具体责任，并建立健全考核机制和责任追究机制，确保各项工作任务落到实处，稳步推进《规划》的实施。省直相关部门和区域内各市要树立大局意识，加强协调，密切配合，共同推进《规划》贯彻落实。国家发展改革委作为《规划》编制的牵头单位和国家宏观调控部门，对黄河三角洲的开发建设负有重要责任。我们将结合自身职能，统筹协调相关政策，加大支持力度，加强对《规划》实施情况的跟踪检查，适时开展对《规划》实施情况的评估，及时帮助研究解决《规划》实施中出现的问题，确保《规划》顺利实施。

在新的历史时期，黄河三角洲这块共和国最年轻的土地迎来千载难逢的发展机遇。要以实施好《规划》为契机，脚踏实地，强化措施，开拓创新，锐意进取，共同推动黄河三角洲地区在新的起点上实现新跨越，把黄河三角洲建设成为富裕之洲、文明之洲、和谐之洲！

（2009 年）

紧扣高效生态经济发展主题做文章[1]

很高兴受邀参加潍坊市委、市政府举办的黄河三角洲高效生态经济区暨胶东半岛高端产业聚集区投资恳谈会。我谨代表国家发展改革委地区经济司，对本次会议的召开表示热烈的祝贺！

2009年11月23日，国务院批复了《黄河三角洲高效生态经济区发展规划》，标志着这一区域的开发建设正式进入国家战略层面。实施《黄河三角洲高效生态经济区发展规划》、建设黄河三角洲高效生态经济区，是国家在新的历史条件下，着眼于推动区域协调发展全局所做出的重大战略部署，是推进经济发展方式转变，促进开发与保护、经济与生态有机统一、协调发展的重大创举，为山东省及潍坊市的发展提供了新的战略机遇。潍坊举办这次投资恳谈会，可看作是认真落实规划，切实把握发展机遇的一个重要举措。

潍坊是黄河三角洲地区和胶东半岛重要的区域中心城市，区位条件优越，经济实力较强，产业基础良好，自然资源丰富，北部沿海开发战略取得丰硕成果，已具备率先发展的基础和条件。应抓住贯彻实施《黄河三角洲高效生态经济区发展规划》的历史性机遇，紧扣高效生态经济发展主题，以资源高效利用和生态环境改善为主线，率先转变发展方式，提高核心竞争力和综合实力。特别要抓住如下关键方面：一是着力优化产业结构，加快改造提升传统产业，突出发展海洋化工、石油化工、海洋装备制造等蓝色产业，大力培植新能源等战略性新兴产业，努力构建高效生态产业体系。二是着力完善基础设施，加快推进铁路、公路、港口、水利等重大基础设施建设，增强

---

[1] 本文系作者于2010年1月18日在山东省潍坊市委市政府举办的"黄河三角洲高效生态经济区暨胶东半岛高端产业聚集区投资恳谈会"上的致辞。

经济社会发展的支撑保障能力。三是着力推进基本公共服务均等化，积极发展社会事业，大力改善民生，形成覆盖城乡、设施完善、适应生态经济发展的公共服务体系。四是着力推进体制机制创新，加大土地、融资、行政管理等重点领域和关键环节的改革创新，增强区域经济发展活力和动力。通过努力，进一步凸显比较优势，争取在发展循环经济上做出榜样，在维护和改善生态环境上成为典范，实现在科学发展上走出新路，在提升综合实力上取得突破，率先建成经济繁荣、环境优美、生活富裕、社会和谐的经济区域，为促进区域协调发展、促进山东省发展乃至全国经济又好又快发展大局做出积极贡献。

地区经济司将按照国务院的部署和国家发展改革委的要求，大力支持山东省和潍坊市推进高效生态经济区建设。我们将及时跟踪了解规划贯彻实施情况，会同有关部门协调推动解决规划实施中遇到的重大问题，加大对重大项目、重点工程和特色产业的支持力度，指导和促进土地、金融、环保等重要领域的改革创新，全力推动环渤海地区和山东半岛实现又好又快的发展。

最后，祝本次投资恳谈会取得圆满成功。

（2010 年）

《三江源国家生态保护综合试验区试验总体方案》的编制意见 [1]

刚才，省领导就青海省组织编制《三江源国家生态保护综合试验区试验总体方案》（以下简称《总体方案》）有关情况作了介绍。今天到会的专家，既有长期从事生态保护和生态补偿机制问题研究的，也有一直进行宏观经济和区域经济研究的，都是业内高手。大家可以集思广益，就编制好《总体方案》献计献策。下面，我就试验区建设及《总体方案》编制谈些看法，供大家参考。

一、编制好《总体方案》十分重要

三江源地区位于青藏高原腹地，是长江、黄河、澜沧江的发源地，被誉为"中华水塔"，是我国重要的水源地，也是我国重要的高原生态屏障，生态地位具有全国意义，对维护国家生态安全和促进下游地区可持续发展至关重要。多年来，在气候变暖和人为因素共同作用下，三江源地区出现了草地沙化退化严重、鼠虫害猖獗、水源涵养功能下降、水土流失严重等一系列生态环境问题，致使三江源高原生态屏障功能不断降低，也直接影响到流域的可持续发展能力。

党中央、国务院十分重视三江源地区的生态保护与建设，不断加大三江源地区生态保护与建设力度，相继实施了三江源自然保护区生态保护建设、

[1] 本文系作者于 2009 年 3 月 11 日，在青海省人民政府召开的"《三江源国家生态保护综合试验区试验总体方案》专家咨询座谈会"上的讲话。

退牧还草、游牧民定居等一系列工程，旨在改善三江源地区生态环境持续恶化的趋势和当地农牧民生产生活条件。去年11月，国务院印发了《关于支持青海等省藏区经济社会发展的若干意见》（国发〔2008〕34号），明确提出要加快建立生态补偿机制，建立三江源国家生态保护综合试验区。这是建国以来设立的第一个国家级生态保护综合试验区，不仅充分反映了三江源地区生态地位的重要性，也充分表明了保护好三江源地区生态环境的紧迫性和现实性。可以说，试验区建设不仅是贯彻落实国务院34号文件精神的具体体现，也是按照以人为本的科学发展观，处理好三江源地区保护生态、发展经济、改善民生、促进协调等一系列重大问题的可行途径。

考虑到三江源生态保护建设是一项长期的历史任务和庞大的系统工程，需要我们开展大量艰苦和卓有成效的工作，需要做出长期不懈的努力。而总体方案设计，则是这项系统工程的基础性工作，是确保今后试验区建设得以顺利开展的前提条件。要从保障国家生态安全、维护社会稳定、促进区域协调发展的高度来认识，切实将这个基础打好打牢。

二、编制《总体方案》需要坚持的基本导向

促进三江源地区生态保护、民生改善、经济社会发展等，是建立健全试验区的宗旨和核心要求。为此，总体方案的编制需要深入研究并正确把握好一些关键问题，重点是如下三个问题。

一是任务定位。三江源综合试验区是国家级试验区，总体方案制定必须立足于国家战略高度。重大思路、关键内容的阐述必须充分反映国家战略导向，体现国家整体利益，特别是要通过试验区建设，发挥好三江源地区的生态屏障作用，逐步实现城乡区域协调发展。与此同时，也要结合青海藏区发展的实际需要，合理体现不同区域、不同群体的利益诉求，着力解决好试验区经济社会发展中存在的突出困难和问题，克服瓶颈制约，实现三江源地区的可持续发展。试验区还肩负着一项重要使命：探索建立符合国情区情、操作性强的生态补偿机制和建设模式，以此引领推动全国范围内同类型生态补偿机制的建立，并为特殊类型贫困地区脱贫致富和区域协调发展积累经验，

提供示范。

二是指导原则问题。概括地说，就是要把解决当前紧迫问题与谋划长远发展紧密结合起来，以当前保长远，以长远促当前。把保护生态贯穿于试验区建设的全过程，处理好保护与发展的关系。积极探索试验区管理体制，着力解决制约发展的深层次矛盾和问题，提升试验区可持续发展能力。

三是目标与任务。发展目标和建设任务是总体方案设计中的核心问题之一。总体上讲，发展目标，要立足于三江源地区和青海省实际，既要有短期目标，又要有长期目标；既要有宏观目标，也要有具体目标；既要有经济发展的目标，也要有环境保护的目标。建设任务方面，要把构建生态文明和建立"两型社会"作为重要内容，通过试验区建设，使三江源地区广大农牧民的生产生活条件逐步得到明显改善，走出一条适宜区情、省情的可持续发展道路，并为我国其它生态地区的保护和建设提供有益经验。

三、编制《总体方案》需要处理好几个重要关系

基于试验区的性质及所承负的使命，在研究制定试验区总体方案时，应努力实现试验区建设与五个重要方面的有机结合。

一是与主体功能区规划结合起来。推进形成主体功能定位清晰的区域发展格局，是贯彻落实科学发展观，促进区域协调发展的重要内容。根据国家主体功能区规划布局，青藏高原多属于禁止开发区或限制开发区，该地区的首要任务是恢复生态和保护环境，严格控制人为因素对生态环境和自然文化遗产的干扰，因地制宜发展资源环境可承载的产业，引导超载人口逐步有序转移，促进人与自然和谐发展。因此，其核心任务是保护生态，主要功能是提供优质稳定的生态产品。但这不是说三江源地区只能讲保护，不能讲发展，关键是发展什么，怎么发展。正确处理好三江源地区保护与发展、保护与建设之间的关系，坚持因地制宜，因区施策是试验区所要解决的一个重要问题。我们在制定总体方案时，应准确把握三江源各区域不同功能定位，使财政、税收、投资、产业、土地、人口、环境等各项政策措施与不同功能定位相衔接，切实增强和提高试验区相关政策的针对性、有效性、连续性和稳

定性。这也是试验区建设过程中的难点问题，需要从青海省和三江源地区的实际情况出发，做深入系统的研究。

二是与体制机制创新结合起来。体制机制创新是三江源综合试验区建设的重要内容，必须把深化改革作为推进试验区建设的重要途径。创新体制和管理机制，重点要逐步建立起一套与试验区功能定位相适应的行政管理机制和社会管理制度。强化试验区各级政府的社会管理和公共服务职能，逐步理顺各级政府之间的事权关系，进一步明确相应的责权，着力推进政府行政管理体制改革，建立健全能体现科学发展观和正确政绩观的干部绩效考核评价制度等，都是试验区的重要内容。我以为，推进试验区各项配套改革是政府责无旁贷的重要职能，要紧扣制约试验区发展的关键因素和薄弱环节寻找对策，提出系统的改革思路，推动形成针对性准、操作性强的政策体系。通过体制机制创新，探索形成中央和地方、区内和区外的互动响应机制，并在建立健全市场机制、合作机制、社会参与机制、互助机制和扶持机制等方面，有所突破，有所创新，将试验区前瞻性实践成果和成熟做法，上升到法规层面加以确定，全面推广。

三是与区域协调发展结合起来。促进区域协调发展，逐步缩小三江源地区与青海省东部相对发达地区、西部地区乃至全国的差距，是试验区建设所要实现的最终目标之一。缩小三江源地区与发达地区的差距，近期的主要任务，是努力缩小地区间基本公共服务水平上的差距，逐步实现各类人群基本公共服务均等化。试验区的建设要从提高三江源地区基本公共服务水平入手，深化细化试验区内义务教育、公共卫生、基本医疗、社会保障、扶助救助，以及公共文化等方面的支持政策。其中，要把保证生态环境投入的持续增长和改善农牧民基本生活作为重点内容，尽快建立健全三江源区的生态补偿机制，进一步完善中央和省级财政转移支付制度。由于生态补偿机制涉及面广、政策性强、操作难度大，需要有计划、分步骤稳妥开展，要通过试点不断探索规律，寻找方法。

四是与经济社会可持续发展结合起来。试验区建设要立足于科学发展，处理好保护生态与发展经济的两者的关系。在保护好生态的前提下，一要因地制宜地发展资源环境可承载的生态产业，大力发展生态经济。二要在充分利用试验区特色优势资源和发展优势产业上下功夫，制定扶持试验区大力发展民族特色产业、民族特需商品、民族医药产业、生态旅游业等生态经济的相关政策措施，并努力实现集约化、规模化发展。三要通过转变农牧业发展方式、设立公益性岗位、合理有序转移人口、积极推进游牧民定居等，着力解决农牧民的长远生计问题，努力实现经济社会可持续发展。

五是与扶贫开发结合起来。三江源地区发展基础十分薄弱，自我发展能力较低下，具有区域性、整体性贫困特征，是全国贫困发生率最高、扶贫开发难度最大的地区之一。因此，试验区建设要始终把促进农牧民的脱贫致富工作作为一项重要任务。面对三江源地区生存环境恶劣、生产条件落后、人口素质不高，且居住分散这一大背景，要坚持把扶贫开发与试验区生态环境保护建设、畜牧业发展、产业结构调整、农牧民技能培训和城乡统筹等各项措施结合起来。试验区相关政策的制定要切实融入到中央关于解决"三农"问题的战略部署中，融入到支农政策和区域经济发展有关政策体系中。只有这样，才能使扶贫开发工作取得好的成效。

事在人为，为在扎实。只要我们把握了国家的战略要求和区域实际，又坚持博采众长，集思广益，就一定能编制出一个高质量的三江源国家生态保护综合试验区试验总体方案来，让我们一起努力。

（2009 年）

青海绿色经济发展与三江源国家生态保护综合试验区建设 [1]

很高兴参加本次青海绿色经济高峰论坛。青海地大物博,资源丰富,生态功能重要,在国家发展总体布局中占有十分重要的地位。在新的历史时期,大力发展绿色经济,关系到青海经济发展方式的根本转变,关系到青海经济社会的持续健康发展。青海三江源地区是青藏高原国家生态安全屏障的重要组成部分,是青海生态保护与建设的主体。建设三江源国家生态保护综合试验区,是中央基于全局和战略高度做出的重大决策,建设好试验区有利于牢固构筑国家生态安全屏障,有利于促进区域经济社会的可持续发展,也有利于为青海发展绿色经济提供有力支撑。当前,国家正在研究制定《青海三江源国家生态保护综合试验区试验总体方案》。借此机会,我就如何建设三江源国家生态保护综合试验区、促进青海绿色经济发展,谈几点看法。

一、特殊区情与地位要求青海走绿色发展之路

发展绿色经济是人类社会由工业文明迈入绿色生态文明的必由之路。发展绿色经济是我国建设资源节约型和环境友好型社会,推进经济发展方式转变,实现生态与经济协调发展的必然选择。青海生态地位与经济形态特殊,发展绿色经济关乎自身、有利全国。

——发展绿色经济是促进青海经济社会跨越的需要。青海具有丰富的矿

---

[1]2010 年 9 月 11 日青海省人民政府、国务院发展研究中心等单位在西宁市联合召开"青海绿色经济高峰论坛",本文系作者应邀为会议所做的主题报告(书面)。

产、能源、草地等资源，54 种矿产资源储量居全国前十位，盐湖、油气、有色金属资源富集，草原广袤，为加快经济发展奠定了良好的基础。青海属于欠发达地区，人均 GDP（国内生产总值）仅为全国的 73%，加快发展、尽快改善农牧民生产生活条件的需要十分迫切。但是，生态环境十分脆弱，开发资源加快发展必须以环境保护和生态治理为前提。也就是说，青海必须走绿色发展之路，在保护好生态环境的基础上，推进资源的综合开发、有效配置和循环利用，实现经济社会又好又快发展，非此别无出路。

——发展绿色经济是维护国家生态安全的需要。青海素有"中华水塔"、"江河源头"之称，黄河 49%、长江 2%、澜沧江 16% 和黑河 40% 的水量源于青海，水量水质的变化直接关系到广大下游地区的水安全。青海是世界上高海拔地区生物多样性最集中的地区之一，被誉为高寒生物自然物种资源库。青海大部分地区处于海拔 3000 米以上，作为"世界屋脊"的重要组成部分，一方面在大气环流及抵御全球气候变暖等方面发挥着十分重要的作用，另一方面对全国其他地方形成居高临下的俯冲之势。这里生态环境极为脆弱，自我修复能力很差，生态系统一旦遭到破坏，就会对全国的生态安全造成严重影响。因此，走绿色发展道路，既有利于实现经济跨越式发展，又利于构筑国家生态安全屏障。

二、建设三江源国家生态保护综合试验区是发展青海绿色经济的重要支撑

三江源国家生态保护综合试验区占青海总面积的一半以上，是青海高原生态的典型区域和生态保护的核心区域。建设好三江源国家生态保护综合试验区，是青海发展绿色经济的重要内容和基本支撑。

——试验区建设有利于解决青海绿色发展的突出矛盾。青海绿色发展的突出矛盾，是在生态环境脆弱条件下实现资源合理利用和经济社会快速发展的问题。在某种意义上说，三江源是青海的缩影或突出代表。作为典型地区，三江源集中体现了青海生态环境的脆弱性和保护生态环境的主要难题。同时，作为青海地域的主体，三江源地区也面临着加快发展，不断提高人民

生活水平和质量问题。因此，解决好三江源地区生态保护问题和发展问题，也就解决了青海绿色发展的核心难题，也就能在全省层面实现生态与经济的协调发展、人口资源环境的良性循环。推进试验区建设，有利于探索解决生态、经济及其协调发展所面临的一系列深层矛盾，为青海发展绿色经济开辟道路。

——试验区建设有利于夯实青海绿色发展的经济基础。绿色发展的路径是绿色，而目的是发展。反过来说，发展又是实现绿色发展的基础。三江源地区作为青海生态最脆弱地区，是青海生态保护的重点地区。而三江源地区作为青海面积最大的深度贫困地区，又是必须加快发展的地区。在生态最脆弱地区实现经济社会的快速发展，是青海发展绿色经济的突出难题，也是青海经济社会发展的主要任务。做到了这一点，就攻克了青海绿色经济发展的瓶颈制约。而青海这一大片地区经济的发展和人民生活水平的提升，无疑为青海全域发展绿色经济奠定了坚实的基础，它本身也是青海绿色经济发展的重要内容。

——试验区建设有利于健全青海绿色发展的体制机制。青海绿色发展所面临的一系列问题，包括许多生态环境问题，就其深层看，都源于体制机制不顺。可以说，建立健全良好的体制机制是实现青海绿色发展的关键环节。三江源地区作为国家生态保护综合试验区，具有先行试验、先行探索的特殊权利，从而有利于解决绿色发展所面临的体制机制难题，探索建立包括资源开发与生态环境保护补偿机制、监测预警机制、绿色绩效考评机制等在内的完善的绿色发展制度体系。

三、建设三江源国家生态保护综合试验区要把握一些关键环节

三江源国家生态保护综合试验区建设事关青海绿色发展和国家生态保护大局，具有很强的实际意义和象征意义，只能成功。因此，试验区建设要着眼于现实与长远的结合，立足于解决突出矛盾与主要问题，着力抓好一些关键环节。主要是：

——科学划分功能区域。三江源地区区域条件十分复杂，生态状况也十分复杂。要在加强生态保护的总前提下，区别不同情况，有针对性采取措施，特别要科学划分功能区域。根据国家主体功能区规划布局，试验区属于限制开发区或禁止开发区，其核心任务是恢复生态和保护环境，提供优质稳定的生态产品。但这不是说整个三江源地区只讲保护，不讲发展，而是要正确处理保护与发展的关系，特别是根据不同区域的实际情况，有区别地采取措施，引导人口相对集中分布、经济相对集中布局，努力提高国土空间的利用效率。可以考虑，依据生态功能特性和资源环境承载能力，统筹生态环境保护建设和经济社会发展，将试验区划分为不同的保护发展区域，明确不同区域的功能定位，实施分类指导，使财政、税收、投资、产业、土地、人口、环境等各项政策措施与不同功能定位相衔接，切实增强和提高试验区相关政策的针对性、有效性、连续性和稳定性。比如，试验区内的自然保护区、国家地质公园、森林公园、湿地公园及风景名胜区，主要承担水源涵养、水土保持和生物多样性维护等功能，是发挥生态功能的核心区域。对于这类地区，应划为严格保护区，要求严格执行生态环境保护各项规定，加强保护和修复；要求控制对自然生态有明显影响的产业发展、经营活动和城镇建设，减轻人口压力，引导人口有序转移。而黄河谷地地区，是试验区城镇、产业发展和聚集人口的主要地区。对于这类地区，可划为一般保护区，要求科学合理构建城镇体系，努力改善人居环境，提升城镇保障和服务功能，因地制宜创办产业园区，积极发展特色优势产业，吸纳转移农牧区富余人口。

——突出抓好重点工作。试验区面积大、任务重、治理难，应按照"保护优先、科学治理"的思路，突出抓好重点任务，促进生态系统稳定和良性循环。一是以草原和湿地的保护与建设为重点，把工程建设和自然修复紧密结合起来，加大沙化土地防治、黑土滩治理、人工种草、草原鼠虫草害防治等工程的实施力度，系统解决生态恶化的各种突出问题。二是完善草原家庭承包经营制，加快推进草原承包到户，明确草原使用权和管护责任，切实保护和优化草原植被。三是科学核定草场载畜量，制定严格的草地资源利用办法和标准，严格草畜平衡监督管理。同时，提供生态管护公益岗位，组织牧民开展草原管护工作。四是转变农牧业发展方式，调整农牧业结构，提升农牧业绿色发展水平。推行科学饲养，加快推进传统粗放型游牧向舍饲、半舍饲和划区轮牧、季节性休牧相结合的科学饲养方式转变。广泛推广牲畜分种、分群、分草场饲养，以及补饲育肥、"西繁东育"和"牧繁农育"，缩短饲养周期，提高出栏率和商品率。五是优化牧业人口布局，引导人口适度集聚和合理分布，推动人口有序转移，积极推进游牧民定居，最大限度减少人类活动对生态脆弱地区的干扰和破坏。

——大力推进体制创新。紧紧围绕保护生态环境，实现绿色发展、科学发展，大胆创新、先行先试，深化影响生态经济发展和科学发展的一些深层次领域的体制改革。一是建立健全生态功能价值核算体系。积极探索生态系统功能服务价值评估、生态环境代价核算，以及生态补偿测算的科学方法，合理确定生态补偿标准，建立环境保护投入和生态补偿的稳定机制。二是建立健全绿色发展绩效考评机制。切实摒弃不科学的发展观和以经济增长速度论好坏的评价标准，建立以生态保护建设成效和民生改善程度为主要内容的政府绩效考评制度，促使决策与管理部门提高绿色意识，转变行为方式。三是建立健全生态补偿机制。加大政府财政转移支付力度，加大生态污染与环境破坏者经济惩罚力度，实行保护建设区域和受益区域的协作联动，探索形成流域上下游规范的生态补偿模式，统筹解决生态环境保护建设、农牧民生产生活、基本公共服务、基层政权运转、农牧民创业等问题。与此同时，可适应试验区区情需要，强化一些重点环节的改革力度，如打破扶贫开发工作重点县界限，完善扶贫开发政策，创新扶贫开发机制，探索扶贫开发模式，对特殊困难地区实施集中连片开发。推进土地草场合理流转，建立健全州县乡三级土地（草场）使用权流转交易市场，加快土地流转信息服务系统建设，等等。

——努力夯实保护基础。将生态环境保护与促进经济社会可持续发展有机结合起来，不断增强自我发展能力从而提高生态环境保护与治理的能力。一是因地制宜地发展资源环境可承载的生态产业，如合理开发水电矿产资源、积极发展高原生态旅游业等。二是在充分利用试验区特色优势资源和发展优势产业上下功夫，如积极培育有机绿色农畜产品，发展农畜产品加工业、民族医药产业、民族手工业和商贸流通服务业等。三是加大试验区水利、交通、能源等基础设施建设力度，缓解瓶颈制约，提高产业发展的支持能力。四是围绕生态格局调整和产业布局优化，积极推进城镇发展，培育新的经济点，强化辐射带动作用，提升接纳农牧业转移人口和产业聚集的能力。

——切实加强内外联动。无论从试验区的特殊地位看，还是从试验区的经济联系看，试验区的建设都不仅是试验区内部的事情，建设好试验区，需要各个方面的积极参与。要加强区内外的协调互动，共同推动各项工作扎实开展。一是加强区省统筹。要把试验区建设放到全省工作的突出重要位置，纳入国民经济与社会发展总体安排统一谋划，重点推进；要充分利用试验区先行探索的权利，在全省层面推行试验区成功做法与经验；要建立省区间强有力的推进机制，实现试验区与全省在总体规划与具体操作各层次的一体安排和协调行动。二是加强对外合作。要深化国际合作，积极学习国外管理经验，引进先进适用技术，促进水土保持、环境保护和资源合理开发与循环利用；要积极开展国内区域合作，借鉴成功改革经验，承接适宜产业转移，联合打造低碳经济园区，大力发展环保型产业，推动生态与经济的协调发展。三是加强上下联动。一方面，国家有关部门应强化对试验区建设的指导和支持力度，积极研究解决试验中碰到的困难与问题，可以考虑建立省部际工作协商机制，及时沟通交流情况；另一方面，青海要利用试验区建设的机遇，创新思路，率先行动，在一些重点领域和关键环节不断寻求新突破。可考虑由青海设立三江源国家生态保护综合试验区管理委员会，统一管理与推进试验区的工作。

青海三江源国家生态保护综合试验区建设，事关青海绿色发展大局，事关全国生态安全大局。《青海三江源国家生态保护综合试验区试验总体方案》是建设试验区的行动纲领和操作指南，我们将会同有关方面把它编制好、落实好。我们相信，在青海省委、省政府的正确领导下，在国家和兄弟省市的大力支持下，三江源国家生态保护综合试验区一定能够成为全国生态文明的先行区和示范区，青海也一定能够实现生态系统良性循环、实现绿色发展和可持续发展，在迈向高水平小康社会和现代化的征程中不断创造新的辉煌。

（2010 年）

立足比较优势发展高质量的生态经济 [1]

很高兴能够受邀参加这个重要的论坛并做演讲。我要谈的话题是：立足比较优势发展高质量的生态经济。

全面建设现代化的伟大征程已经开启，而"十四五"是关键的起步时期。青海正凝神聚力、开拓创新，大力推进高质量发展。基于工作岗位优势，我参与了一系列涉及青海发展的重大战略、政策与项目的研究、推进工作，包括国务院关于支持青海等省藏区经济社会发展的若干意见的研究起草，三江源国家生态保护综合试验区总体方案的制定实施，对口支援青海方案的讨论设计，以及以工代赈、易地扶贫搬迁等脱贫攻坚事项的部署推进等，在青海的不少地方做过实地调研，虽然说对青海的发展问题研究仍然不够深入，但也有一些真切的感悟，借此机会谈一些不成熟的看法，就教于方家。

地区发展之路各有区别，诸如弯道超车、换道超车、借道超车等发展路径，都不乏成功的例子，但无论做怎样的选择，其基础都在于因地制宜。所以我非常认同这样一条道理，即各地的发展，要坚持从实际出发，走适合自身发展情况的道路。我认为这条道路最核心的内容是，注重并最大限度地发挥自身比较优势。推动青海的发展也不例外。

怎样看待比较优势？比较优势的发挥，既涉及到地区的发展状况，也涉及到对地区发展状况的科学评价，涉及到资源要素的优化配置。人们一般把比较优势看作本地区对其他地区展现的整体优势或在某些方面的相对优势，

[1] 本文系作者于 2021 年 7 月 17 日在青海省西宁市召开的"第三届高原科学与可持续发展高层论坛"上的讲话。

但实际上比较优势也体现为同一地区在某些资源、产业等方面对其他资源、产业所展现出来的绝对优势或相对优势。一般地说，这种优势分为自然基础优势和当前发展优势两种，自然基础优势是以地区的天然资源禀赋作为主要标志或支撑的，而当前发展优势则主要体现为经济社会发展的成就，体现为导致这种成就的主要元素的特殊地位。但这两种优势往往是难以分离的，在一般情况下，当前发展优势的形成都包含着较好的发挥了自然基础优势的因素。因此，衡量一个地区的发展状况，最重要的就在于是否发挥了自身的比较优势。反过来说，一个地区的最好发展必然是最大限度的发挥了比较优势。对一个地区的评价，如果说可以用同一个标准来衡量的话，那就是看他是否发挥了比较优势，是否在最好水平上体现了比较优势所赋予的价值。以这种观点看待地区间的发展差距及其演化状况，既会更加客观与科学，同时也会带给人们较为理性的反应和平静的心态。

进一步看资源要素的优化配置，也就是使资源要素配置效率和效益实现最大化，从过程看，应当是使资源要素在地区间无障碍地自由流动，体现宽广性；从方向看，则必然是使资源要素向具有比较优势的地方流动，体现适配性。也就是说，资源要素依其性质和需要，向具有比较优势的地区流动是一种经济规律，而这样的配置从逻辑上看就可以实现资源要素运作效率和效益的最大化。在现实生活中，这种配置体现为产业发展和区域禀赋的匹配性。基于这种认识看待地区间资源要素的流动与产业的转移承接，也会更加客观科学，也更能带给人们理性的反应和平静的心态。

就青海而言，从上述认识出发，唯有立足于发挥比较优势，才能够找到一条合适的发展道路，也只有沿着这条道路前行才能实现高质量发展。脱离实际，抛开自己具有比较优势的条件，去东施效颦地追求"另辟蹊径"，或者超越条件，追风赶浪，谋求所谓"高大上"的发展格局，必然会事与愿违，遭受曲折或失败。

青海具有怎样的比较优势，如何发挥这些比较优势？下面，我们基于价值发现、经济呈现和有效实现三个维度做一些深入地探讨。

第一，从价值发现角度分析，青海具有什么样的比较优势？

毫无疑问，青海最重要、最大的比较优势是生态优势。2016 年 8 月，习近平同志在青海考察时指出，"青海最大的价值在生态、最大的责任在生态、最大的潜力也在生态"，这个论述非常简明而又确切地说明了这一点。具体地说，至少有如下方面的优势：

其一，青海是全国重要的高原生态屏障。外界对青海最为集中的概括是"三江之源"、"中华水塔"。青海是长江、黄河、澜沧江等江河的发源地及水源涵养区，是亚洲乃至世界上孕育大江大河最集中的地区，流域面积在 500 平方公里以上的河流有 271 条，水面积大于 1 平方公里的湖泊有 266 个，湖泊总面积为 1.26 万平方公里，占全国湖泊总面积的 15.8%。青海 90% 的国土是国家和省级禁止开发与限制开发区域；青海湿地总面积达 814.36 万公顷，居全国首位。青海是全球影响力最大的生态调节区，为国家生态安全提供了重要屏障。

其二，青海是我国主要生态产品的输出或供给之地。青海每年向下游输送约 620 亿立方米的江源河水；大体估算，青海全省生态资源价值总量为 18.4 万亿元，每年提供的生态服务价值达到 7300 亿元。

其三，青海具有开发绿色产品的良好生态基础。在发展理念发生重大转变的环境下，绿水青山就是最为宝贵的社会财富。过去一些从事过度开发的地区如今不得不花费巨大的人力物力去治理和修复生态环境，而青海在这方面则得天独厚，地理与气候优势十分明显。青海拥有世界上最大面积的高寒湿地、高寒草原、灌丛森林等生态系统，水风光热资源丰沛，气候凉爽怡人，日平均最低、最高温度仅为 -1℃和 15℃，是世界四大无公害超净区之一。

另一个优势是，青海是全国的特色资源富集区，并形成了一定的产业基础。青海省水能、太阳能、钾盐、生物、有色金属、旅游场景等特色资源十分丰富，在全国占据重要位置，综合利用潜力较大。青海作为国家重要的战略资源接续储备地，已探明矿产资源潜在价值约 105 万亿元。青海高原现代生态农牧业已具一定规模，循环经济发展较快，建成了全国最大规模的光伏电站、全国最大的锂材料生产基地，柴达木和西宁两个经济试验区运行良好，对全省的工业发展起到了重要支撑作用。

还要提及的是，青海民族多样、文化多元、风光特异、风情万种，为发展特色旅游和融合经济提供了优越的条件。

当然，必须强调的是，生态是青海的优势，但青海的生态也是敏感脆弱的。从目前情况看，青海生态保护任务仍然繁重。青海藏区冰山、雪山、湖泊、湿地面积在缩小，存在着草原退化、雪线上升、植被减少、水土流失、自然灾害频发等一系列挑战。显然，青海应该立足于生态要素的保护、利用和联动谋划经济社会发展，不断提升生态产品供给能力，以生态经济为主体实现高质量发展。

第二，从经济呈现的角度考虑，青海怎样发展生态经济？

基于青海的实际，紧扣生态推动青海经济发展，关键要把握好这样一些方面：一是要以保护生态为前提，任何经济活动都不能损害生态环境、加重资源承载负担；二是把握好生态特性，真正按生态发展规律办事，最大限度地利用生态优势；三是体现生态价值，寻求或打造良好的实现载体与运行机制。所有这些的核心要求在于，打通绿水青山变为金山银山的转换渠道，形成产业生态化和生态产业化之产业生态交融协同的生态经济体系。

青海提出，把握"三个最大"的省情定位，着力把生态优势转化为产业优势、经济优势、发展优势，在实施路径上重点发展生态经济、循环经济、数字经济和平台经济四种经济形态，这无疑是体现青海实际特点的明智之举。换个角度说，基于上面提出的关键与核心，在把握住生态这根主线的前提下，青海经济发展和产业体系构建应着力写好如下三篇文章：

其一，做"强"的文章。强化特色优势经济或产业，发展绿色和生态特征比较突出的经济，发展以特色资源为基础的经济。重点是，推进清洁能源规模化开发，进一步发展规模化的光伏、风能等；提升特色农牧业产业优势，包括提升青稞、马铃薯、小麦、油菜、果蔬、汉藏药材、高原花卉、牦牛藏羊饲养等的培育拓展、加工生产、运送保障的水平；深化优势资源矿产开发，特别是以绿色方式有序推进盐湖化工、大型钾肥、石油天然气化工及有色稀有金属等资源的开发；培育发展特色旅游业，包括高原风光旅游、民族风情旅游、红色旅游等，探索发展高原特色生态旅游产业，带动特色产品生产；等等。强化发展特色经济优势还应努力形成特色路径、打造特色品牌、构建特色文化。

其二，做"转"的文章。继续推动具有一定优势产业的绿色化智能化转型。从自然基础、人才资源条件等实际情况出发，青海不宜与全国大部分地区特别是发达地区攀比，强烈地和多领域地更多追求战略性新兴产业和未来产业发展，即在产业发展方面不能盲目追高求新，应当把重点放在积极发展已具备一定实力和比较优势的适宜产业方面，而重点要扣在绿色化改造和智能化转型两个关键环节上。要通过技术创新、体制约束等手段，推动钢铁、化工、电解铝、水泥、铁合金等行业减排降碳，使其转变为低碳产业、节能环保产业和清洁生产产业；要深化研发设计、生产制造、经营管理、市场服务等环节的数字化应用，推动传统产业全面数字化转型，推动传统产业向现代产业转变，并借此进一步催生新产业、新业态、新模式。在战略性新兴产业和未来产业发展上应量力而行，走少而精、适而优的路子。

其三，做"联"的文章。加强区域联动，不断拓展经济发展的新空间。特别要把握好以下两方面的内容：一是借助帮扶机制，加强与发达地区的联动，推动产业转移、承接，共建特色产业园区，发展适宜的新经济新产业；二是借助数字平台，在更加广阔的区域空间配置资源。从区域视角看数字技术与数字平台功效，有两点特别明显，因而也特别重要：一是数字技术降低了区域对自然历史条件的依赖，能够超越区域现实发展基础和地理区位，重构区域经济体系，这为落后地区在构筑新经济、新动能方面比肩先进地区，甚至领先一些先进地区提供了有利条件；二是数字技术建立了跨时空的经济发展新平台，而这类平台具有开放性、公平性和共享性等特征，有利于各地区自主、平等地运用外部良好环境与发展机遇，也有利于地区间突破地理区位局限与传统经济构架约束等深化区域合作，依此扩大资源配置和利用的空间，实现自身加快发展的愿景。在数字技术环境下，我们能看到的事实是，无需物理移动，一台电脑就可以开展跨区域的投资经营。有鉴于此，青海应当大力发展数字经济，夯实数字技术基础设施，在这方面竭力而为，能走多快就应该走多快，能搞多先进就应该搞多先进。

第三，从有效实现的角度认识，青海如何实现生态经济的高质量发展？

紧扣并强化比较优势实现生态经济的高质量发展，不仅要明确正确的方向，还要建立坚实的保障，而最重要的是形成强有力的约束体制与支撑系统。在这方面，要重视这样一些方面的建设：

其一，以地区比较优势为指向建立政绩评价体系。简单以 GDP（国内生产总值）论英雄，无视了地区的情况差别，也忽视了地区比较优势的发挥，既不利于客观评价一个地区的发展成效，也不利于实行全国层面的资源优化配置。青海应以生态环境状况作为评价地区政绩考核的核心内容，并以此为导向建立科学、全面的指标体系和考核标准，相应建立起干部任用规制和奖惩机制。

其二，探索建立科学的生态产品价值评价机制。区分不同地域不同品种，在精准测算和实验探索的基础上，制定生态产品价值核算规范，形成体现市场供需关系的生态产品价格形成机制。

其三，加快建立生态补偿机制。对内，要视地区特点、产业门类建立对相关地区、适宜人群和特殊行业的利益补偿机制；对外，要梳理生态产品的供需脉络，建立与不同区域间的利益协调与平衡机制，通过生态补偿机制的建设，促进生态治理的积极开展和生态经济的大力拓展，为扎实推动区域内人民共同富裕提供路径。

其四，建立先行先试示范基地。以三江源、祁连山等国家公园和柴达木等地区为重点，建立若干不同类型的探索示范园区，就生态环境治理保护、循环经济发展、生态产品开发、生态产品价值测算、生态利益共享等进行探索试验，以为全省高质量发展探索道路提供经验。

其五，建立生态经济促进基金。争取国家财政、金融支持，建立直接为青海服务的专门基金，为保护生态环境、促进绿水青山转化为金山银山、推动生态产品创新与价值实现提供强有力的资金支持。

其六，探索建立支撑生态经济发展的法规体系。从严格保护生态环境和大力支持生态经济发展两方面着眼，优化和完善法律法规体系，严格公正执法，有力约束执法的自由裁量权。

其七，放手发展大众经济。在群防群治保护生态环境的同时强化区域多民族、多文化的融合创新，拓展多种形式的生态经济和多种类型的生态产品，万众一心推进生态经济的高质量发展。

最后还要强调的是，发展生态经济，根本的还是要固本强基，把保护生态、维护国家生态安全屏障这篇文章做好。为此，要把生态环境保护作为区域发展的基本前提和刚性约束，统筹山水林田湖草沙冰系统治理，以三江源二期、祁连山保护等重点工程建设为抓手，全面推进天然林保护、湿地维护、退牧还草、水土气污染防治、农牧区人居环境整治等工作，全力筑牢国家生态安全屏障，如省里所提出的那样，让绿水青山永远成为青海的优势和骄傲。

这就是我想谈的一些思想观点，供大家批评指正。

（2021 年）

做好《丹江口库区及上游水污染防治和水土保持规划（修订本）》审查 [1]

今天我们在这里召开《丹江口库区及上游水污染防治和水土保持规划（修订本）》（以下简称《规划》（修订本））专家审查会，对《规划》（修订本）的有关内容进行技术审查。在此，感谢各位专家、各相关部门和湖北、河南和陕西三省的同志在百忙之中抽出时间参加会议，感谢同志们对《规划》（修订本）审查工作予以的大力支持。

首先，我先简要介绍一下规划修编的背景，以便于与会专家比较全面的了解规划修编的过程，能够做出科学、客观的审查。

丹江口库区作为南水北调中线工程的水源地，其环境保护和生态建设事关全国发展大局，保护好库区的优良水质、改善库区周边及上游地区的生态环境，对南水北调中线工程的顺利实施以及区域经济的可持续发展，具有十分重要的意义。按照国务院领导的指示精神，自2002年起，有关部门便开始着手编制丹江口库区水污染防治和水土保持专项规划，2006年2月，国务院批复实施《丹江口库区及上游水污染防治和水土保持规划》（以下简称《规划》）。

由于《规划》从编制到批复实施历时较长，部分项目建设内容已经发生了较大变化，2008年12月，丹江口库区及上游水污染防治和水土保持部际联席会议（以下简称部际联席会议）第二次全体会议确定在对《规划》实施

[1]2006年2月，国务院批复实施《丹江口库区及上游水污染防治和水土保持规划》。根据情况变化，丹江口库区及上游水污染防治和水土保持部际联席会议决定，在对规划实施情况进行中期评估的基础上予以修编。2010年10月22日，国家发展改革委地区经济司在京组织召开《规划》（修订本）专家审查会，本文系作者在会上所作的讲话。作者时任部际联席会议办公室主任。

情况进行中期评估的基础上对规划进行修编。2009年3月，我委委托中国国际工程咨询公司对项目实施进度和规划实施中存在的主要问题等进行了评估。2009年11月，我司以部际联席会议领导小组办公室的名义委托国务院南水北调办组织开展《规划》的修编工作。经过南水北调办和规划修编技术单位近半年的努力，在现场调研和多次召开工作协调会的基础上，形成了修编规划初稿，并于今年6月在北京召开了专家审查会。会上，有关专家对于修编规划与原规划的衔接、治理思路和目标设定、规划分区和控制单元划分、重点任务和规划项目等提出了意见和建议。根据上述情况，会后，我们和南水北调办对专家意见进行了逐条梳理，并委托环保部（编者注：现为生态环境部）环境规划院对修编规划初稿做进一步修改完善。近4个月来，规划修编编制组在对河南、湖北、陕西三省进行现场项目调研和资料审核的基础上，对修编规划做了修改和完善，形成了今天的《规划》（修订本）。在此，我代表部际联席会议领导小组办公室对南水北调办等有关部门、地方和修编规划编制单位付出的辛勤劳动表示感谢。

下面，我谈谈本次专家审查会应重点把握的几个问题。

一是审查丹江口库区及上游现状数据的准确性。由于原规划数据已不能反映库区及上游的现实情况，此次修编规划的基准年已由原规划的2000年调整为2008年，对于规划区水污染和水土保持现状的把握和未来发展趋势的判断是否准确，直接关系到规划目标、任务的确定和规划效果的实现，因此，有必要摸清底数，并在此基础上对规划区未来发展的趋势做出科学判断。二是审查目标实施的可行性。要在保障2014年汛后通水水质和库区长治久安的前提下，针对库区及上游亟待解决的突出问题，科学、合理地设定修编规划的目标。三是审查治理任务的合理性。应按照突出重点、统筹兼顾的原则，合理确定规划项目的布局、建设任务和规模，确保规划项目的实施能够为实现规划目标、解决库区突出问题和保障水源区水质发挥重要作用。四是审查建立长效机制的可行性。"一库清水送北京"是长期使命，因而严格保护水源区的水环境是一项长期而艰巨的任务。鉴此，建立规划实施评估考核、水源区水质监测、规划项目建设运营等长效机制十分必要。《规划》（修订本）体现的如何，要认真梳理把关。

对今天的专家审查会，我提以下几点具体要求。

一是要高度重视、履职尽责。请专家们本着对国家、对南水北调中线工程水源区环境保护工作高度负责的精神，对《规划》（修订本）逐字逐句进行认真审查。在思想导向上不能有偏差，在重要举措上不能有缺项，在文字表述上不能有歧义。同时，也请各部门的代表基于自身职责，为丹江口库区及上游水污染防治和水土保持工作积极建言献策，提出有创造性而又切实可行的意见。二是要注重科学、实事求是。希望各位专家就《规划》（修订本）治理思路的科学性、对现状把握的准确性、规划目标的可达性、规划项目设置的合理性和实施后所能发挥的效用、规划任务与目标的对应关系等方面进行重点审查，使修编规划能够更好地反映规划区的实际情况，所提治理措施能够切实解决当前水源区的突出问题。三是要兼容并蓄、通力合作。各位专家来自不同的部门和领域，大家为了一个共同的目标走到一起，希望大家能团结一心，豁达大度，博采众长，相互尊重，发挥各自比较优势，以实事求是的精神和精湛的专业本领提出思想观点、技术路径和操作举措，切实为南水北调中线水源保护提供坚实的智力与科技支撑。

（2010 年）

协力开展太湖水环境综合治理及蓝藻应对 [1]

很高兴参加两省一市召开的太湖流域水环境综合治理及蓝藻应对第一次协调会。今天，两省一市的领导和同志们齐聚太湖湖畔，深入交流经验，共商治太方略。我以为，会议时间不长，但开得很成功，主要表现在：一是各个方面高度重视，两省一市人民政府、相关部门及沿湖地市的负责同志拨开繁重的事务，齐齐聚集这次会议。二是会议气氛融洽和谐，大家都坦诚相待，表明了通力合作、团结治污的态度。三是讨论内容丰富实在，既总结了近期水环境治理的进展情况，又客观地摆出了存在的问题，还提出了下一步推进治理工作的思路，总体看效果很好。下面，结合这次协调会的主题，我简要地谈三点意见。

一、建立太湖流域两省一市水环境综合治理及蓝藻应对协调机制十分必要

太湖流域地处长三角地区的核心区，流域人口稠密，城镇林立，产业密集，经济发达；同时该地区环境容量小，污染负荷重，本地水资源短缺，流域水环境问题十分突出，已经严重制约了流域的经济社会可持续发展。太湖流域水环境综合治理工作，涉及到流域广大人民群众的切身利益，涉及到长三角地区的进一步发展和国际竞争力的提升，也涉及到我国的发展形象。自

---

[1]2007 年 5 月底，太湖蓝藻暴发并引发无锡市供水危机，根据要求，江苏省、浙江省、上海市联合建立了水环境综合治理及蓝藻应对协调机制。本文作者于 2008 年 8 月 7 日在两省一市共同召开的"太湖流域两省一市水环境综合治理及蓝藻应对协调会"（江苏省无锡市）上的总结讲话。作者时任国家发改委地区经济司司长，兼任太湖流域水环境综合治理省部际联席会议办公室主任。

从去年 5 月蓝藻暴发引发无锡供水危机后，国务院连续召开会议，研究部署太湖治理相关工作。今年 5 月批复了国家发展改革委会同两省一市和有关部门编制的《太湖流域水环境综合治理总体方案》，昨天国务院常务会议上原则通过的《关于进一步推进长江三角洲地区改革开放和经济社会发展的指导意见》中，对太湖治理又提出了明确意见。可以说，各个方面都高度重视和关注太湖治理工作。而要治理好太湖，又必须多管齐下。我以为建立并完善两省一市水环境综合治理及蓝藻应对协调机制，是其中的重要一环。其必要性至少在以下三个方面。

第一，这是落实地方环境治理主体责任的有效保障。地方政府负责本辖区的环境质量，是我国环境保护法律法规赋予地方的重要职责。治理太湖水环境，需要上上下下的共同努力，但关键在地方。两省一市太湖流域各级政府责任的落实和作用的发挥，从根本上关系到太湖治理的成败。因此，国务院在批复《太湖流域水环境综合治理总体方案》时强调，两省一市是实施治理方案的责任主体，要求两省一市建立相应制度，加强对话协商和团结合作，切实提高自主管理流域水环境事务的能力。省部际联席会议第一次会议也明确要求两省一市建立适当的协调机制，通过协调落实总体方案中提出的治理任务特别是跨行政区的治理任务。所以，两省一市水环境综合治理及蓝藻应对协调机制的建立，是落实国家要求的具体体现，是落实地方在太湖环境治理主体责任的重要保障条件，有利于把各项治理任务落到实处。

第二，这是协商解决流域重大水环境问题的良好方式。太湖流域河网密布，河湖相通，把两省一市紧紧地连为一体。这客观上使很多问题成为共同的问题，而解决这些问题必须携手同心、相商相帮。比如说蓝藻打捞，由于风向、水流的变化，蓝藻时常处于移动状态。如果周边地区不合作起来，就容易贻误战机，造成打捞上的漏洞，给蓝藻的滋长蔓延留下空间。太湖水环境综合治理中的有些问题，我们已经察觉并在总体方案中提出了应对之策。今后随着经济社会的发展和环境的变化，还会产生一些新的问题，而这些问题的解决在很大程度上都需要两省一市的共同努力。两省一市水环境综合治理及蓝藻应对协调机制的建立为解决这些问题提供了一个有效平台，有利于第一时间发现问题，第一时间谋划决策，第一时间采取治理措施。而太湖流域两省一市地理相接、人缘相亲、文化相通、经济相连，以及这一地区比较高的人文素质、比较宽松的社会氛围和比较雄厚的社会基础，为水环境综合治理及蓝藻应对协调机制发挥有效作用提供了良好的条件。我们欣喜地看到，近年来两省一市在环境保护、水域治理等方面已经开展了一些跨区域的合作。如，两省一市高层领导定期会晤会商机制和长三角城市经济协调会市长峰会，均已将防治水污染纳入了合作内容；无锡、湖州两市近期也提出了太湖南北两市蓝藻打捞工作合作机制的构想，这些都为丰富流域环境合作内涵打下了坚实的基础。

第三，这是健全流域自主管理体制的重要步骤。国际经验表明，以流域为单元，采取综合治理的模式对流域水资源、水环境和水生态进行统筹管理，是解决流域水环境问题的有效方式。而其中一条重要的经验就是在坚持流域保护和治理统一规划的前提下，建立健全流域内地方富有效率的体制机制，从而落实地方治理责任，增强地方自主管理的能力。目前，太湖流域水环境治理牵扯到多个方面，在管理体制机制上还存在着一些问题，主要是：流域管理与行政区域管理事权划分不够清晰，操作机制不够协调，既存在着管理错位的问题，也存在着管理缺位的问题；地方成为治理责任主体缺乏有效的手段约束和制度保障，利益相关方缺乏参与流域水环境治理的有效途径。因此，必须充分借鉴国际流域综合管理的经验，从两省一市和太湖流域的实际情况出发，探索建立流域内地方富有效率的自主管理体制。但受主客观条件的限制，这需要一个过程。而建立两省一市水环境综合治理及蓝藻应对协调机制可以看作是这种探索的一个重要步骤。尽管难以解决全部问题，但其意义不可低估。

总之，建立两省一市水环境综合治理及蓝藻应对协调机制既符合国家对治理太湖水环境的总体要求，又体现了地方基于地理环境和综合治理操作思路的实际需要。

二、太湖流域两省一市水环境综合治理及蓝藻应对协调机制应着力开展的重点工作

会上，两省一市协商通过了"太湖流域两省一市水环境综合治理及蓝藻应对协调机制合作协议框架"，在讨论中大家又对加强合作提出了一些好的意见和建议，这是一个很好的基础。但写在纸上和表现在口头上比较容易，关键是要落在实处；要合作的事项和内容很多，关键在于把握重点。我以为，太湖流域两省一市水环境综合治理及蓝藻应对协调机制要狠抓落实的重点工作，有这样三个方面。

第一，要及时进行信息沟通和情况交流。一是要加强水环境信息的沟通。准确的水环境信息是确定治理方略和评价治理成效的基本依据。太湖流域面积广大，分属不同的行政区域，且各个地方基于不同的观察视角、技术手段和工作要求，很容易导致在水环境信息采集和评价上的差异。前不久，江、浙两省曾经出现过对太湖水质评价结果不一的情况。因此对水环境信息的沟通交流与共同分析十分必要。两省一市要通过协调机制这个平台，及时沟通水量、水质、污染源、蓝藻等水环境信息，同时加强对水环境变化趋势的研究分析，确保向国家提供的水环境信息准确可靠。二是要加强水环境治理进展状况的交流。两省一市处在治理工作第一线，在实际工作中创造出了不少行之有效的治理方式。比如说，江苏推行了"河长制"、浙江搞了排污权交易试点等，今天上午我们又参观了无锡市的水藻分离处置示范工程，大家都觉得效果很好。今后随着治理工作的深入，还会创造出一些好的做法。及时总结和交流各地在水环境治理中的一些成功经验，有助于互相借鉴，取长补短，提高治理水平，加快治理进度，降低治理成本。两省一市要通过各种形式交流治理工作的经验，全面推广好的做法。同时，两省一市要加强与国家有关部门和省部际联席会议及其办公室的沟通，及时传递有关信息和情况，并就相关工作提出意见和建议。

第二，要着力研究协调解决流域重大水环境问题。太湖综合治理任务繁重，协调机制所面对的问题纷纭复杂，要善于抓大放小，把研究协调的重点

放在解决影响流域治理的重大问题和事项上。就当前来说，统一信息平台的建设、融资渠道的拓展、生态补偿机制的建立、评估考核体系的确立、重大科技成果的转化利用、一些涉及全局的技术性、工程性问题、利益相关方参与途径的完善等等，都是应该提到主要议事日程上花气力研究协调的。要通过不懈的努力，把治理中间出现的绝大部分问题都在两省一市协调机制层面解决。

第三，要齐心协力迅即应对突发性水环境事件。太湖流域环境复杂，影响流域水环境的不确定因素很多，因此突发性水环境事件不可避免。对此要有足够的思想准备，同时要及时采取有效措施加以应对。太湖流域两省一市水环境综合治理及蓝藻应对协调机制的一个重要任务就是要齐心协力迅即应对突发事件。两省一市都要充分发挥身处治理一线信息快、情况明的优势，在第一时间将突发性事件通报兄弟省市和相关部门，及时协商解决突发性污染事故和其他重要事件。蓝藻的大面积暴发是形成供水危机等突发性事件的基础，因此要像应对突发性事件一样治理打捞蓝藻。在这个问题上协调机制要充分发挥作用，两省一市都要顾全大局，发挥各自优势通力合作。

三、太湖流域两省一市水环境综合治理及蓝藻应对协调机制有效运转应秉承的工作原则

今天这个会议可以看作是太湖流域两省一市共同开展水环境综合治理的一个良好开端。其特殊意义在于，两省一市的合作有了一个制度性的工作平台。但要使这个平台有效运转，还需要两省一市及有关各方胸怀大局，积极工作。借此机会，我提三点要求：

第一，要不辱使命，积极履责。治理好太湖意义重大，能直接投身这项工作是一件十分光荣的事情。国家提出，到2020年，使太湖水质明显改善，努力恢复太湖山青水美的自然风貌，并且要将太湖水环境综合治理打造成全国湖泊治理的标志性工程。治理太湖的任务十分繁重，需要付出很大心血。我们要以高度的历史责任感，本着向党和国家、向全流域4500多万人民负责的精神，积极努力，扎实工作，精心履责，确保协调机制高效率、高质量

地运行，推动太湖治理不断取得新进展。

第二，要立足大局，通力合作。太湖治理涉及方方面面，流域各方务必要从国家利益和流域全局利益出发，严格按照《总体方案》和两省一市协调机制提出的要求，积极主动地做好各项工作。要坚持局部利益服从整体利益、少数意见服从多数意见的原则协调解决重大事项。协调机制实难达成一致意见的事项，应及时报请联席会议和国务院协调解决。两省一市协调机制的运行存在着牵头和配合之分，牵头组织单位要切实担负起相关责任，配合单位要积极参与，主动协助，着眼于一个共同的目标尽力做好工作。

第三，要创新机制，务求实效。流域水环境管理没有固定不变的模式可以照搬，两省一市的协调机制的建立在全国各大流域也是首次尝试，需要遵循循序渐进和力求实效的原则，在实践中不断加以调整和完善。今天通过的合作协议框架初步确立了一些制度性的内容，这有利于实现良好的起步。随着治理工作的深入展开，必然会进一步细化工作制度，拓展合作内涵。我们也要适应新的情况和需要，自觉地去创新机制。我们有理由相信，只要持之以恒，不断探索，两省一市一定能够创造出符合太湖流域特点的治理模式和管理机制。

最后，我代表省部际联席会议办公室，预祝太湖流域两省一市水环境综合治理及蓝藻应对协调机制运转顺利，不断取得新成效。

（2008 年）

对太湖流域水环境综合治理
2012 年度工作目标的建议 [1]

这次太湖流域水环境综合治理 2012 年度工作目标讨论会，是继国务院批复《太湖流域水环境综合治理总体方案》（以下简称《总体方案》）以来，太湖流域水环境综合治理省部际联席会议办公室第四次召开的会议。会议的主要目的是根据《总体方案》提出的目标和任务，研判 2012 年太湖治理的工作形势，从尊重科学、符合实际的角度出发，讨论确定 2012 年太湖治理的工作目标，为即将召开的第五次省部际联席会议做好准备。

2009 年，联席会议提出了"两个确保，三个下降"的工作目标，即确保饮用水安全，确保太湖水体不发生大面积水质黑臭，入湖河流劣 V 类数量下降，主要污染物入湖总量下降，湖体综合营养状态指数下降。2010 年，联席会议提出了"两个确保，一个下降，一个改善"的工作目标，即确保饮用水安全、确保太湖水体不发生大面积水质黑臭、流域主要污染物排放量下降、水质继续得到改善。2011 年，联席会议提出了"两个确保、两个进一步"的工作目标，即确保饮用水安全、确保太湖水体不发生大面积湖泛、流域主要污染物排放量进一步下降，水质进一步得到改善。三年来，两省一市和国务院有关部门根据省部际联席会议确定的年度工作目标，齐心协力，加大工作力度，全面组织实施总体方案确定的各项任务和措施，圆满实现了各年度工作目标。实践证明，我们制定的年度工作目标是科学的，也是符合太湖治理

---

[1] 根据国务院批复实施的《太湖流域水环境综合治理总体方案》，太湖流域水环境综合治理省部际联席会议办公室适时召开会议，研讨年度工作目标，供省部际联席会议决策。本文系作者于 2012 年 2 月 21 日在主持召开"太湖流域水环境综合治理 2012 年度工作目标讨论会"时所做的开场发言。

实际情况的，对于落实治太任务，推动治太工作具有重要意义。

对于今年工作目标的制定我有三点建议。一是目标制定要突出重点。太湖流域水环境综合治理是一项艰巨的任务，需要长期不懈努力才能实现水环境的彻底转变，尤其是饮用水安全是关系到人民健康的大事，任何时候都不能放松。当前保障饮用水安全，让人民喝上清洁的、放心的水仍然是首要任务。此外，确保太湖水体不发生大面积水质黑臭是国务院对太湖流域水环境综合治理工作提出的明确要求，它关系到流域人民群众的切身利益和社会稳定。这两项任务应该继续在太湖治理中予以坚持贯彻。二是目标制定要稳中求进。年度工作目标的制定要在客观分析《总体方案》的水质目标和污染物总量控制目标现状的基础上，根据相关指标的历史变化趋势和我们的工作力度，实事求是地提出年度工作目标。对于太湖湖体水质指标和总量控制指标，要在确保水质稳定的基础上，提出进一步下降和改善的具体目标。三是目标制定要无缝对接。今年是实施《总体方案》的第五个年头，也是实现《总体方案》近期目标的冲刺之年。无缝对接指的是今年的年度工作目标要与《总体方案》近期目标衔接，要逐一分析太湖治理现状与近期目标中各项具体指标要求的差距，并提出应对之策。对于总氮指标，虽然完成《总体方案》确定的目标有一定难度，但也应在客观分析总氮来源和治理手段的基础上，提出切实可行的控制预案。

（2012 年）

扎实开展《太湖流域水环境综合治理总体方案》中期评估[1]

开展对《太湖流域水环境综合治理总体方案》（以下简称《总体方案》）实施情况的中期评估，是太湖流域水环境综合治理省部际联席会议提出的一项重要任务，其直接的目的是为下一阶段《总体方案》修编提供决策依据。因此，中国国际工程咨询公司受联席会议办公室的委托召开这次会议，研究讨论中期评估相关工作，事关大局，非常重要。会前，中咨公司组织国内从事湖泊治理工作的重要专家历时 9 天到太湖流域多个地市进行了实地调研，了解太湖治理的第一手信息，为此次会议的成功召开奠定了基础，借此机会，我对大家表示衷心的感谢。下面，我就做好中期评估工作谈几点看法。

一、开展总体方案中期评估的必要性

今年是实施《总体方案》的第五个年头，也是实现《总体方案》近期目标的冲刺之年。经过 2007 年以来四年的努力，我们已经奠定了坚实的工作基础。在国务院有关部门的指导和支持下，两省一市根据《总体方案》提出的治理目标，逐年分解太湖治理的工作目标和任务，扎实推进太湖水环境

---

[1]2007 年 5 月底，太湖蓝藻暴发并引发无锡市供水危机。根据国务院的指示，国家发展改革委会同江苏、浙江、上海市及国务院有关部门编制《太湖流域水环境综合治理总体方案》（具体工作由国家发展改革委地区经济司承担，作者担任工作组组长），2008 年 5 月，国务院批复实施。方案实施第五个年头时，受太湖流域水环境综合治理省部际联席会议办公室委托，中咨公司于 2012 年 2 月 21 日在上海召开"《太湖流域水环境综合治理总体方案》中期评估会议"，本文系作者以办公室主任身份在会议上所作的讲话。

综合治理工作。一是坚持应急防控和长效治理并重、污染防治和生态建设并举、工程治污和管理治污并用的工作思路，认真组织实施治太方案确定的各项任务，治污工程建设取得了较大进展，并发挥出比较明显的治污效益。二是积极创新工作机制，在充分发挥省部际联席会议作用的同时，建立了沿湖地市共同应对蓝藻的协商机制，形成了上下联动、横向协作、合力治太的工作格局。通过全面推行"河长"制，把治污责任落到实处，有力地推动了太湖治理工作。三是充分发挥市场的作用，拓宽融资渠道，在各级财政投入的基础上，采取发行企业债券、污水处理费质押贷款等融资方式，积极引导社会资金参与治污，建立了政府、企业、社会共同出资的多元化投入机制。经过各个方面的共同努力，太湖治理各项指标均有不同程度好转，据有关数据显示：2011 年，太湖水情藻情呈现稳中趋好态势。国家考核的集中式饮用水源地水质全部达标，各水厂出厂水质主要指标全部满足或优于国家标准。湖体综合营养状态指数为 58.5，同比保持稳定，处于轻度富营养状态。湖体总氮为 2.37mg/L，同比下降 11.5%。蓝藻最大一次聚集面积为 505 平方公里，不仅大大低于 2007 年的 1050 平方公里，也低于 2010 年的 780 平方公里。最大藻密度低于 2008 年以来的水平，与 2010 年相比下降近七成。未出现湖泛现象。总体来说，太湖治理初见成效，取得的成绩和付出的努力值得充分肯定。

我们在看到成绩的同时，也应该清醒地认识到，太湖水环境未有根本性转变，依然面临着一些突出问题。主要表现在两个方面，一是太湖水环境形势依然严峻。长期以来，太湖氮磷营养盐不断积累，湖体藻型生境已经形成。尽管通过综合治理，太湖水环境有了一定程度改善，但只要有适宜的外部条件出现，湖内就有可能出现蓝藻大规模暴发的情况，气候水文等条件异常变化也会进一步加大蓝藻防控难度。太湖流域水质整体状况仍然较差，太湖湖体水质整体评价仍为劣 V 类。二是治太工作的水平有待进一步提高。太湖流域工业化、城镇化高速发展，其经济总量、增速仍维持在高位，传统产业比重仍然较大，农业面源和生活污染还占有相当大的比例，入湖河流污染问题难以在短期内得到根本解决。太湖边治理、边污染的现象依然存在，产业结构调整与太湖治理要求相比仍显滞后、信息共享机制有待完善、科技支撑能力有待加强、环境标准需进一步完善、法律法规体系尚不健全、监测网络有待协调和优化。从总体上说，我们的工作水平还有很大提升空间。

"十二五"期间，太湖流域地区经济社会将继续保持较快的发展速度，实现人与自然和谐相处，经济社会和环境保护协调发展依然是该地区发展过程中面临的重大课题。我们要贯彻落实党的十七届五中全会精神，以科学发展为主题，以加快转变经济发展方式为主线，坚持把建设资源节约型、环境友好型社会作为加快转变经济发展方式的重要着力点；要全面实施全国经济社会发展"十二五"规划，落实减排目标责任制，强化污染物减排和治理，增加主要污染物总量控制种类，加快城镇污水、垃圾处理设施建设，加大重点流域水污染防治力度。为此，要把握"十二五"时期国家对环境治理新的要求，系统总结和评估太湖治理取得的效果，进一步提升太湖治理水平。中期评估工作，不仅要充分肯定工作成绩，总结成熟的经验，还要实事求是地分析问题，有针对性地提出切实可行的解决方案，为《总体方案》修编工作，为下一阶段太湖治理工作打下坚实基础。

二、中期评估要把握好的关键问题

根据国务院对做好太湖治理工作的总体要求，基于太湖治理全局考虑，中期评估要立足于一些主要方面深入展开，特别是要重点关注以下几个问题。

第一，关于如何评价总体方案近期目标问题。《总体方案》根据太湖流域的污染特点，确定了近期的水质目标和污染物控制目标。就目前反馈的信息看，水质目标中的 COD、氨氮、总磷指标可以达标，污染物总量控制目标也可实现，但水质目标中的总氮指标达标难度较大。2011 年太湖湖体总氮浓度为 2.37mg/L，较 2005 年（2.95mg/L）已有所下降，但与总体方案 2012 年要达到 2.0mg/L（V 类）的目标还有差距，导致太湖湖体水质仍为劣 V 类。总氮来源涉及工业、生活、农业和大气沉降等多个方面，来源结构较为复杂，控制任务比原先设想的困难。此外，由于河流水质评价体系中不包括总氮，对入湖河道总氮指标缺乏控制，包括调水通道在内的多条入湖河流总氮超过 2.0mg/L，这也是造成太湖湖体总氮难以控制的重要因素之一。中期评估过程中，希望有关部门、两省一市和中咨公司专家针对这一问题进行实事求是的研究并提出方案，向国务院提交报告，向社会公众作出合理解释。

第二，关于如何进一步保障饮用水安全问题。饮用水安全关系到人民的健康，也关系到社会稳定。鉴于饮用水安全的重要性，《总体方案》专章部署了保障饮用水安全这一重大任务，提出了优化水源地布局，建立多水源供水体系，加快自来水厂深度处理工艺改造等多项具体保障措施。中期评估要对这些措施的落实情况进行评估分析，总结进展，查找现阶段保障饮用水安全方面的主要问题，科学提出下一阶段保障饮用水安全的总体思路。特别要分析近几年太湖蓝藻暴发的机理及其演变过程，太湖蓝藻对饮用水安全的影响及控制措施。

第三，关于如何完善综合治理措施问题。《总体方案》提出了污染物总量控制、产业结构调整、工业点源污染治理、污水处理厂建设及垃圾处理处置、农业面源污染治理、引江济太工程等 11 项主要措施和任务。这些综合治理任务的实施对于改善太湖水质起着关键性的作用，但在具体实施中，还存在着工作推进不平衡、不协调的问题，农业面源污染治理、生态修复等一些任务进展相对缓慢。中期评估要在分类评价各项任务完成情况的基础上，对个别任务实施进展缓慢的原因进行深入剖析并提出应对措施，同时，要根据今后一个阶段治太工作实际需求，提出进一步完善治理措施的工作思路和具体建议。此外，特别要理清各类污染源特别是农业面源对太湖污染的贡献率，提出未来农业面源污染控制的主要思路；研究调水工程对生态环境的影响以及对水环境改善的贡献程度等重大问题。

第四，关于如何提高工程项目的投资效益问题。《总体方案》安排了饮用水安全、工业点源污染治理、引排工程等 10 大类工程项目。《总体方案》实施以来，太湖流域兴建了一大批治污工程，在太湖治理中发挥了重要的基础性作用，显著提高了流域的治污能力，但目前还有不少项目的效益尚未得到充分发挥。如污水处理项目，太湖流域目前污水处理能力将近 1000 万吨／日，从建设规模看，基本可满足治理需求，但从项目运行情况看，部分项目还存在管网配套不齐全、污水收集率偏低、运行管理水平不高等问题，影响了已建设施投资效益的发挥，需要采取加大管网配套、升级改造、加强管理等措施予以改善。农业面源量多面广，治理难度大，单靠工程措施难以根本解决问题，管理措施亟待进一步加强。中期评估过程中，要针对这类影响工程项目投资效益的问题提出对策，着重研究如何在下一阶段太湖治理过程中通过加强管理发挥已有项目的治污潜力。

第五，关于如何健全太湖治理运作机制问题。近年来，在太湖流域治理中，两省一市根据本省实际，大胆创新，综合运用价格、财税、金融等经济手段，建立了生态补偿、多元化投入、排污权交易等机制，有力地促进了地区经济社会与环境保护的协调发展。同时，近年来太湖流域"河长制"的推行，开创了我国流域治理责任落实的新模式，取得了较好的效果。但目前有的机制尚待进一步完善，如排污权交易机制处于省内试点阶段，尚未在两省一市之间推行；两省一市之间和各部门之间的信息共享也有待进一步加强。中期评估过程中，要抓住机制创新这一关键环节，系统总结两省一市已经取得成功经验，分析影响机制创新的关键因素，并提出进一步解决方案。

第六，关于如何完善法律法规和标准问题。与水相关的法律法规和标准是太湖治理的基本规则，中期评估要紧扣这一环节，下大气力分析存在的突出问题。如《总体方案》制定过程中，水环境容量（纳污能力）是根据两省一市人民政府颁布的水功能区水质目标进行计算的成果。但江苏、浙江两省依据的水质目标不同，据此计算的水环境容量（纳污能力）有差异，《太湖水功能区划》也没有解决这个问题，浙江省对此有保留意见。此外，目前太湖流域的一些环境政策依然缺乏统一性，部分地区针对一些污染较重的行业制定了比国家标准更为严格的地方标准，由于流域其他地区依然执行国家标准，导致一些污染企业只是换了个地区生产而不是彻底迁出太湖流域，这种情况不利于太湖治理的统筹推进。请中咨公司在中期评估时，特别要注意这种情况，会同有关方面提出行之有效的决策建议。同时，也要对《太湖流域管理条例》执行的情况和发挥的作用进行研究。

对于其他方面的问题，请中咨公司也要给予重视。

三、对做好中期评估工作的几点要求

《总体方案》中期评估工作事关治太现状的准确描述，事关下一阶段治太工作的顺利开展，我们要下大气力，以科学、严谨的工作作风，高质量做好相关工作。

第一，思想上高度重视。中期评估报告的结论将作为《总体方案》修编的重要依据，这关系到下一阶段太湖治理的主攻方向的正确选择，关系到太湖治理任务的合理设置，关系到太湖治理项目的周全安排。各部门和地方要增强责任感和使命感，高度重视《总体方案》中期评估工作，把它放在突出重要的位置，按照国务院对《总体方案》的批复精神和省部际联席会议的要求，进一步加以部署和推进。

第二，方法上实事求是。中咨公司在评估工作中要秉承"客观公正、实事求是"的原则，做到专业咨询、独立评估、准确判断、科学总结，确保评估成果的严肃性、科学性。在中期评估工作中，要客观分析数据，准确反映情况，深入研究总体方案实施过程中存在的问题，确保中期评估工作发挥实效。

第三，行动上通力合作。中期评估工作涉及十多个部门、两省一市以及中咨公司。在中期评估过程中，要建立统一协调、各有侧重、互为补充的工作机制，与各有关方面和人员加强沟通合作，充分交换意见，尽可能吸收采纳各单位的建议，同时在文字上要做到精益求精，确保中期评估报告是一个高水平、高质量的报告。

第四，时间上严格把握。省部际联席会议在3月底4月初召开，为便于做出决策，中期评估报告一定要在3月中旬前完成。时间紧迫，请中咨公司把相关工作落实到人，明确具体要求，严格按照时间进度安排开展工作，在确保质量的情况下，尽可能往前赶。

自2008年以来，太湖流域水环境逐年向好，表明我们的治理思路是正确的，治理工作也是有力度的。历史将深深铭记大家为太湖治理所作出的贡献，而当太湖最终变为一盆清水的时候，我们也将为自己曾经参与治太工作而感到自豪和骄傲。此次总体方案中期评估工作是治太工作的重要一环，时间紧、任务重、责任大，希望同志们解放思想，齐心协力，又好又快地推进这项工作，促进太湖综合治理更加深入有效的展开。期待此次中期评估工作取得圆满成功。

（2012 年）

高质量做好《太湖流域水环境综合治理总体方案》修编工作[1]

　　今年年初，根据太湖流域水环境综合治理省部际联席会议的部署，我委委托中国国际工程咨询公司（以下简称"中咨公司"）在上海召开了《太湖流域水环境综合治理总体方案》（以下简称《总体方案》）中期评估会议，并历时半年完成了中期评估报告。根据省部际联席会议第五次会议的要求，今天我们启动了《总体方案》修编工作，这项工作将在认真总结过去五年治太实践经验的基础上，面对治太新形势、新问题，对下一阶段治太中远期目标、主要任务、工程项目等内容作出细致安排，其成果将直接影响下一阶段太湖治理的主攻方向和工作成效，事关治太大局，非常重要。刚才，中咨公司有关负责同志介绍了修编工作总体安排，两省一市和有关部门代表就推进修编工作发表了很好的意见和建议。下面，我就做好修编工作谈三个方面意见。

一、开展总体方案修编工作是有效治太的重大举措

　　长期以来，太湖不仅是苏州、无锡等周边城市的主要饮用水源地，而且对保障附近地区工农业生产用水、调蓄防洪、航运、旅游、生态平衡，都产

---

[1] 为应对 2007 年 5 月底太湖蓝藻暴发及其引发的无锡供水危机，国务院指示国家发展改革委等单位编制了《太湖流域水环境综合治理总体方案》，2012 年 1 月对之开展实施情况的中期评估。在此基础上，2012 年 7 月启动总体方案的修编工作，作者任总体方案修编领导小组成员及工作组组长，本文系作者于 2012 年 7 月 13 日在太湖流域水环境综合治理省部际联席会议办公室召开的总体方案修编工作启动会上的讲话。

生了巨大作用。太湖流域水环境质量的好坏，直接关系到江苏省、浙江省和上海市（以下简称"两省一市"）经济社会发展和人民生活。20世纪90年代以来，流域内经济社会快速发展，污染物排放量不断增加，虽然两省一市加大了水污染治理力度并取得一定成效，但水环境恶化趋势未得到有效遏制。2007年5月底，由于太湖蓝藻暴发等原因，导致无锡市水源地水质污染，严重影响了当地近百万群众的正常生活，引起社会广泛关注。6月1日，温家宝同志批示要求我委牵头会同有关部门和地方研究提出具体的太湖治理方案和措施。具体承担单位中咨公司，克服了基础数据不足、编制任务紧迫等困难，经过半年多的努力，在100多位专家的共同参与下，会同有关部门和地方编制完成了《总体方案》并于2008年5月7日获国务院正式批复实施。《总体方案》明确提出了到2012年和2020年的分阶段治理目标，治理的基本思路和保障饮用水安全、污染物总量控制等12项主要任务。

《总体方案》实施以来，在国务院有关部门的指导和支持下，两省一市逐年分解太湖治理的工作目标和任务，扎实推进太湖水环境综合治理工作，《总体方案》顺利推进。《总体方案》确定的水环境治理项目一共有1233个（其中，近期1104个，远期95个），截止2011年6月30日，两省一市共开工项目1041个，占《总体方案》项目总数的84.4%；完工项目812个，占《总体方案》项目总数的65.9%。《总体方案》规划总投资为1114.98亿元，截止到2011年6月30日，两省一市实际已完成《总体方案》投资共计862.99亿元，为《总体方案》规划总投资的77.4%。《总体方案》实施至今，太湖治理各项指标均有不同程度好转，据有关数据显示：2011年，太湖水情藻情呈现稳中趋好态势。国家考核的集中式饮用水源地水质全部达标，各水厂出厂水质主要指标全部满足或优于国家标准。湖体综合营养状态指数为58.5，同比保持稳定，处于轻度富营养状态。湖体总氮为2.37mg/L，同比下降11.5%。蓝藻最大一次聚集面积为505平方公里，不仅大大低于2007年的1050平方公里，也低于2010年的780平方公里。最大藻密度低于2008年以来的水平，与2010年相比下降近七成，未出现湖泛现象。总体来说，太湖治理初见成效，作为太湖治理的指导性文件，《总体方案》在近年来的太湖治理工作中发挥了重要作用，取得的成绩值得充分肯定。

　　太湖治理如舟至中流，在取得不少成绩的同时，也面临着"中流击水、浪遏飞舟"的挑战。随着太湖治理工作的深入，一些长期性问题依然存在，一些突出性问题亟待解决。主要表现在以下几个方面。

　　一是经济发展对于环境保护的压力依然较大。目前，太湖流域工业化、城镇化高速发展，2012年江苏省、浙江省和上海市地区生产总值增长的目标分别是10%、8.5%和8%，尽管与自身相比，各自的增长目标有所降低，但太湖流域各地区经济总量增速依然维持在高位，整个产业污染物排放总量依然较大，流域环境容量有限的基本状况在短期内不会改变，这一难题仍然需要时间来逐步破解。

　　二是太湖水环境形势依然严峻。尽管通过综合治理，太湖水环境有了一定程度改善，但只要有适宜的外部条件出现，湖内就有可能出现蓝藻大规模暴发的情况，气候水文等条件异常变化也会进一步加大蓝藻防控难度。太湖流域水质整体状况仍然较差，太湖湖体水质整体评价为劣Ⅴ类。

　　三是湖体总氮尚未得到有效控制。由于总氮来源复杂、总氮总量控制缺少基数、多条入湖河流总氮远超过2.0毫克／升等原因，2011年太湖湖体总氮浓度为2.37毫克／升，虽较2005年（2.86毫克／升）明显下降，但与《总体方案》2012年要基本达到2.0毫克／升（Ⅴ类）的目标相比仍有较大差距。

　　四是治太各项主要任务进展不够均衡。近几年，太湖治理取得了较大的成绩，但治太各项主要任务的进展尚不够均衡，一些治太任务实施进展相对缓慢，如农业面源污染防治、生态修复、引排通道建设、入湖河流污染治理等。这些项目对于遏制水质恶化、稳定治污成效、修复生态系统具有重要意义，有必要根据实际情况进行调整或加强。

　　五是治太项目有待进一步合理安排。从太湖治理项目的开工情况看，饮用水安全、点源污染治理、城镇污水垃圾处理等项目开工率较高，均超过了80%；从开工项目的完成情况来看，点源污染治理、城镇污水垃圾处理等项目完工率较高，均超过了80%。因此，有必要根据各类项目的进展情况，对下一阶段的治太项目进行必要调整和合理安排。

　　六是治太工作的水平有待进一步提高。目前，太湖边治理、边污染的现象依然存在，产业结构调整与太湖治理要求相比仍显滞后、信息共享机制有待完善、科技支撑能力有待加强、环境标准需进一步完善、法律法规体系尚不健全、监测网络有待协调和优化。总体上说，治太工作水平还有很大提升空间。

《总体方案》修编工作关系到上述问题的解决，关系到治太工作水平的提升，关系到太湖治理的进展状况以及最终的治理成效，是治太工作的重要步骤和环节，应给予高度重视。

二、修编工作要重点解决好一些重大问题

《总体方案》修编工作涉及到方方面面，但关键是要解决好治太工作中的一些重大问题。解决好这些重大问题，既要了解治太工作的不足，也要考虑到未来形势发展变化对治太工作提出的要求。综合考虑，修编工作要重点解决以下几个问题。

一是关于太湖治理的基本思路问题。从国内外湖泊污染治理经验来看，治理湖泊污染相当复杂，太湖治理不可能一蹴而就，必须坚持高标准、严要求，全面、系统、科学地推进治太工作。《总体方案》提出综合治理的基本思路是：综合治理，标本兼治；总量控制，浓度考核；三级管理，落实责任；完善体制，创新机制，这一基本思路较好的指导了近几年太湖治理工作。《总体方案》修编既要体现方案编制思路的延续性，也要体现修编工作的针对性，要在坚持已有基本思路的基础上，结合近几年治太工作实践，进一步补充完善基本思路的内容，适当调整基本思路中的具体要求，把近年来太湖治理的经验教训充分吸纳进来，以更好的指导下一阶段太湖治理工作。

二是关于修编后总体方案的目标设置问题。《总体方案》根据太湖流域的污染特点，确定高锰酸盐指数、氨氮、总磷和总氮为污染物控制指标，分别提出了近期和远期的水质目标和污染物控制目标。从工作实际来看，《总体方案》目标设定基本是合理的，充分发挥了对前一阶段太湖治理方向的引领作用，但在个别指标的设置上，尚缺少对湖泊污染治理规律性的认识。《总体方案》修编过程中，要充分借鉴此前目标设定的经验教训，在尊重各部门和地方所提目标的基础上，科学研究，精密论证，进一步加强目标设置的前瞻性，提高目标设置的可持续性。

三是关于综合治理主要任务的安排问题。鉴于饮用水安全的重要性,《总体方案》专章部署了保障饮用水安全这一重大任务,提出了优化水源地布局、建立多水源供水体系、加快自来水厂深度处理工艺改造等多项具体措施。此外,《总体方案》提出了污染物总量控制、产业结构调整、工业点源污染治理、污水处理厂建设及垃圾处理处置、引江济太工程等11项主要任务。这些综合治理任务的实施对于保障饮用水安全、改善太湖水质起着关键性的作用。《总体方案》修编时,要在坚持继续做好已有主要任务的基础上,针对《总体方案》实施中的薄弱环节和焦点问题,如农业面源污染治理、生态修复、湖体总氮总磷浓度控制、淀山湖水环境治理等问题,加强研究,提出行之有效的解决方案。

四是关于项目安排问题。《总体方案》安排了饮用水安全、工业点源污染治理、引排工程等10大类工程项目,项目安排将《总体方案》提出的主要任务落到了实处,增强了《总体方案》的可操作性。《总体方案》修编时,项目安排要根据太湖治理主要任务的调整情况,筛选出前期工作扎实、针对性较强的支撑项目,并以此为基础确定规划总投资;要合理布局近期项目和远期项目,在科学论证的基础上,确保资金使用的合理性;要统筹考虑工程措施和非工程措施,在推进各类治太工程项目实施的同时,注重提升支撑治太主要任务的"软实力"。

五是关于提高已建治污设施运行管理水平问题。近几年,有关方面大量投入使太湖流域治污设施的数量和能力迅速提高,部分领域治污能力已基本满足治理需求,这些领域通过进一步大量增加投资来削减污染物的边际效益越来越低,需要我们采取有效措施进一步提高已建设施的运营管理水平,使其效益得到充分发挥。《总体方案》修编时,要注意从重视扩大治污规模向扩大治污规模和提高治污效益并重的思路转变,针对影响工程项目投资效益的问题提出对策措施,在下一阶段太湖治理过程中通过加强管理充分发挥已有项目治污潜力。

六是关于健全太湖治理运作机制问题。近年来,在太湖治理中,各个方面高度重视健全太湖治理运作机制,我委会同两省一市及国务院有关部门建立了太湖流域水环境综合治理省部际联席会议制度,统筹协调太湖流域水环境综合治理中的各项工作和重大问题。两省一市和有关部门也分别都成立了太湖流域水环境综合治理的协调机构。此外，两省一市根据地方实际，建立了生态补偿、多元化投入、排污权交易等机制，有力地促进了地区经济社会与环境保护的协调发展。《总体方案》修编时，要紧紧抓住机制创新这一关键环节，提出进一步建立健全太湖治理运作机制的具体措施，要充分发挥地方政府的积极性和能动性；充分发挥市场机制的作用，调动太湖治理各市场主体的积极性；针对性的解决好目前出现的制约太湖治理工作的机制性问题，如太湖流域各地环境政策的统一、共享监测数据等问题。

七是关于加强公众参与问题。近年来，公众的环保意识不断提高，对生态环境保护的需求也日益增加，只有让公众既成为生态环境建设的直接受益者，又成为生态环境建设的直接参与者，才能让公众更好的了解、理解并支持太湖治理工作，才能使太湖流域环境质量的改善与人民群众的实际感受相一致，才能进一步做到让人民群众满意。《总体方案》修编时，要在多层次搭建政府与公众对话的平台、公开治太信息、引导社会团体有序参与治太、加强太湖治理宣传教育等多个方面下足工夫，把尊重和支持公众参与环境保护的权利和意愿放到修编工作的重要位置，切实提高下一阶段太湖治理公众参与的广度和深度。

三、对做好《总体方案》修编工作的几点要求

《总体方案》修编工作事关下一阶段治太工作的战略部署，事关治太主要任务的合理设置，事关下一阶段治太项目的周全安排，我们要以科学、严谨、务实、高效的工作作风，下大气力做好相关工作。

一是加强领导、高度重视。各有关部门、地方要认真履行职责，高度重视《总体方案》修编工作，完善工作机制，加强对《总体方案》修编工作的指导，加大对修编工作的支持力度。各工作人员和专家要增强责任感和使命感，把修编工作放在突出重要的位置，按照国务院对《总体方案》的批复精神和省部际联席会议的要求，进一步加以部署和推进。

二是积极谋划、实事求是。要加强修编工作的主动性和前瞻性，充分吸

收国内外湖泊治理的经验教训，特别是结合近几年太湖治理的工作实践，主动谋划和研究太湖治理中的突出矛盾和焦点问题，有针对性的提出意见和建议。要秉承实事求是的原则，客观分析数据，合理设定目标，确保修编成果的准确性、科学性。

三是把握基调、科学衔接。实践表明，《总体方案》提出的治太思路和具体措施总体上是合理的，《总体方案》修编时要坚持《总体方案》中科学、合理的方面，并结合治太工作实践，进一步调整和完善治太工作的相关内容。要做好修编后的方案和《总体方案》、各部门已有专项规划以及相关法律法规的科学衔接。

四是加强协调、通力合作。《总体方案》修编工作涉及十多家单位、两省一市和上百位相关领域专家。在修编过程中，要建立统一协调、各有侧重、互为补充的工作机制，充分吸纳有关部门和地方推荐的行业专家，形成高效稳定的工作团队，加强互动沟通，充分交换意见，统筹考虑国家政策要求和地方实际需要，同时在文字上要做到精益求精，确保修编成果是一个高水平、高质量的报告。

五是落实责任、严格进度。《总体方案》修编工作时间紧迫，请各部门和中咨公司把相关工作落实到具体的工作人员和专家，明确具体任务，坚持高标准、严要求，按照修编工作方案提出的时间节点要求，把握好编制进度，在保证修编成果质量的情况下，尽可能往前赶，确保《总体方案》修编工作在今年 12 月底前完成。

《总体方案》修编工作任务繁重，难度较大，我们要解放思想、齐心协力做好《总体方案》修编工作，为下一阶段太湖治理工作打下坚实基础，促进太湖治理更加深入有效的展开！

（2012 年）

合力推进西南中沙群岛生态环境保护工作^[1]

西南中沙群岛生态环境保护工作事关大局，十分重要。我们要把这项工作切实摆放到重要的位置上，深刻领会、认真落实党中央、国务院领导同志的指示精神，在准确把握西南中沙群岛生态环境实际状况和基本需求、合理设定发展定位与工作目标的基础上，进一步优化思路、增强举措，不断取得新成就、创建新格局。在这里，我简要谈四点认识。

第一，高度重视。我们面对的直接任务是强化西南中沙群岛的生态环境保护，这项工作涉及到许多方面，不是可以轻易做好的。而西南中沙群岛所处的特殊地理位置和具有的重要战略地位，决定了从事这项工作不能就环境保护论环境保护，必须与维护国家主权和领土完整一体把握。也就是说，我们必须基于维护国家核心利益的要求，站在高的基点上，以宽广视角谋划和推进西南中沙群岛生态环境保护工作。一方面，持续做好西南中沙群岛环境保护、生态建设、土地资源和水资源可持续利用，在着力解决当前存在的突出矛盾和问题的同时，进一步深化对区情水情等的认识，客观评估其生态环境和自然资源现状，科学制定促进其良性循环与持续发展长久之策；另一方面，切实把维护国家主权作为开展西南中沙群岛生态环境保护工作的前提，统筹推进相关基础设施建设和经济社会活动，实现主权维护、经济发展与资源环境保护的有机统一和完美结合。这项工作涉及面广、敏感度高，其艰巨性复杂性可想而知，对此思想上要有深刻的认识，本着对国家、对人民、对历史高度负责的态度，严谨科学、精益求精的将每一项具体事情做实做细。

---

[1]2012年10月9日国家发展改革委地区经济司召开"加强西南中沙群岛生态环境保护工作座谈会"，各有关部门参加会议，这是作者在会上所作的总结讲话。

第二，统筹谋划。这项工作的重要内容之一是编制西南中沙群岛生态环境保护规划，而把握方向、正确定位是编制好规划的基础。与以前所编制的国内一些区域规划和重点流域水污染治理规划不同，编制西南中沙群岛生态环境保护规划的独特性在于，它不仅要从区域实际状况出发提出保护生态环境的思路和举措，而且要基于特殊的地理区位考虑保护生态环境的模式与路径。也就是说，我们在编制规划时，不仅要优选技术路径，更要秉持系统思维，要在维护国家主权和领土完整的前提下，做好各重要主体或重大关系的统筹，包括国防建设、经济社会发展和环境保护的统筹，军队和地方的统筹，西南中沙群岛间的统筹，各种类型项目的统筹，还有眼前需要与长远发展的统筹，自主自立与开放合作的统筹，等等。把这些关系理清了，保护的方向与重点就明晰了；体现在具体的思路和举措上，一个高质量的规划也就形成了。

第三，深入调研。无论是做规划，还是推进其他方面的工作，都必须做好深入细致的调研工作。在过去的一个时期里，海洋、农业、国土等部门多次深入实地进行考察，形成了一批有分量的成果。这种务实的工作作风值得学习提倡。但总的来看，这些调研都是基于部门职能进行的，有专业深度，但缺乏整体谋划。因此在这个基础上，我们需要协同开展综合调研，以对西南中沙群岛所涉及的所有重要问题进行整体把握和全面认识。从环境保护的角度考虑，尤其需要通过调研做好两个方面的工作：一是要确保基础数据的真实准确。各部门要全面搜集、整理和分析能够反映西南中沙群岛实际情况的基础数据，并依此科学评估其生态环境承载能力与开发潜力。二是要深化对一些重要问题的认识，对水透镜体的保护、饮水设施的替代、淡水供给方式等问题都要进行专题调研，提出正确的判断和有效的举措。同时还要结合职能深入论证相关项目建设的必要性，对项目类型和规模、建设进度等提出建议。对所涉事项要形成完整的清单，逐条开展调研，逐项形成结论。

第四，密切配合。西南中沙群岛环境保护工作是一项复杂的系统工程，不仅事项繁杂、领域宽广、主体众多，其基础资料和技术数据等的运用也具有特殊性，各方联动合作是做好这项工作的必要条件。各单位要牢固树立全局观念，打破既有职能界限，克服自身利益牵制，密切配合、相互支持，形成军队、国家有关部门和地方共同谋划、一体运作的新局面，扎实有效的推进各项工作。

我们将认真梳理各单位在会上提出的意见和建议，连同修改完善后的工作方案一并上报。不久后，将正式启动西南中沙群岛生态环境保护规划编制工作。这是一项光荣的使命，相关单位可以将整体素质好、规划编制能力强的机构推荐给我们，以供我们根据相关要求择优选定。

（2012 年）

科学编制《西南中沙群岛及周边海域生态环境保护规划纲要》[1]

刚才，与会的各个单位，包括军队、地方和国务院有关部门的同志都做了很好的发言，就规划纲要编制工作提出了很多很好的意见和建议。我以为这些意见基本都可以采纳，会后，请工作组根据大家的意见尽快修改完善并印发工作方案。下面，我简要谈三点意见。

一、从经济社会发展的全局和战略的高度出发来编制生态环境保护规划纲要

为维护国家主权，2012年6月，党中央、国务院做出了设立三沙市的重大战略决策。三沙市建立伊始、百事待兴，随着三沙市经济社会的不断发展，生态环境的压力也将日益增大。在这种形势下，有关单位及时向中央提出了加强西南中沙群岛及周边海域生态环境保护工作的建议，中央也做出决定，指示我们研究制订西南中沙群岛及周边海域生态环境保护规划。制定西南中沙群岛及周边海域生态环境保护规划纲要，对于保护这一地区独特脆弱的生态环境、更好地支撑三沙市经济社会可持续发展具有重大意义。

虽然我们工作的起因是为了保护西南中沙群岛及周边海域，但三沙市作为特殊的海域边疆城市，其战略地位的重要性、自然生态环境的脆弱性、周边国际环境的复杂性，都决定了在这一区域编制生态环境保护规划，不能单

---

[1] 2013年9月12日，《西南中沙群岛及周边海域生态环境保护规划纲要》编制工作启动工作会议在北京举行。本文系作者以编制工作组组长身份在会议上所作的讲话。

纯地就环保而论环保，而要综合考虑其他因素，甚至把平常认为比较一般的因素放在重要的地位上，这就是我们编制这个规划纲要的特殊性。对于南海来讲首先是维护国家主权，这是我们开展一切工作、包括生态环境保护工作的首要条件。因此，我们一定要站在全局和战略的高度来考虑规划纲要的编制问题，统筹各方面关系，特别是要处理好生态环境保护与国防、外交、经济建设之间的关系，实现国防建设、经济社会发展和环境保护的统筹，军队和地方的统筹，西沙、中沙和南沙之间的统筹，近远期的统筹，本岛和离岛的统筹。

具体来讲，在规划纲要编制中特别要处理好两个方面的关系。一是要处理好维护主权与环境保护之间的关系。这一点我刚才已经谈到，仅从环境角度考虑，现在还存在着能力有限、生态环境破坏的压力较大等问题，但若放之在维护主权的环境中考虑，又变成了服从与被服从的关系，这是我们在规划纲要编制中必须牢牢把握的。若没有主权保障，生态环境保护则无从谈起，因此，我们的首要目标还是宣示主权、维护和拓展我在南海权益，生态环境保护是为这一目标服务的。同时，我们也要看到，若这一地区的生态环境遭到严重破坏而难以保障正常的经济社会发展和人员进驻的需要，又将反过来影响主权的维护。因此，在维护主权这一前提下，我们又必须最大限度地采取措施来保护我们的生态环境。二是要处理好开发建设和环境保护之间的关系。要维护好主权、推进三沙市的经济社会发展，必须要进行一定程度的开发，建设一批项目，若项目建设处置不当，又将影响生态环境。只有处理好这一关系，坚持科学规划、有序开发，通过加强环保基础设施建设、环保适用技术开发等提升环境承载能力，才能更好地支撑三沙市经济社会可持续发展。

我们要充分认识到规划纲要编制的重要性和复杂性，而把握住合理的界限、找到一个均衡点，是一个主要难点。我以为，化解这个问题必须站在战略和全局的高度谋划与处理上述两个关系。

二、编制好规划纲要必须深入研究的一些重大问题

我以为，编制好规划纲要，围绕着处理好两个关系，还需要重点研究四个方面的问题。

一是关于规划目标。目标设定是规划纲要编制的一个难点问题，必须瞻前顾后、左右兼顾，不可随心所欲。目标达不到一定的高度，就可能造成盲目开发，不利于这一地区的长远发展，也不利于主权维护；但若目标设定过高，也可能对国防和经济建设带来约束。因此，如何制定一个合适的目标，需要反复考量，并据此确定规划定位，这是我们下一步要认真研究的重点。

二是关于基础支撑。海南省、国务院有关部门和军方已经开展了一些工作，也取得了一定成绩，但与编制好规划纲要的要求相比，还有较大的差距，相关基础研究工作亟待加强。首先是要核定环境容量，摸清岛礁的现状承载能力，测算采取现代高技术手段后的提升空间，才能以此为界，科学控制国防、经济建设的开发强度、开发次序和开发方式。其次，是要加强科技支撑。岛礁不同于陆地，生态系统极为脆弱、一旦破坏极难修复，因此，在岛礁上进行开发建设活动应采取的适用技术、以及相应的生态修复技术等领域，都需要加强科技攻关，为实践提供有力指导。此外，当前的监测体系不完善、覆盖面窄，也在很大程度上制约了基础数据的获取，为此，建立健全监测体系，为生态环保工作提供支撑也是当务之急。

三是关于重点任务。首先是关于工程建设。在土地等自然资源都极为有限的约束条件下，只有在充分利用现有设施的基础上，区分轻重缓急，进行开发建设。具体来讲，涉及主权维护、政权建设、生态环保等基础设施要先行，但采用何种形式来建设，如何统筹军地双方的需求，是需要进行深入研究。其次是关于产业发展。根据资源环境禀赋条件，科学指导地方因地制宜地发展特色水产养殖业、海洋油气业、高端旅游业、可再生能源利用业、海洋工程装备制造业等，实现产业的高效集约节约发展，是一项重要任务。同时，产业发展所需要的土地资源如何保障，是在条件允许的岛礁开展围填海还是建设超大型海上浮式结构物，也需要深入研究。最后是关于互动平台。

海南本岛和西南中沙群岛是一个不可分割的有机整体，在岛礁的土地和淡水等资源都极为有限的情况下，我以为，在海南本岛划出一块"飞地"作为三沙市的建设发展用地，通过建设产业园区、政务新区等方式来缓解岛礁生态环境压力，但对于"飞地"的管理模式、产业布局、政策支持等，还需要我们在规划纲要编制过程中认真研究加以创新。

四是关于政策问题。三沙市的特殊性决定了其生态环保不能延续传统方式，亟待探索建立符合三沙实际、有利于环境保护的开发模式，这就需要我们研究提出相应的体制机制创新和政策支持。同时，这一地区生态环境的脆弱性又要求我们研究提出更为严格的环保准入要求，实行严于陆地的环评政策，才能实现经济社会发展和生态环境保护的双赢。因此，研究适应于岛礁的技术规范、标准体系和法律法规，科学指导岛礁开发建设的规模和强度等，十分必要。

五是关于协调机制。党中央、国务院高度重视南海问题，在中央层面已建立了有关协调机制，对南海问题一事一议。鉴于三沙市战略地位的重要性、外交形势和军事斗争的复杂性，相关工作涉及政治、外交、军事等各个方面，涉及部门较多，在规划纲要编制和实施过程中，将不可避免地遇到诸多问题，需要地方、各个部门和军队充分协调沟通后共同解决。因此，如何在现有的协调机制框架下，建立高效顺畅的沟通协调和决策机制，在规划纲要的编制过程中加强各方面的协调配合、在实施过程中形成合力推进相关工作，需要我们认真加以研究。

三、下一步工作要求

今天我们召开这个会议，也标志着规划纲要的编制进入实质性工作阶段。这次规划纲要编制工作，将由来自军队、海南省、有关部门和科研单位的同志共同完成，下面，我再提几点希望和要求：

一是要强化组织保障。这次规划纲要编制工作时间紧、任务重、难度非常之大，请各成员单位和技术支撑单位高度重视，组织精兵强将来参与这项工作。按照国务院有关批示精神，规划纲要编制工作由我委牵头，具体工作由地区经济司负责，我们将本着高度的责任心和使命感，为大家服好务，把相关工作做实做细，同时，也希望各方切实履行好自己的职责，全力以赴，高质量地完成规划纲要编制任务。

二是要加强调查研究。我刚才已谈到，受交通、技术条件等客观因素制约，现有工作基础仍相对薄弱，基础数据还比较欠缺，很多机理性的东西还没有搞清楚。关于环境容量、透镜体保护、渔业资源修复等问题，都还需要比较准确的数据和思路，在能源、交通、供给保障、水资源综合利用、废弃物处理处置与再生利用等多个领域，还需要加强研究。与此同时，各单位也要充分利用好以前的工作基础，站在国家利益的高度，做到思路共享、资料共享，按照分工推进规划纲要编制工作。

三是要加强衔接。在规划纲要编制过程中，要做好与相关专项规划之间的衔接，特别是与三沙市发展规划的衔接，这两个规划在思路和原则上都是一致的，只是突出的重点有所不同，但在许多内容上是可以互为所用、互为支撑，因此，在编制过程中，要进一步加强衔接。

四是要加强沟通配合。规划纲要编制这项工作的性质决定了这不是任何一个部门都单独完成的，而是需要军地、中央和地方、部门和科研单位之间密切配合、充分发挥主观能动性。三沙的生态环保涉及方方面面，在规划纲要编制过程中，难免会出现不同意见，希望大家以大局为重，增强合作意识，抱着谦虚的态度开展工作，不固执己见，以编制好规划纲要为最终目标，力争圆满完成国家赋予我们的重要任务。

（2013 年）

秉持正确思路促进长江经济带生态环境
保护与修复 [1]

很高兴再次来到湖北经济学院参加第三次长江经济带发展战略论坛并做主旨发言。在第一次的论坛中，我讲了长江经济带建设的特点、难点和重点问题，涉及面较为宽广；在第二次的论坛中，我重点讲了区际利益平衡或补偿机制建设问题，建议这一探索可以从长江经济带全面展开。今天，我重点讲一讲长江经济带的环境保护问题。核心思想是，要秉持正确的思路促进长江经济带生态环境保护与修复。

探讨这一问题源自这样一些考虑：一是长江经济带发展战略的主题思想和总体推进思路是"共抓大保护、不搞大开发"。二是长江经济带发展战略实施五年来取得了历史性的成就，生态环境保护也发生了积极的变化，在一些方面甚至发生了转折性的变化，但全面效果不够显著，有些方面的问题仍然严重。2020 年 11 月 14 日，习近平总书记在南京主持召开全面推动长江经济带发展座谈会，他在讲话中提到要加强生态环境系统保护修复。推动长江经济带发展领导小组近年来召开的会议都播放了由中央环保部门和新闻部门联合进行的偷拍暗拍流域环境整治状况的纪录片，在 2020 年 12 月 1 日召开的领导小组会议上观看相关纪录片后，中央领导同志指出，长江经济带发展取得了巨大成绩，但生态环境保护形势依然十分严峻，一些地方思想认识不到位、工作作风不扎实、发展方式粗放、监管体制机制不完善等问题亟待解决。从领导要求到实际状况综合把握，在长江经济带环境保护与修复问题上

---

[1] 本文系作者于 2020 年 12 月 21 日在湖北经济学院等单位举办的"第三届长江经济带发展战略论坛"上的讲话。

至少可以得出如下认识：第一，长江经济带生态环境全面改善的拐点尚未有真正出现，对近些年环境保护所取得的成就不能做过高的估计，相关任务仍然十分艰巨。第二，目前长江经济带有关主体实施环境保护的自觉性仍然不强，损害生态环境的冲动没有得到完全的抑制，损害生态环境的行为依然普遍。第三，已有的措施还不足以达到有效遏制损害环境行为的目的，需要进一步强化和改善。

在长江经济带发展战略实施已历时5年、中央三令五申的情势下，生态环境保护修复效果不够显著，各种损害行为依然频繁发生，需要对问题发生的原因作深入分析。应该说，长江经济带生态环境问题积重较深且加害不止，主客观原因都有。由客观因素形成的损害很容易查明，治理的思路也比较容易把握，这就是，要尊重自然、顺应规律，积极采取工程、技术、生态等办法进行修复和控制。由主观因素造成的损害，问题也不难查明，但在具体治理对策考量上则不能简单从事、试图用单一的办法来应对一切。应当深入分析流域区域的具体情况，准确找出难点所在，并从实际出发，确立科学的治理思维，采取有针对性的操作举措。

基于区情特点考虑，长江经济带生态环境保护面对的主要难点在于：

从总体上看，存在着排除利益制约之难。这涉及到能否正确处理发展与保护的关系、眼前和长远的关系、大局和局部的关系等等。其具体难点在于，其一，推进发展可以直接赚钱获利，并且能为解决一系列问题创造条件，但保护在一定时间内则需要大量投入；其二，保护有利于长远发展，但眼前难以产生明显的实惠；其三，保护有利于国家整体和社会大局发展，但并不一定有利于满足当地的现实需求。在行政区划为运作主体、干部任期较短、经济增长等发展指标实际作为考核政绩的主要因素等情况下，环境保护实际上存在着深刻的利益约束，科学处理好上述关系相当困难。

从操作层面看，存在着突破条件约束之难。如何实施有效保护，面临着一些主客观条件的制约。其一，长江经济带贯通东中西三大板块，涉及到流域与区域、左右岸、干支流等各个局面，情况十分复杂。各地区发展基础不同，带来发展思路和重点不同，从而造成的环境保护的认识与把握不同，在实际保护治理环境的能力方面也存在差异。其二，独立运作的行政区划的存在，使步调一致的环境保护和生态修复难以有效进行，却使追求经济发展的竞争十分激烈，而这种激烈竞争会强化一些地区在发展方式和手段选择上的随意性，反过来对保护生态环境造成不利的局面。其三，即使对环境保护持有积极的态度，由于治理体系、治理能力上的差别，也会导致各个地区在认知状况和治理路径上的差异，从而带来治理成效的显著差别。在某些地区可能会出现"好心办坏事"的状况，而在另一些地区则可能存在"心有余而力不足"的情形。

鉴于上述原因与难点，要使长江经济带生态环境保护修复不断取得实质性进展，不仅要在微观层面优化治理修复的具体方式、手段和技术，更重要的是在宏观层面科学把握治理的思路和要求，这事关能否正确处理好各个方面的关系，事关是否合理体现各个地区的实际需要。而只有在合理考虑各个地方的实际情况和基本需要的前提下，保护才能有效展开并持续取得积极进展。

基于这样的认识，我以为下一步在治理思路上应该高度重视如下五个方面：

第一，科学制定实施方案。在明确治理目标、行为边界等的前提下，根据不同地区、不同断面和界面的具体情况，明确治理的重点和考核的标准，不搞"一刀切"。

第二，务实进行分类指导。对生态环境的伤害在很大程度上直接表现为各地在产业上的盲目安排和无序竞争。因此，要扣住优化产业配置这个关键做文章。有关部门应当在深入调查研究的基础上，明确长江经济带区域产业选择的红线，并以此为据，结合具体实际分别提出不同地区产业发展指导意见。对生态保护核心地区，不以GDP（国内生产总值）增长作为发展目标和考核要求；对生态环境保护任务繁重且经济较为困难地区，应运用财政手段和市场方式给予利益补偿。

第三，全面强化制度约束。要建立严厉的法律制度、运用有效的经济手段，对破坏生态环境的行为进行惩治；要把生态环境标准作为所有地区政绩考核的核心标准，坚决实行干部升迁环境指标一票否决制度；要探索建立基于生态保护、资源节约等的利益补偿机制；还要利用法律等手段强化组织协调机制，推动跨行政区域的联防联治。总之，要通过强有力的制度约束，使保护修复生态环境的行为获得合理回报，并使破坏生态环境的行为付出惨重代价。

第四，开展产业转型示范。处理经济发展和环境保护、当前需要和未来发展关系的焦点集中在产业发展上，核心是发展什么样的产业、怎样发展这些产业。有关部门和地区应当选择若干典型区域，尤其是在生态环境保护治理任务重、经济发展不充分地区甚至是较为贫困的地区开展试验示范，在推动一般产业转型为绿色产业、培育发展具有绿色特色的新型产业，促进绿水青山与金山银山一体耦合等方面探索路径、积累经验。

第五，培育绿色文明风尚。全体国民的行为自觉是生态环境保护的坚实保障。要通过强化宣传引导等方式，推动广大人民群众自觉践行生态文明和绿色发展理念，自觉监督与抵制一切破坏生态环境的行为，形成爱护、保护生态环境的习惯，上下左右拧成一股力量，一起推动全流域实现经济社会绿色发展、生产生活方式绿色转型。

（2020 年）

以绿色低碳为本体构建黄河流域
特色优势产业体系[1]

习近平总书记在济南召开的"深入推动黄河流域生态保护和高质量发展座谈会"上强调，要坚定走绿色低碳发展道路，推动流域经济发展质量变革、效率变革、动力变革。

从根本上说，实现黄河流域高质量发展，必须实现产业的高质量发展；沿黄河省区落实好黄河流域生态保护和高质量发展战略部署，坚定不移地走生态优先、绿色发展的现代化道路，关键是要以绿色低碳为本体，构建黄河流域特色优势现代产业体系。对此我谈一些看法。

党的十八大以来，基于区域联动协同发展，国家陆续出台了一系列跨区域跨流域的重大发展战略，在其中，黄河流域生态保护和高质量发展战略的特点与性质十分鲜明，而这集中体现在保护与发展及其关系处理上。黄河流域生态地位十分重要，是国家生态安全的重要屏障，但生态本底差，基础十分脆弱，资源环境承载能力弱，严重程度超过其他战略实施区域。黄河流域发展任务艰巨，涉及占国土面积 13.5% 的九个省区约 1.6 亿人口的共同富裕，但高质量发展很不充分，整体经济水平低于其它战略实施区域。这种状况把环境保护和促进发展的矛盾推向了极致，也把黄河流域战略的实施难度推向了极点。生态保护和高质量发展两者不可或缺、不能偏废，它们体现为同一个过程，必须达到完美的统一。而这就意味着，相对于其它地区，沿黄各省区不仅要付出更多的心血，也需要更加科学地把握保护和发展的关系，采取

---

[1] 本文系作者于 2021 年 11 月 28 日在山东大学等单位主办的"黄河流域产业转型和高质量发展学术研讨会"上的讲话。

扎实而更为适宜的政策举措。

处理好两者关系的重点和焦点都在产业发展上。产业发展直接决定着经济发展，在某种程度上甚至等同于经济发展。而产业发展一头连着环境保护，一头连着高质量发展，构建适宜的产业结构或产业体系，就能够实现改善生态环境和促进全流域高质量发展的有机统一。而这个所谓适宜的产业结构或产业体系，必须是绿色低碳的特色优势现代产业体系。

从方向上看，黄河流域产业结构的转型发展或优化提升应该体现时代发展的基本要求和科技创新的前沿成就，其关键词是"绿色"和"现代"。"绿色"是我国永续发展的必要条件和人民美好生活的重要支撑，是大势所趋、环境所逼；"现代"代表着世界最新科技水平的充分体现和满足人民日益增长的美好生活需求的及时呈现。这适应于所有地区，黄河流域亦不例外。

从路径上看，黄河流域产业结构打造必须从实际出发，统筹一般性和特殊性的要求，整体把握、区别对待，一体联动、合理分工，各地区沿着统一方向、运用适宜方式，加快推进、有序开展。

黄河流域关系产业结构转型的最大实际在于：沿黄各地区的资源禀赋有别、现实基础悬殊、发展潜力迥异，体现的基本诉求各异，面临的突出矛盾不同，这种状况决定了黄河流域在产业发展上不能无视地区差别搞一刀切。但区别对待不是各行其是、为所欲为。推进产业结构优化提升，促进经济高质量发展，要在正视和体现区别中实施统筹，通过强化联动形成区域特色优势。基于此，应当把握好如下几个方面：

一是以凸显地区比较优势，形成产业链协同为基本指向统筹谋划产业布局。地区间最大的伤害来自于产业间的同构竞争，而经济发展最大的乱象则在于产业发展各行其是。黄河流域地区差距之大远甚于其它，但产业同构毫不逊色，这制约了转型，也影响了效益。应以资源禀赋、现实发展优势为基础，并以促进产业链的补、建为重要导向，结合产业转型提升进一步优化地区分工，形成各具特色又相互补充的产业布局。

二是紧扣做强实体经济，加快推进产业绿色低碳转型。实体经济扎根深、功效多、适应性强、联动面宽，是区域发展的坚实基础和根本支撑，也是高质量发展的鲜明特征。沿黄各地区要始终不渝的把做强做大实体经济作为产业发展的基本遵循，切不可脱离实体经济盲目追求第三产业的高比重。这意味着，实体经济也应当是推进绿色发展的重点或主体。从现实出发，沿黄各地区应双管齐下，推进实体经济产业的绿色低碳转型：一方面，改造、遏制并举，提升传统产业绿色化水平。抓住实现"双碳"目标契机，进一步强化技术赋能和智慧渗透，加快钢铁、煤电等的超低排放改造，实现煤炭、钢铁、火电、焦化、化工、有色等行业的清洁生产。对无法进行技术改造的碳排放大户及污染项目应坚决关停和淘汰，应严格禁止在黄河干流及主要支流临岸的一定范围内新建"两高一资"项目及相关产业园区，遏制环境敏感地区新增钢铁、焦化、水泥燃料、煤化工等产能。另一方面，挖掘、开拓相结合，大力发展绿色低碳产业。坚持从实际出发，依托山水林田湖草等自然载体，推动相关产业融合，开辟多种生态产品价值，实现生态产业化发展，不断壮大特色农业、旅游业、康养业等生态产业；与此同时，抓住新技术革命机遇，通过区域联动推动优势制造业绿色化、智能化发展，努力开拓新能源、新材料、绿色环保、绿色建筑等产业，不断壮大绿色经济。

三是坚持务实原则，科学谋划和发展区域战略性新兴产业与未来产业。战略性新兴产业和未来产业发展关系到抢占发展的制高点，也关系到区域整体发展的后劲。而沿黄各省区产业倚能倚重、低质低效问题突出，以能源化工、原材料、农牧业等为主导的特征明显，新兴产业发展滞后，故此应当高度重视战略性新兴产业和未来产业的发展与布局。但从操作层面看，在把握"绿色"、"现代"整体导向的前提下，沿黄各地的产业选择仍应坚持因地制宜、量力而行，不可盲目追新求高。事实上，对各个地区而言，最具竞争力和可持续性的产业是与自身发展基础、比较优势和增长潜力相匹配的产业，这样的产业往往也是发展效益最好的产业，因此，应当把发展这类产业作为各地的基本选择。这方面要克服一个认识误区，即把因地制宜发展产业特别是发展传统产业与固守低端产业等同起来。换个思路看，经过科技赋能的传统产业就是现代产业，也是新兴产业。总的说，沿黄地区产业发展应遵循国家《黄河流域生态保护和高质量发展规划纲要》提出的要求，"宜粮则粮、宜农则农、宜工则工、宜商则商"，也就是要"因地施策促进特色产业发展"。谋划和发展战略性新兴产业与未来产业切忌面面俱到。在这方面也应树立一个认识，任何地区的能力都是有限的，某些前沿性产业哪怕是举全国之力来做也有捉襟见肘之囧，创新资源相对短缺的沿黄地区更是如此，所以这类产业的发展应坚持有所为有所不为的原则，从现实的基础条件和可以动员的创新要素的状况出发，选择若干适宜的产业全力做强做大。贪多求广、且一味攀高求新很容易导致事与愿违、劳民伤财，忽视传统优势产业还会毁基伤根。当然，对济南、青岛、西宁等基础条件较好的地区而言，应努力增强发展战略新兴产业和未来产业的力度。针对沿黄地区新兴产业总体发展不足的问题，另一个特别重要且具有可操作性的举措是，加强各地区的协同联动，推动资源整合、科技协同、链条衔接和上中下游配合，一体共建具有较强竞争力的产业园区或产业集群。与此同时，创新管理体制与运行机制，使合作地区能够公平分享发展战略性新兴产业和先进制造业等的发展红利。

（2021 年）

水土气污染治理
与绿色发展

构建节水型社会的体制保障 [1]

　　当前正在研究制定国民经济和社会发展"十一五"规划，为使"十一五"规划更具针对性和科学性，必然要对前几个五年计划特别是"十五"计划的实施情况进行总结与反思。总结与反思表明，"九五""十五"时期在改革发展方面都取得了很大的成就，所提出的许多重要任务或超额完成，或提前实现。但同时也存在不足，一些方面，特别是某些关键方面没有达到预期的目标。比如，"九五"期间提出要"实行两个具有全局意义的根本性转变"，即实现经济体制的转变、经济增长方式的转变，"十五"期间提出"对经济结构进行战略性调整"，10 年过去了，"两个转变"特别是经济增长方式的转变并没有达到预期的目标，经济结构的调整也不够理想。从某些具体方面看，还在朝着相反的方向移动。造成这种后果的原因是多方面的，但根本的一点，就是没能形成有利于经济增长方式转变以及经济结构优化调整的体制和机制，而现有的体制机制恰恰是不利于促成这种转变的。节水型社会要求的提出和建设，也大抵如此。节水这个概念提出的时间较早，"十五"计划明确要求"建立节水型社会"。然而现实的情况是，我国作为穷水国的状况并没有得到积极改变，但穷水富用也就是浪费水资源的状况却更加严重。在节水问题上我们的思想是高度重视的，提出了一套科学的理念，还做了一些政策安排，但问题在于我们缺乏落实这些理念和政策的体制机制。如果不着力建立节水型社会的体制机制保障，以一套有效的制度把这套理念和政策付诸于实施，从而把一些单位和部门的行为逼上节水的轨道上，

---

[1] 本文系作者 2005 年 6 月 3 日在水利部召开的《中国水利》杂志专家委员会会议暨"节水型社会建设高层论坛"上的讲话，刊载于《中国水利》2005 年第 13 期，收入本书时做了适当订正。

再过十几年、二十年，这个状况仍然不可能改变。因此，构建节水型社会的措施可以是多种多样的，但关键是通过改革，建立起相应的体制保障。

怎样构建节水型社会的体制保障，主要应围绕如下十二个字进行制度创新，即水产权、水市场、水法制、水管控或水控管。

第一，水产权。当一种资源处于稀缺状况的时候，要使这种稀缺的资源得到有效的利用和节约，最强有力的约束来自于产权的约束。没有产权的明晰，没有产权主体的落实，是不可能使稀缺资源得到节约的。节水也是这样。要运用水产权约束利用水、节约水、配置好水。水产权所体现的权利是多层次的，根据我国的实际，按照建立健全现代产权制度的要求，建立多种层次的水产权，由不同性质、类型的主体集合或分别掌控这种产权、从而形成并最终落实相关责任，是今天我们推进节水型社会体制建设的当务之急。要明晰水资源的所有权主体，明确水资源的经营权主体，并且通过制度安排把经营权落实到位。在此基础上把经营权用活，使"经营权"流动起来、营运起来。建立有效的水产权制度，核心还是要塑造符合市场经济要求的水产权主体，尤其是建立具有现代企业制度特质的水企业。只有这样的水企业，才会既有强烈的发展冲动，又有理性的自我约束，从而既充分运用权利支配水，又权衡利益节约水。只有这样的企业，才能对政府关于水的监管调控作出积极的合理的反应。

第二，水市场。水市场是水产权运动的载体，只有通过水市场才能把产权所要体现的价值观和利益观落到实处，而通过不同层次、不同性质的水产权的交易、流动，就能优化水资源配置，提高水的利用效率，达到节约水的目的。要在明确水权和水权主体，强化水市场培育发展的基础上，规范水权交易，健全水权交易规则和管理制度，推动水权有效交易、有序流转。

第三，水法制。建立健全水法规是节水型社会体制建设的重要内容。通过这些年的努力，已有不少涉水的法规颁布施行，但水法规体系仍不健全，需要进一步完善。要着眼于两个方面努力：一是进一步健全水法规体系，抓紧制定与颁布有利于水资源优化配置和节约水的法律法规，填补目前水法规体系中存在的漏洞。光有一部《水法》是不够的，还要有针对关键部门、关键环节用水、节水、保水的专项水法规。二是进一步提升水法规的针对性和可操作性。法规约束对象不可太泛太抽象，否则就可能出现人人每天都在犯法、稍不留意就犯了法的状况，最终导致法不责众的后果。可考虑把法规约束的重点对象集中到企业和政府部门上，尤其对特别领域的企业和特别地区的政府部门要依法约束。责任界限应明确、具体，惩治措施应适度、有力，具有可行性，能够真正落到实处。在健全水法规的同时，要采取行之有效的落实措施，不致使其束之高阁或形同虚设。总体来看，无论是制定还是实施，我国水法规制度建设的任务都还很繁重。

第四，水管控。要建立起政府部门对水资源配置、水合理利用的反应敏捷、力度适宜、手段合理的调控、调节和监督管理体制。适应社会主义市场经济的要求，政府部门对水的管理内容、方式都要有不同于计划经济体制的实质性转变。重点要做好四个方面的工作。其一，规划。对水资源涵养、利用、节约等做出总体的规划和部署，相应采取措施实施有效治理。其二，调节。重点是水价调节。按照水资源的不同类型，市场运营主体的不同类型，用水需求的不同类型，制定不同的规则与办法，运用价格等手段适时适度进行调节。其三，协调。通过协调解决利益纠纷，加强政策配套，推进区域合作，优化整体布局。其四，监管。主要运用财政、税收、价格等经济手段，依据完善的水法规，辅之以必要的行政措施进行坚强有力的监管。

总之，节水型社会建设关键是体制建设，而体制建设是一项艰巨复杂的系统工程。要明确方向、抓住重点、优化举措、持续推进。节水型社会建设的道路虽不平坦，但事关全局、意义重大，其前途也必然光明灿烂，值得为此付出努力。

（2005 年）

积极推动中国水环境建设与可持续发展 [1]

很高兴有机会参加全球水伙伴中国委员会举办的中国水与卫生高级圆桌会议。这次会议对于推动我国饮用水安全与城乡卫生事业的发展，促进水资源的合理配置和可持续开发利用将会起到积极的作用。

水是人类社会发展不可或缺的基础性自然资源和战略性经济资源。中国水资源时空分布很不均衡，与人口、耕地和生产力的布局不相适应。近年来，随着经济社会的快速发展，水资源供需矛盾日益突出，一些地方水环境状况恶化，许多河流湖泊受到污染，部分人群的生产生活与健康受到影响。面对严峻的形势，我们采取了一系列应对措施改善水资源状况，努力实现饮水安全和水资源的可持续开发利用。

一是强化规划约束和能力建设，确保城乡饮用水安全。中国经济社会发展正处于历史性的转折阶段，受原有薄弱基础和现阶段工业化、城镇化、市场化快速推进双重影响，中国水危机日益明显地呈现出来，其中一个重大问题，是约 1/5 的人口还不能获得达到卫生标准的清洁饮用水。我国政府高度重视城乡饮用水安全，不断加大投资力度。"十五"期间，共安排国债专项资金兴建各类农村饮水工程 100 多万处，解决了 6700 多万农村人口饮水困难和饮水不安全问题。在此基础上，国家制定了《全国农村饮水安全工程"十一五"规划》和《全国城市饮用水安全保障规划》，把保障广大农村和边远地区的饮用水安全作为工作重点。"十一五"前两年，又解决了 6000 万农村人口的饮水安全问题。在 2015 年前，可望基本解决全国的饮用水安全

---

[1] 本文系作者于 2008 年 4 月 8 日在全球水伙伴中国委员会举办的"中国水与卫生高级圆桌会议"上的致辞。

问题。

二是强化经济调节和技术改造，引导全社会合理用水。在经济调节方面，积极推进水价改革，逐步形成反映水资源供求状况、有利于节约用水的水价体系；推进产业结构调整升级，淘汰高耗水、高污染企业，使产业结构和生产力布局与水资源承载力相适应；探索跨省区流域生态补偿机制，促进水资源的合理利用和有效保护。在技术改造方面，积极革新生产设备和工艺流程，改善用水设施，转变用水方式，发展循环经济，不断提高水资源利用水平和使用效率。

三是强化工程措施与体制创新，促进水污染治理和水资源合理配置。在"三河三湖"等重点流域和南水北调工程沿线等重点区域内，推进城市污水处理厂和工业点源治理等项目建设，有效控制污染物排放。加大对枢纽性或控制性水利工程的投资建设力度，实行病险水库的修复、加固与改造，促进水资源的合理分配和利用。推进水权体制改革和水市场建设，探索排污权交易试点，充分发挥市场机制在水资源配置和水污染治理中的有效作用。

尽管如此，对于我们来说，保障全体人民安全饮用水，实现水资源的可持续开发利用仍然任重道远。并且，在日新月异的变化中所体现出的水与经济社会发展、水与人们需求层次提升间日益尖锐的矛盾，使实现这一任务的复杂程度大大提高。我们要深入贯彻落实科学发展观，着眼于构建资源节约型和环境友好型社会，以处理好"水与卫生"的关系为重要内容，加强综合治理，推进体制创新，转变发展方式，优化社会环境，努力使水的利用与全体人民的健康需求相适应、使水资源的配置与经济社会全面协调可持续发展相匹配。

全球水伙伴项目通过传播知识、交流经验和促进相关能力建设，努力推动水环境质量改善、人类健康水平提高和水资源的综合管理和可持续开发利用，功不可没。水是生命之源，水是发展之本，处理好水与卫生、水与经济社会等的关系，归根到底，就是为了实现人类社会的可持续发展。作为推进实施可持续发展战略，协调国土整治、开发、利用和保护政策，参与编制水资源平衡与节约规划、生态建设与环境整治规划的职能机构，国家发展改革委地区经济司愿同有关方面，包括相关国际组织密切合作，继续在相关领域深入地展开工作。我们也真诚地期望国际伙伴机构关注、重视并以更为有效的方式支持、推动中国水环境建设与可持续发展。让我们携起手来，为人类共同的福祉和发展做出新的贡献。

（2008 年）

着力提升饮用水安全保障水平 [1]

水是生命之源。饮用水安全关乎人民身体健康、经济社会发展和国家长治久安，是贯彻落实新发展理念的基本要求，也是推进生态文明建设的重要内容。保护好饮用水水源地是实现饮用水安全保障的基础和前提，要作为重中之重，切实予以加强。借此机会，我汇报三个方面的情况。

一、近年来开展的主要工作

国家发展改革委高度重视饮用水水源地保护，近年来结合职能开展了一系列工作。

一是统筹推动饮用水安全保障工作。2005年，我委起草了《关于加强饮用水安全保障工作的通知》，并由国务院办公厅（国办发〔2005〕）印发。其后，会同环境保护部（编者注：现生态环境部）、住房和城乡建设部、水利部和原卫生部启动编制了《全国城市饮用水安全保障规划(2006-2020)》及相关专项规划。到2012年，总体规划及相应的饮用水水源地环境保护规划、水源地安全保障规划、卫生安全保障规划、城镇供水设施改造和建设规划相继印发实施。再加上《农村饮水安全巩固提升工程"十三五"规划》和2016年我委牵头印发的《关于做好"十三五"期间农村饮水安全巩固提升及规划编制工作的通知》，可以说目前国家层面已经形成了较为完备的规划体系。

二是加强重点流域水环境治理。进入本世纪以来，我委不断加大对"三

[1] 本文系作者于 2017 年 9 月 26 日在全国政协人口资源环境委员会召开的"第十届中国人口资源环境发展态势分析会"上的发言。

河三湖"（淮河、海河、辽河、太湖、巢湖、滇池）、松花江、长江等重点流域水污染防治力度。按照党中央、国务院要求，近些年我们全力实施流域水环境综合治理，并将饮用水水质和水量保障工作放在突出重要的位置。

在太湖流域，针对2007年太湖蓝藻污染饮用水源事件，我委牵头制定了《太湖流域水环境综合治理总体方案》并成立了省部际联席会议机制。十年来，我们一方面加强源头控制、强化系统治理，另一方面突出水源地建设与水资源调度。经过十年治理，太湖流域主要污染物总氮、总磷分别下降了54.4%、38.9%，富营养化程度明显降低，主要入湖河流水质提升了两个等级，江苏省太湖流域14个县级以上城市全部建成备用水源或实现管网联通，且十年再未发生饮用水危机。更可喜的是，随着太湖水质的好转，浙江省湖州市也开始将太湖作为饮用水水源地，并建厂取水。

为确保南水北调中线调水水质安全，在深化丹江口库区及其上游水质保护的同时，还持续加大生态建设力度，不断增强库区水源涵养能力。"十二五"期间，累计治理水土流失面积超过2万平方公里，增加森林（灌木）1.9万公顷。经国务院同意，今年我委会同有关部门编制并印发了《丹江口库区及上游水污染防治和水土保持"十三五"规划》，提出要进一步严格丹江口库区及周边地区水资源管理，加强水源地生态建设，保护水土资源，提高林草覆盖率，增强水源涵养能力，实现山水林草田湖系统治理和保护。

三是强化中央资金支持。为支持各地加快饮水安全工程项目建设，"十二五"以来，我委共安排中央预算内专项资金1215亿元，基本解决了我国农村长期存在的饮水不安全问题；安排中央预算内专项资金434亿元，对重点流域范围内的城镇污水和垃圾处理、河湖水环境综合治理项目建设予以适当补助，"十三五"以来又将饮用水水源地治理纳入支持范畴。

二、当前存在的突出问题

尽管饮用水水源地保护工作取得了积极进展，但是总体来看任务还十分艰巨。截至2016年底，全国338个地级以上城市的897个在用集中式生活饮用水水源监测断面（点位）中，仍有10%未达标；截至2017年8月底，针对全国 2365 个农村饮用水水源的抽样调查显示，水质不达标比例仍高达 29.4%。这与国家提出的到 2020 年城市集中式饮用水水源水质达到或优于 III 类比例高于 93%、农村饮水水质达标率整体大幅提高的要求相比，仍有较大差距。从操作层面看，饮用水水源地保护工作主要存在以下几方面的不足。

一是部分地区对水源地保护责任落实不到位。我国法律明确规定水源保护由地方人民政府负责，但部分地方政府担心水源保护区划定后会制约当地经济发展，加之保护区整治成本过高、执法难度大等因素，水源地保护工作滞后。据统计，截至 2016 年底，地级以上城市水源保护区内仍存在违章建筑 1024.8 万平方米、网箱养殖 7.1 万平方米，畜禽养殖废物 12.8 万吨，64 个饮用水水源保护区内有入河排污口，193 个一级保护区和 337 个二级保护区存在交通穿越问题，30 个饮用水水源地还未完成保护区划定工作。

二是水质型缺水问题仍然突出。当前，我国工业、农业和生活污染排放负荷大，远超环境容量，部分地区水质恶化导致饮用水供给不足。除地方治理责任落实不到位外，治理的系统性、协调性不够也是流域水环境质量改善不明显的重要原因。我国按行政区划进行水污染防治的做法，未能将流域作为一个完整的生态系统来加以考虑，导致了治理措施、削减能力与水质改善脱节。再加上流域治理和区域管理的条块分割、流域上下游水环境保护责任和权益不对称、部门职责交叉等原因，流域治理碎片化问题严重。截至 2016 年，全国地表水国控断面中，仍有近十分之一（9.2%）的断面显示水体丧失水体功能（劣于 V 类），24.6% 的重点湖库呈富营养状态，严重影响了饮用水安全。

三是饮用水水源地保护投入机制不健全。饮用水水源保护区的生态保护补偿机制不完善，水源地缺乏保护的动力。特别是对于跨行政区的水源地，由于保护和受益主体不一致，保护责任和管理措施难以落到实处。而我国广大农村地区，由于自然地理条件复杂、经济基础较差、人口居住分散等原因，导致农村饮用水供给工程投资需求大，农村供水设施基础尤为薄弱。

三、下一步的工作思路

为提高饮用水安全保障水平，我委将进一步贯彻落实有关要求，继续采取强有力的措施，切实推进饮用水水源地保护和管理工作。

一是加强全流域统筹协调。针对跨行政区的饮用水水源地污染治理和环境保护存在区域行政壁垒和地方利益分割问题，我委将充分发挥综合部门作用，进一步加强流域尺度上的协调统一，在深化重点流域特别是集中式饮用水水源地水污染防治和生态修复等方面发挥牵头作用，在政策制订、方案编制和工程推进方面加强部门间协调，调动各方积极性，协同推进饮用水水源地综合治理与保护。同时，配合环保、水利等部门，压实各级地方政府的主体责任，督促地方开展饮用水水源规范化建设，依法清理饮用水水源保护区内违法建筑和排污口。

二是加大流域治理力度。我委将以改善水环境质量、恢复流域生态系统健康为核心，坚持统筹兼顾、系统治理的原则，把"山水林草田湖"作为一个整体生态系统来进行保护和修复，系统解决水资源、水环境、水生态问题。同时，我们正在选择一批尺度较小的典型流域开展试点，统筹谋划流域产、城、人、水等重大经济社会活动，推进流域生产生活生态"三生共赢"，流域水污染防治、水生态保护和水资源管理"三位一体"系统治理，政府、企业、公众"三者共治"，以点带面地促进全国流域生态文明建设和经济社会可持续发展。

三是完善饮用水水源地保护体制机制。首先是建立健全资源有偿使用和生态补偿制度。通过分步提高水资源费、污水处理费、排污费等收费标准并推行差别化收费，形成符合基本公共服务特征的城镇供水水价形成和调整机制，建立和完善对位于饮用水水源保护区区域和江河、湖泊、水库上游地区的水环境生态保护补偿机制。其次是继续支持农村饮用水安全保障工作。强化农村饮用水安全工程建设和管理，进一步提高农村饮水集中供水率、自来水普及率、供水保证率和水质达标率，重点对贫困地区等予以适当补助，并与各地的规划任务完成情况等挂钩。第三是进一步完善投融资机制。充分调动全社会特别是企业对饮用水水源地保护投入的积极性，拓宽投融资渠道，探索 PPP（政府和社会资本合作）投资模式，建立既不失政府管控、又能激励社会资本进入的多元化投融资机制。

（2017 年）

重点流域水污染防治的形势与任务 [1]

全国重点流域水污染防治工作是推进生态文明和建设美丽中国的直接体现，是全面落实区域发展总体战略的重要环节，关系到空间、产业格局的调整和生产、生活方式的变化。近年来，按照科学发展观的要求，配合国家区域发展总体战略的实施，重点流域水污染防治各项工作全面推进，取得了显著成绩。但受发展压力和方式的影响，重点流域水污染的状况在总体上仍未明显好转，防治工作存在不少薄弱环节。在加快发展和科学转型的环境下，我国重点流域水污染防治工作地位越来越重要，任务也越来越艰巨，需要科学认识，积极面对。这个座谈会的任务，就是认真总结近些年来重点流域水污染防治工作取得的进展和经验，深入分析面临的形势和挑战，科学谋划今后一个时期的基本思路和重点工作。我先讲几点意见，供大家研究讨论。

一、近些年重点流域水污染防治实现了一些重大转变

过去一个时期，是我国重点流域水污染防治受到高度重视并取得显著成效的时期。一方面，粗放型的经济发展导致全国大部分江河湖海遭受了不同程度的污染，剩下的也面临着污染的压力，加强防治成为实现经济社会全面协调可持续发展的现实选择；另一方面，改革开放带来了我国经济的快速发展和综合实力的不断增强，加强防治有了较好的经济基础和操作能力。党中

[1]2012 年 12 月 4 日—5 日，国家发展改革委地区经济司在云南省丽江市召开"全国重点流域水污染防治工作座谈会"，总结过去一些年重点流域水污染防治工作取得的进展和经验，分析面临的形势和挑战，谋划下一步的重点工作。本文系作者于 4 日在会上所做的主题讲话，原题为《总结经验、认清形势，深入推进重点流域水污染防治工作》。

央、国务院对推进生态文明建设、建设环境友好型社会做出了全面部署，中央领导同志针对有关重点流域水污染和水危机状况做出了一系列重要指示，并召开专门会议进行安排。国家出台了一系列重大区域规划和政策文件，建设了一批以重点流域为主要载体的生态经济区，指导推进区域水污染防治，促进经济社会发展与生态环境保护的有机统一。在这样一个有利环境下，发展改革系统从事重点流域治理工作的同志们，不畏艰难，以超常的思维和创造性的方式扎实工作，促进重点流域水污染防治在思路和策略等方面实现了重大转变，取得了在经济社会快速发展的强大压力下重点流域水环境质量总体稳中趋好的积极效果，初步走出了一条符合我国基本国情的流域治理新路子。概括地说，主要体现在如下几个方面：

第一，克服就事论事的思想理念，把重点流域水污染防治纳入到国家区域发展总体战略实施体系。区域发展与流域环境紧密相连，流域与区域具有一体性和联动性。随着现代化建设进程的不断加快，经济社会活动日趋复杂，作为重点流域载体的区域发展对流域的影响和制约也日益普遍和深刻。有鉴于此，我们突破传统的把流域水污染防治限于治理流域的思想局限，立足于区域整体发展来实施流域水污染防治。一方面，把流域水污染防治放到区域经济社会发展的全局来考量、谋划和安排，不仅将流域水污染防治作为推进经济社会发展的重要内容，而且依据流域的分布、功能及其演变来研究提出区域经济社会发展的相关思路和重点任务；另一方面，基于经济社会发展的整体安排和一体联动来推进流域水污染防治，把流域治理同优化空间布局、调整产业结构、统筹城乡发展等重大措施有机结合起来。这是重点流域水污染防治思想观念和思维基点的一个重大变化，我们把这一思想观念作为区域规划和政策文件编制的重要指导思想之一，把这一思想观念作为制订重点流域水污染防治规划的根本指导思想，从而把重点流域水污染防治纳入到了国家区域发展总体战略实施体系。实践证明，按照这一思想观念实施流域水污染防治不仅大大提升了流域治理的效果，而且也有力地促进了区域经济社会的科学发展。整体而言，这一思维观念的转变为推动流域科学治理和健康发展奠定了坚实的基础。

第二，走出单打独斗的治理模式，把单一治理转向流域综合整治。长期以来，重点流域水污染防治局限于以水论水、就水治水。在过去工业化城镇化发展程度低、农业生产生活方式"原生态"成分较重、非水因素对流域水环境影响较小的情况下，这种治水方式是有一定效果的。但随着工业化城镇化发展的不断加快和现代化进程中农村产生生活方式的改变，区域经济社会活动与流域关联日益直接和紧密，这种治水方式已难以产生实质性效果。在实践中往往出现河流湖泊污染不断扩展、边治理边污染或越治越污的状况，前几年还出现了严重的水危机，给人们的生产生活带来了危害。适应环境的变化和基于思想观念的转变，我们积极推进重点流域水污染防治模式的创新，把重点治理流域本身水环境转变为内外兼顾，点源、线源、面源、内源一体推进的综合治理，实现了重点流域治理方式的重大转变。2007 年 5 月，太湖流域暴发了严重的水环境危机，以应对危机为契机，我们会同有关部门编制出了《太湖流域水环境综合治理总体方案》，这是我国第一个重点流域综合治理的方案，从此重点流域水污染防治工作跃上了综合整治的轨道。这一转变带来流域水污染防治的显著变化，一些重点流域水环境发生了明显的改善，并且在一定程度上实现了解决眼前问题和构建长效机制的有机结合。

第三，改变重近轻远的工作思路，把构建水污染防治长效机制放到突出重要位置。立足于解决当前问题是过去一个时期重点流域水污染防治的基本思路，这一方面与治理资金的有限性相关，另一方面也与初期污染治理任务较轻、治理效果易于显现等因素有关。在重点流域水污染范围不断扩大、治理任务日益繁重的情势下，这种工作套路已难以适应治理工作的需要，在一定程度上甚至成为影响重点流域水环境质量有效改善的一个制约因素。适应形势的需要，我们积极调整工作思路，在采取有力措施解决当前紧迫问题的同时，努力探索构建重点流域水污染防治的长效机制。一是健全责任机制，明确地方政府的流域治理责任主体地位和相关部门的指导协调职责，分解工作任务，落实工作责任；推行"河长制"，实行主要河流党政领导班子成员分工负责制度，相应建立责任追究制度。二是建立考核机制，实行目标、项目、投资、水质、责任五位一体，进行定期检查与考核，将考核结果与干部政绩挂钩。三是创新协调机制，建立由国务院有关部门和相关省（区、市）

组成的重点流域水污染防治联席会议机制,及时协调解决工作中的突出矛盾和问题,形成部门、地方、社会合力治污的新格局。四是构建联动机制,完善流域水环境质量及区域间环境影响的评价体系,探索建立市场化的生态补偿机制,促进流域上下游之间协调互动,充分履行水环境保护与治理责任。

第四,调整按部就班的操作路径,把防治重点和实际需要紧密结合起来。囿于资金限制、既有经验、体制约束等原因,长期以来,重点流域水污染防治在工作内容与范围上往往一成不变,致使治理工作陷入了有污不能治、治理不到位、治后又反弹的被动状态。为适应新形势需要,我们积极调整按部就班的工作路径,变被动为主动,大力推进重点流域水污染防治。一是务实拓展治理范围,突破多年前确定的"三河三湖"限制,把重点流域的治理范围拓展到已经出现不同程度污染的渤海、松花江、黄河中上游、三峡库区及上游、丹江口库区及上游等流域,与此同时积极争取更多资金用于重点流域水污染防治领域。二是把防与治有机结合起来,注重源头防控,统筹经济社会发展、水环境保护和生态建设,积极制订重点流域水污染防治规划,对预防重点流域进一步污染做出超前部署,努力解决重治理轻预防的问题,避免边治理边污染、越治理越污染的情况。三是进一步突出工作重点,根据现实状况和发展需要,科学选择防治优先流域和领域,集中力量攻关,实现薄弱环节的率先突破和重点问题的及时解决,以探索路径、积累经验、树立样板。几年来针对着太湖水污染危机、松花江突发水污染事件等,加大治理力度,取得明显成效。四是加强重点地区防治投入,在争取中央重点流域水污染防治投入不断增加的基础上,根据国家区域发展总体战略要求,提高重点流域源头地区、中西部地区水污染防治项目的补助比重。思想、模式、路径等方面的这些重大转变,带来了全国重点流域水污染防治效果的积极变化。监测数据表明,全国重点流域水环境污染不断恶化的状况得到遏制,保持总体稳定的局面,Ⅰ~Ⅲ类水质国控断面已由 2005 年的 24.4% 上升到 2010 年的 44.2%,劣Ⅴ类水质断面由 36.4% 下降为 25.8%,辽河、太湖、滇池等重点流域水环境质量出现好转或明显好转。

二、推进重点流域水污染防治面临的形势仍然十分严峻

近些年来重点流域水污染防治工作取得的成效是明显的，但我们要清醒地认识到，重点流域水环境状况并没有根本改善，一些流域水污染状况仍在恶化，总体形势依然严峻。推进重点流域水污染防治具备较好的工作基础和一些有利条件，但存在着不少现实压力和潜在困难。

从有利的条件看：

大力推进生态文明建设，为重点流域水污染防治创造了良好的社会环境。建设生态文明，构建资源节约型和环境友好型社会，是落实科学发展观、促进发展方式转变的重大战略举措，有利于促进经济社会全面协调可持续发展，有利于改善和提高人民生活水平。基于近些年的有益实践，党的十八大进一步把生态文明建设提高到建设中国特色社会主义事业总体布局重要内容的高度，继而提出要建设美丽中国。这对于推进重点流域水污染防治来说，不仅营造了良好的政策背景和社会氛围，也提供了明确的行动方向和强大的促进力量。在这样的社会环境下，推进重点流域水污染防治将获得越来越广泛的公众支持和越来越多的资金投入，也将促使防治工作不断走向深入。

区域发展战略规划的密集出台，为重点流域水污染防治提供了有力的政策支撑。区域发展战略是推进重点流域水污染防治的重要保障和指南。前面已经谈到，这些年的一个重要转变就是把重点流域水污染防治纳入到了国家区域发展总体战略实施体系。"十一五"以来，基于国家整体战略要求，立足于发挥地区的比较优势，按照分类指导的原则，国家出台了一系列重要的区域规划和政策文件，其中包括一些以流域治理和开发为基础的规划文件和专门涉及流域水污染综合治理的规划文件。这些规划文件不仅在总体上为深入推进重点流域水污染防治提供了基本思路和政策构架，而且对于各重点流域实施综合治理提供了操作路径和坚实保障。

市场化机制的建立和完善，为重点流域水污染防治开辟了多元化的实施

路径。随着治污设施建设运营产业化进程的加快、市场化流域生态补偿机制探索逐步开展等，政府和市场共同推进重点流域水污染防治的良好格局初步形成。近年来，国家陆续出台相关政策，大力推进治污环保项目运营收费制度，鼓励和引导以非政府为主体的民间资本参与治污设施建设和运营管理。着眼于构建长效机制，浙皖两省在新安江流域开展了流域生态补偿试点，十省份进行了排污权交易试点。所有这些市场化的探索都为深入推进重点流域水污染防治积累了有益的经验，也进一步丰富了防治的路径和方式。

从面临的压力看：

重点流域水污染防治基础比较薄弱，存在着许多障碍和制约。一是水质状况总体偏差。2010 年重点流域达到或优于 III 类水质的比例较全国流域平均水平低 11 个百分点，劣 V 类较全国高出 5.6 个百分点，157 个考核断面水质达标率仅为 81%，部分湖库总氮和总磷一直不达标，甚至还有恶化的趋势。二是废水排放量高居不下。据统计，全国废水排放总量持续增加，由 2006 年的 536 亿吨增长到 2010 年的 617 亿吨，与之相比，重点流域废水排放增速更快。三是体制机制尚不健全。科学发展的体制基础比较薄弱，片面追求经济增长和总量扩张的冲动依然强劲，生产发展方式没有实现实质性转变。环保收费制度、资源环境产权交易制度、生态补偿机制等没有全面建立起来。四是法律法规体系有待完善。《水法》、《水污染防治法》等法律法规虽然已颁布多年，但总体上看贯彻实施力度不够，各相关法律之间需要衔接协调，部分法律内容需要适应污染治理的发展要求做出修订。此外，一些矛盾突出、治理难度较大的流域缺乏专门的法律法规指导和约束。

经济快速增长与产业迅猛扩张，给重点流域水污染防治带来前所未有的压力。从经济增长的角度看，重点流域土地面积占全国三分之一，负载了 56% 的人口和 52% 的经济总量，人口的不断集聚和经济的快速增长使流域污染不断加重，对已不堪重负的重点流域水环境保护带来了沉重的压力。与此同时，"十二五"期间，国家提出了主要污染物化学需氧量和氨氮排放量分别较"十一五"末削减 8% 和 10%。在全国经济保持稳定增长、污染物增量高居不下的情况下，既要削减存量，又要控制增量，难度很大，无疑给重点流域水污染防治带来了严峻挑战。从产业发展的角度看，近年来为应对国际金融危机，抑制经济增速放缓，一些地区放松了结构调整步伐、降低了产业准入的环保审批要求，粗放增长方式有抬头的趋势。片面追求经济增长导致一些地区工业发展特别是重化工业发展规模过大、能力过剩，消耗了更多的资源，也产生了更多污染物。这几年产业转移承接步伐加快，在这个过程中，受多种原因影响，部分污染产业随之转移。矿山开采和加工、化学、新材料、生物制药等产业给流域输入有毒有害重金属和持久性有机污染物的风险也在不断增加。而生态环境相对脆弱的大江大河源头及流域上游地区一旦遭受污染，治理难度更大，治理成本更高。农业在发展中所形成的面源污染也在不断加剧，片面追求农畜产品产量的短期增加，导致化肥和农药的过量无序施用，也使更多的氮磷等营养物质输入水体，造成河湖富营养化程度不断加深，这大大增加了部分流域水污染防治的难度。

城镇化不断加速和生活水平日益提高，给重点流域水污染防治提出了更高的要求。党的十八大进一步明确了到 2020 年全面建成小康社会的奋斗目标，并把加快城镇化作为重要战略任务。随着城镇化的深入推进，人口向城市的集聚、生产生活设施建设的提速、用水量和排水量的增加等将给流域资源和环境承载力带来严峻挑战。据估算，我国城镇化水平每提高 1 个百分点，生活污水、垃圾排放将分别新增近 3.8 亿吨和 293 万吨。与此同时，在全面建设小康社会的进程中，人们的生活方式和生活水平将会发生明显的变化，消费结构的升级、生活品质的提高、环保意识的增强，对干净的水、新鲜的空气、安全的食品、周边地区居住环境质量的预期越来越高，这些都将给重点流域水污染防治提出更高要求，因而也产生了更大的压力。

总体上看，推进重点流域水污染防治的任务越来越重，难度也越来越大，对此我们要有足够的思想准备。

三、持续改善重点流域水环境质量要进一步突出工作重点

重点流域水污染防治进入了一个巩固成果、加快治理、提高水平、力求突破的关键时期，我们不仅要通过努力有效遏制住污染状况，而且要不断

改善和提高流域水环境质量，还给广大人民群众一个山清水秀的生态空间。按照建设生态文明和美丽中国的总体要求，基于当前的情况和发展的需要，"十二五"时期重点流域水污染防治的基本思路是：统筹区域发展与流域治理，以规划编制为统领，以项目实施为抓手，以机制创新为保障，防治结合，加快推进重点流域综合整治，实现重点流域水环境质量的持续改善，促进经济发展与水环境保护相协调。下一步要重点抓好以下四个方面工作：

第一，立足科学发展，加快制订和实施重点流域水污染防治规划。规划是推进重点流域水污染防治工作的统领和方向。要以科学发展观为指导，统筹经济社会发展与生态环境保护、重点流域水环境治理，继续做好重点流域水污染防治规划编制，并采取有力措施加以贯彻实施。加快推进并尽快完成《太湖流域水环境综合治理总体方案》的修编工作，在准确评估的基础上合理确定下一阶段的工作目标和主要任务，适时召开太湖流域综合治理第六次省部际联席会议，对新一轮太湖治理工作进行全面部署。加强与《丹江口库区及上游地区经济社会发展规划》衔接，积极做好《丹江口库区及上游水污染防治和水土保持"十二五"规划》的实施工作，按照第三次部际联席会议的要求，抓紧解决水源保护中的突出问题，确保 2014 年南水北调中线工程通水水质安全。加快编制并尽早出台《千岛湖及新安江上游水资源与生态环境保护综合规划》，积极做好相关基础性工作，重点推进和不断完善流域上下游间生态补偿机制试点。指导地方加快编制《兴凯湖综合保护规划》，加快启动中俄边界兴凯湖生态环境保护。加强南海生态环境保护重要问题研究，适时编制相关规划。配合实施国家海洋经济发展战略，研究制订促进海洋环境保护相关规划或意见。指导辽宁、河北、山东和天津三省一市推进《渤海环境保护总体方案》实施，适时召开渤海环境保护第三次省部际联席会议，研究解决方案实施中存在的困难和问题。按照"一河（湖）一策"的原则，突出重点，继续做好"三河三湖"等全国重点流域"十二五"水污染防治规划的实施和考核。除配合做好国家相关规划编制工作外，有关省（市）还要结合实际，制订本地区重点流域治理实施方案，进一步落实建设任务、配套政策和保障措施。

第二，坚持综合治理，统筹推进重点流域水污染防治各项重要工作。综合治理是推进重点流域水污染防治的有力手段和有效路径。要立足于综合治理，突出抓好重点流域水污染防治各项重大事项，特别要抓好如下三个方面：一是大力推进农村生产生活方式转变。加快种养殖业结构调整，积极发展生态农业和规模化畜禽养殖场业；推广先进农业生产方式，开展测土配方施肥、推行生态防治病虫害技术、实施集中式沼气工程，建设粪便、垃圾等有机废弃物处理设施；加强农村清洁环境整治，结合新农村建设，推进农村人居环境改善和生活方式转变，努力创建清洁水源、生态家园和绿色田园。二是努力提升产业结构和城镇化建设水平。加快淘汰和改造高污染高能耗企业，积极发展低污染、节水和资源化利用产业，严格准入门槛，提高项目建设的绿色技术和环保工艺水平；大力发展循环经济，加快节能减排技术的示范和推广；优化城镇布局，提高城镇环境基础设施建设与综合利用水平，完善污水收集管网和生活垃圾收运体系，促进改善城镇水域环境质量。三是积极开展水生态保护与修复。因地制宜实施生态补水，提高水体自净能力；实施退田还湖还湿，提升湖（库）生态系统自我修复水平；强化蓝藻水华监测和预警能力，建立防、治、用一体化的体系；严格控制水体水产养殖活动，规范水上运输和涉水旅游观光，推进船舶标准化建设，加强污染河湖底泥清淤，最大限度地降低内、线源污染物释放。

第三，严格项目管理，切实保障重点流域水污染防治取得积极效果。项目是载体，也是支撑。治污项目实施状况直接影响到重点流域水污染防治效果。要按照规划或方案的要求逐一推进各类项目的建设，特别是做好项目实施全过程管理，以最大限度地发挥项目的效率与效益。一是切实加强前期管理。加大专业审查力度，加强综合效益评估，严格审批程序，合理确定项目建设规模和工艺，尽力提高投入产出比率，避免相关建设风险。二是创新投融资管理。充分考虑重点流域的地区差异性、治污技术多样性和达标排放时效性等特点，合理确定项目建设投资标准。政府与市场并举，多渠道拓展筹措建设资金，多形式体现项目资本权益。三是规范建设与运行管理。严格执行项目基本建设程序，切实落实项目法人责任制、招投标制和工程监理制，推进项目建设进度信息公开和过程监管。加快项目配套设施和保障机制建设，明确责任主体，加强运行监管，保障已建项目充分发挥功能与效益。

第四，创新体制机制，加快形成重点流域水污染防治制度体系。完善的体制机制是重点流域水污染防治不断深化并取得成效的动力和保障。要围绕解决重点流域水污染防治中存在的突出矛盾和关键问题，立足于持续有效推进水环境保护，从政府和市场两个方面加强试点探索，全面创新和完善体制机制。在政府方面，要进一步采取有效措施强化责任约束，充分发挥各级政府和相关部门在重点流域水污染防治中的能动作用，各地和相关部门可根据自身职能和实际情况探索建立行之有效的责任制度和考核机制。与此同时，要充分发挥各重点流域省部际联席会议或相关协调机制的作用，制订工作规程，明确工作职责，加强对重点流域水污染防治问题的研究、解决和协商力度。在市场方面，要积极探索建立健全区域间、流域间有利于保护生态和水环境的利益平衡机制，特别是要在排污权、水权、碳排放权交易机制，以及体现资源稀缺程度和环境损害成本的资源型产品价格形成机制等方面深化探索，由浅入深、由点到面逐步建立较为完善的市场化体制机制。与此同时，着眼于加强薄弱环节，不断推进相关立法工作，逐步将重点流域水污染防治全面纳入法制化轨道。

四、以更加严谨的操守推进重点流域水污染防治工作

思路决定出路，精神关乎效率。面对着繁重的防治任务，我们要深化认识、振奋精神、勇于开拓、不断进取，以更加积极的态度、更加扎实的努力做好各项工作。希望大家在下一步的工作中更加注重如下一些方面。

第一，进一步增强使命感。生态文明建设关系到国家大局，而作为生态文明建设重要环节的重点流域水污染防治，直接影响着区域发展的速度和质量，影响着黎民百姓的健康与幸福，承载着十分重要的使命。能够直接从事重点流域水污染防治工作，应该感到光荣，也应该知道厚重。我们要充分认识到自己的责任，立足平凡、志存高远、不计得失、执着前行，以良好的精神状态投身到防治工作的实践之中。我们要尽力发挥自己的聪明才智，同心同德、群策群力、把握长远、精于细末，把各项防治工作做深做实，给历史圆满交代，还自然本来洁净，留子孙无限美丽。

第二，进一步提升工作素质。重点流域水污染防治的质量和效率，归根到底取决于我们自身的能力与水平。因此，做好这项工作需要不断地提高我们的工作素质，特别是不断提升我们的思想水平、业务技巧和管理能力。要切实以科学发展观为指导，深入研究和准确把握经济社会发展和流域水环境变化的内在规律，坚持居高思维、统筹谋划、从长计议。在思考和推进重点流域水污染防治工作中，做到把握全局考量局部事务、基于整体安排重点工作、立足建立长效机制来化解当前问题。要深化业务知识学习，既要强化专门知识功底，又要加强综合知识积累，坚持用一桶水灌一杯水，做到举一反三、融会贯通。要坚持宏微并重，密切关注经济社会形势变化，准确掌握一线实际，善于在高远和务实相统一的基点上处理问题，在原则和灵活的平衡中寻找路径。

第三，进一步深化调查研究。调查研究是科学决策的基础和前提，也是正确路径的依据和来源。重点流域水污染问题涉面广、原因杂、变化快，且突发性强，很多情况需要及时了解、深钻细研，因此深入细致的调查研究是重点流域水污染防治的必修课。这些年我们所制定的一些重点流域水污染防治的规划和方案都是在反复深入一线调研的基础上编制完成的。要秉承这一好的工作作风，把调查研究做深做实做细。特别要在两个方面下功夫，一方面千方百计把实际情况了解清楚，这主要是全面准确掌握各种基础数据；另一方面统筹兼顾把问题研究明白，这主要是深入系统把握流域区域间的联动关系，从而因地制宜地提出防治对策。深化调查研究要脑勤、腿勤、口勤，要沉得下身，吃得起苦，耐得住寂寞。

第四，进一步加强廉政建设。重点流域水污染防治与资金、项目结合在一块，而在防治任务越来越繁重且国家综合经济实力不断提升的情况下，资金投入额度、项目工程数量在不断增长，这在一定程度上提供了腐败滋生的土壤。因此，必须高度重视廉政建设，始终把反腐倡廉贯穿于重点流域水污染防治的全过程。要树立权力风险意识，做到警钟长鸣、从"心"防起。要健全制度，坚持公平公正公开的原则和规范的工作程序，加强对相关权力的制约与监督。还是我们多次强调的那个要求，在重点流域水污染防治不断取得积极成效的同时，做到资金不流失、项目不缺失、人员不损失。

我们肩负着深入推进重点流域水污染防治工作的重任，国家和人民对我们寄予殷切的希望。我们面对的任务虽然繁重，但只要我们齐心协力，前景就必然灿烂辉煌。等到有一天我们面对依靠我们自身努力换来的碧水青山的时候，我们一定会为自己曾经付出的辛苦感到无尚的骄傲和自豪。让我们以更加高昂的斗志、更加踏实的工作去迎接这一天的早日到来。

（2012 年）

深入推进重点流域水污染防治 [1]

重点流域水污染防治关系到国民经济健康发展和社会和谐稳定大局,党中央、国务院十分重视重点流域水污染防治工作,中央领导对流域的污染防治问题多次作出了重要批示。按照中央的部署领导,我委积极推进重点流域水污染防治工作,自1998年实施以来,已经过了9年的路程,尤其在"十五"期间,国家加大了对重点流域和海域治理力度,使我国水污染防治工作得到全面展开,项目实施的规模之大、投入力度之强,在我国发展史上是史无前例的,在座的同志们也为此付出了不懈的努力,使这项工作取得了阶段性成果。今天会议的主要任务是贯彻落实国务院节能减排工作电视电话会议精神,总结重点流域水污染防治工作,分析当前工作中存在的问题,明确下一阶段的工作重点和任务,推进"十一五"减排目标的完成。下面我谈三点意见:

一、充分认识重点流域水污染防治工作的重要性及紧迫性

重点流域涉及的18个省、自治区、直辖市在全国经济和社会发展中占有重要地位,随着经济的快速增长,各项建设取得了巨大成就。但由于我国正处于工业化的发展阶段,粗放型的经济增长方式还没有根本转变,高耗

---

[1] 本文系作者2007年6月1日在国家发改委地区经济司召开的"重点流域水污染防治工作暨2007年度投资项目审查会"上的讲话,原标题为《加强重点流域水污染防治工作,切实推进"十一五"减排目标的完成》。

能、高污染行业盲目扩张现象严重，为此该地区经济的快速增长也付出了巨大的资源和环境代价，经济发展与资源环境的矛盾日趋尖锐，做好重点流域水污染防治工作，关系到全国环境保护的大局，关系到重点流域所属地区的可持续发展，关系到广大人民群众的切身利益，具有重要的现实意义和深远的历史意义。

首先，做好重点流域水污染防治工作是落实科学发展观，构建社会主义和谐社会的客观需要。党的十六大以来提出了树立科学发展观、构建社会主义和谐社会的重要思想，做好重点流域水污染防治工作是贯彻落实这一思想的具体行动。去年国务院领导同志在全国水污染防治工作电视电话会议上指出，要坚持全面推进、突出重点，继续抓好重点流域环境治理，注重加强饮用水源保护，带动全国水污染防治。曾培炎同志的讲话对重点流域环境治理工作提出了更高的要求，把重点流域的治理工作作为推进全国水污染防治的驱动力，同时提出了在流域治理中要充分重视饮用水源的保护。饮水安全不仅是水资源合理配置的首要任务，也是流域水污染防治的一项重要目标，它关系到亿万人民群众的切身利益。这些年来，随着工业化、城镇化进程的加快，流域的水污染趋势没有得到有效控制，已严重影响到流域城乡居民的饮用水水源地的水质，由于流域污染导致了饮水不安全，群体性上访及信访事件也呈上升趋势，成为造成社会不稳定的重要原因之一。因此我们在流域治理工作中必须增强忧患意识和责任意识，牢固树立和全面落实科学发展观，按照构建社会主义和谐社会的要求，以保障人民群众的身体健康、社会稳定为出发点，切实做好流域水污染防治工作。

其次，做好重点流域水污染防治是建立资源节约型、环境友好型社会，完成"十一五"节能减排既定目标的要求。我国国民经济和社会发展"十一五"规划已将主要污染物二氧化硫和化学需氧量排放总量比"十五"期末减少10%，作为约束性指标列入到规划文本。据此，去年的政府工作报告和计划发展报告，提出了单位GDP（国内生产总值）能耗降低4%左右、主要污染物排放总量减少2%的年度目标，各地区、各部门积极采取措施贯彻落实中央部署，取得了一定成效。在各方面的共同努力下，去年全国万元GDP能耗下降1.23%，主要污染物排放增幅减缓，全国二氧化硫、化学需氧量的排放量增幅分别回落 11.3 和 4.4 个百分点；城市污水处理率和城市生活垃圾无害化处理率分别达到 56% 和 54%，比上年提高 4 个和 2.3 个百分点。但从总体上看，由于目前产业结构调整进展缓慢，主要污染物排放总量明显超过环境容量；环保投入力度不够，污染治理工程建设仍然滞后；一些措施见效需要一个过程；支持节能减排的价格、财税、金融等政策措施还没有到位，资性产品价格尚未理顺；法律法规不健全，违法成本较低；管理能力还较弱等原因，去年的节能减排指标没有能够按计划完成。为实现"十一五"污染减排约束性指标，近期国务院成立了节能减排工作领导小组，温家宝同志担任组长，曾培炎同志担任副组长，今年 4 月国务院又召开的节能减排电视电话会议，把节能减排作为当前宏观调控的突破口和重要抓手。近日，国务院印发了"节能减排综合性工作方案的通知"，工作方案提出了十项措施，其中在工程措施中提出要加快水污染治理工程建设，"十一五"期间，包括重点流域在内，全国计划新增城市日污水处理能力 4500 万吨，再生水日利用能力 680 万吨，形成 COD 削减能力 300 万吨。根据这一目标任务，重点流域的治污工作责任重大，"九五"和"十五"期间，通过重点流域的城镇污水处理设施建设，形成了城镇污水处理能力 2171 万吨。根据重点流域水污染防治"十一五"规划，到 2010 年底，重点流域将可新增 4100万吨的污水处理能力，但目前"十一五"规划期已过一年半，因此，要完成"十一五"的减排任务，做好重点流域水污染防治工作是关键。

第三，做好重点流域污染治理工作是提高水环境承载能力，促进流域可持续发展的要求。我国水污染问题已成为制约经济社会发展的瓶颈，目前我国约 1 / 3 的水体丧失了直接使用功能，重点流域 40% 以上的水质没有达到治理要求，流经城市的河段普遍受到污染，不少地方出现有河皆干、有水皆污的状况，近海水域赤潮频发。部分流域的水资源开发利用度过高，淮河、辽河水资源开发利用率超过 60%，海河超过 90%，大大超出了国际上 30%-40% 的水生态警戒线，造成枯水期基本没有流量，减弱了水体自净能力，加剧了水污染恶化趋势。根据有关部门的监测结果显示，重点流域的劣五类水质监测断面，海河占 54%、辽河占 40%，淮河虽然经过多年整治，仍然占 32%。三峡水库干流仍然保持着三类水质，但库区支流水质逐步变差，水库蓄水后，回水区已经多次出现"水华"现象。南水北调中线水源地的丹江口水库，目前水质达到二类标准，但库区水体已经出现中度富营养状态。汉江流域的上游是丹江口水库的主要水源，目前水质基本达到二类标准，但沿汉江两岸的城镇生活污水未经处理直接排放，已经成为污染丹江口水库的一大隐患。滇池、巢湖、太湖富营养化也十分严重。

重点流域一方面面临着严重的水污染问题，另一方面也面临着经济增长和摆脱贫困的压力，水资源和水环境容量已难以支撑发展的需要，影响到该区域的资源、环境和经济社会的协调发展。因此，要充分认识水环境资源的价值，产业发展和生产力布局是以水的承载能力为基点，要把流域水环境保护和经济发展摆在同等重要的位置，在保护环境中求发展，在发展的同时保护环境，不能以牺牲环境为代价来换取经济增长的速度。因此，做好流域治理工作，是重点流域走上又快又好科学发展道路的自身需要。

二、重点流域水污染防治工作进展及存在的问题

"十五"期间，为有效遏制重点流域水污染加剧的态势，按照国务院的部署和要求，国家积极推进"三河三湖"（淮河、海河、辽河、太湖、巢湖、滇池）、渤海、三峡库区等重点流域的水污染防治"十五"计划的实施。为突出工作重点，我委将规划内的城镇污水处理设施建设列入到国债支持的重点领域，并将淮河流域的水污染治理作为治污工作的重中之重。去年，在加快"三河三湖"污染治理的同时，根据水污染防治的需要，国家将丹江口库区及上游、松花江等列为污染治理的重点流域。

从"三河三湖"和渤海水污染防治"十五"计划实施情况来看，截止到2006年底，国家共安排城镇污水处理厂457个，日处理污水设计能力达到2448.76万吨，完成规划设计能力的87.8%；其中海河、辽河、淮河流域分别完成规划任务的71%、73%和95%；在"三湖"中，太湖完成率较高，达到94.4%，而巢湖和滇池分别只达到57%和21%，渤海完成规划任务的60%。目前，已有226个项目建成投产运行，形成污水处理能力1556.6万吨／日。同时，为保障三峡水利枢纽工程的水质安全，根据"三峡库区及上

游水污染防治规划"，国家已安排了规划内项目 287 个。其中污水处理项目 139 个，日处理污水能力 479.9 万吨；垃圾处理项目 140 个，日处理垃圾能力 27806 吨；次级河流治理项目 8 个。目前，一批城镇污水处理设施已相继建成，正在发挥应有的环境和社会效益，为减轻水环境污染，改善水环境质量发挥了积极作用。

但从我们近期摸底调查的情况来看，发现部分项目存在着问题：一是一些项目建设进度未能按计划完成。从我委安排的"三河三湖"等流域的 457 个城镇污水处理项目来看，到目前为止，已建成投产的项目只有 226 个，还有 231 个项目正在建设中，在建规模达 50%。二是部分项目建成后未能正常发挥投资效益。据各省上报的材料分析，目前有 37 个项目建成后不能正常运行，时停时开，有的甚至长时间闲置，占已建成污水处理厂的 18.5%。据向我委稽查办了解，实际不能正常运行的项目多于各省上报的项目数。针对这些项目存在的问题，我们进行了调查，主要有以下几方面的原因：

第一，地方配套资金缺口较大，项目建设进度缓慢。从目前的发展阶段来看，治污项目主要体现为社会和环境效益，社会资本参与的程度较低，治污项目主要依靠中央和地方财政投入，由于流域内一部分地区为欠发达地区，地方财力有限，加之近年来实施的水污染治理工程大都为县级项目，因此地方配套资金落实难度很大，而国家投资补助有限，致使项目由于资金短缺，工期拖延，迟迟不能竣工投产。

第二，配套政策不到位，管理体制不能适应产业化发展要求。一些地方对污水处理项目建设缺乏产业化经营的意识，过分强调污水处理设施的公益性，产业化运行的相关配套政策和改革措施滞后。一是污水处理收费标准低，不能弥补运行成本，地方自身财政又无力对污水处理设施的运行予以补贴，因此造成运行费用得不到保证。同时，收费机制不够完善，收缴率低，加上污水处理费常被截留挪用，使原本就紧张的运行经费越发难以保证。二是在投资和运行机制上，一些地区缺少鼓励引进社会资金的相关政策，仍然沿用政府投资为主的建设模式和政府补贴为主的运行政策，一方面造成大量社会资金被拒之门外，另一方面地方配套财力又无法满足建设需要。三是行业管理体制改革进展较慢，目前仍有 30 家污水处理企业实行事业性管理，机构臃肿，队伍庞大，效率低下，缺乏约束机制和独立经营的积极性。

第三，配套管网建设滞后，项目建成后能力闲置。一些地方在项目建设中不能够按"厂网并举，管网先行"的原

则，开展支线管网的建设工作，由于城市管网的历史欠账很多，管网建设由于资金不足而严重滞后，出现了"大马拉小车"的现象。同时，一些项目在前期设计中，为了多争取国家投资补助资金，未能从城市排污量和实际管网收集能力考虑，高估人口增长和工业用水增长速度，项目设计能力偏大，使项目建成后就先天不足，造成投资浪费，能力闲置。

第四，领导认识和责任制不到位，项目监督管理不力。一些地方政府的责任心不强，把污水处理项目仅仅作为一种摆设，一种政绩工程，而对项目的实际运行效果过问甚少，项目闲置就意味着节省运行费用，因此已建成项目时停时开，有的甚至为了应付检查时才运行，使耗资较大的污水处理项目未能发挥应有的效益。有的地方对于污水处理企业监管不力，一些污水处理厂未能按要求处理就直接排入水体，使之成为水体的第二污染源。

针对上述情况，我们会同建设部（编者注：现为住房和城乡建设部）、环保总局（编者注：现为生态环境部）等有关部门采取了一系列积极措施，出台了水价改革和污水处理产业化政策，并在国债资金安排中把落实收费政策作为项目安排的约束条件；加强了对项目全过程的稽查力度，对问题较多的项目及时提出整改要求，甚至采取停止安排该地区国债项目等严厉措施。各省也给予了高度重视，积极配合有关部门做好问题项目的整改工作，积极推动流域治污设施发挥应有的效益。

三、继续做好重点流域水污染防治工作的原则和要求

"十一五"时期是全面建设小康社会的关键时期，也是加强环境保护、改善环境质量的关键时期。温家宝同志在政府工作报告中指出，今年的八大工作任务中，第六项任务提出了要加大污染治理和环境保护力度，继续搞好"三河三湖"、松花江、三峡库区及上游、南水北调水源及沿线等重点流域污染治理的要求。在国务院召开的节能减排工作电视电话会议上，温家宝同志

又强调要严格控制高耗能、高污染行业的发展，加快淘汰落后生产能力，加强组织领导和责任追究，切实打好"十一五"节能减排这场硬仗。

根据国务院要求，今明两年我委将在优化产业结构、加大重点工程实施、发展循环经济、加快技术开发和推广、加强节能减排管理、加大监督检查执法力度、建立激励和约束机制以及提高全民节约意识等方面提出具体措施。在重点工程实施中，提出了加大水污染防治的工作要求，为此，切实做好重点流域的水污染防治工作仍然是我们当前的工作重点。今年，国家在中央投资非常紧张的情况下，对重点流域水污染治理的资金比去年略有增加，这充分体现了国家对流域治理工作的重视和决心，但同时对我们的工作提出了更高的要求，我们不仅要将这些项目资金用好，还要管理好，使它发挥更大的效益。为此，重点流域治理的工作要遵循以下几个原则，一是统筹兼顾、突出重点。要按照重点流域水污染防治"十一五"规划的要求，在全面推进治污项目建设的同时，根据轻重缓急，重点建设影响人民群众健康的饮用水水源地的治污项目。二是科学设计、建管并重。要实事求是地做好项目的前期工作，避免项目建设规模偏大、标准偏高。在注重项目建设的同时，加大对项目运行情况的监督和检查。三是地方为主、国家支持。地方政府对本辖区内水环境质量负责，是水污染治理的责任主体，要加大政策支持、资金投入力度。同时国家在财力允许的情况给予必要的支持。

下面，我对今明两年重点流域水污染治理工作提出如下工作要求：

第一，提高认识，明确责任。重点流域水污染防治是一项长期的工作任务，它的主要责任在于地方政府。虽然近年来国家加大了污染治理方面的投入，但这并不意味治污工作应该由国家来承担，因此，各地对此要有正确的认识，认真落实重点流域水污染治理工作的任务和责任，要把这项工作纳入到中央关于污染减排的总体部署，对于目前各地区存在的问题，必须高度重视，采取切实可行的措施认真加以解决。必须增强忧患意识，增强完成今年和"十一五"减排任务的紧迫感和使命感、进一步加大流域水污染防治工作的力度，努力改善水环境质量，保护流域亿万人民的生存环境，以对国家、对民族、对子孙后代高度负责的精神，下大力气、下真功夫，切实把这项关系到中华民族长远发展的大事抓紧、抓好，努力实现流域经济社会和环境协调发展。

第二，完善机制，落实措施。要按照社会主义市场经济体制要求，建立和完善污水处理设施建设运行的新机制。要把国家宏观调控和市场配置资源更好地结合起来，在政府发挥主导作用的同时，充分运用市场机制，积极推进污水处理设施投资主体多元化、运营主体企业化、运行管理市场化。按照国务院批准的《国家计委、建设部、国家环保总局关于推进城市污水、垃圾处理产业化发展的意见》的要求，推进投融资体制和运营管理体制改革，鼓励采用股份制，建设 - 经营 - 转让（BOT）、转让 - 经营 - 转让（TOT），特许经营等多种方式，吸引社会资金投入污水处理厂和管网建设。实行合理的污水处理收费制度和标准。根据曾培炎同志在全国水污染防治工作电视电话会议上的讲话，要求到 2006 年底所有城镇都要开征污水处理费，并逐步提高收费标准，原则上达到每吨污水收费 0.8 元。国家对污水处理设施建设的补助，要把地方落实污水处理收费政策的情况作为前提条件，凡收费不到位的地方，应由地方财政对运行成本给予补贴。城市污水处理设施建设应实行项目法人招标制，通过公开招标投资和运行主体。到 2008 年底前，所有污水处理厂要完成改制工作，成为市场化运行的法人企业。

第三，严格把关，做好前期。今年继续在国债资金中支持"三河三湖"、渤海流域、松花江、南水北调水源地以及三峡库区及上游地区的水污染治理项目的建设，各级发改委要根据国家的有关规定开展前期准备工作。2005年，我委根据我国投融资体制改革的要求，印发了关于《中央预算内投资补助和贴息项目管理办法》，该办法规定：国家安排的单个项目的投资补助最高限额原则上不超过 2 亿元，超过 2 亿元的，按直接投资或资本金注入方式管理，由国家发改委审批可研报告，对于超过 3000 万元且项目总投资的比例超过 50%，也按以上办法执行。对丁超过 3000 万元的，可要求项目单位报送初步设计概算，并委托有关机构进行评审，国家发改委根据评审结果决定补助的具体数额。对于安排给单个项目的投资补助 3000 万元以下的，一律按投资补助方式管理，我委只审批资金申请报告。因此。各级发改委要根据以上规定开展前期工作。对不需国家审批可研或概算审核的地方项目，在申报资金申请报告前，省级发改委要履行可研审批或核准制度，你们应切实负起责任，在项目可研和初设审批中，本着实事求是，量力而行、一次规划、分步实施的原则，科学地确定项目建设规模。在项目工艺选择上，要因地制宜地选用处理效果好、投资成本低、运行及维修费用省的工艺技术方案，严格控制那些不按实际情况，一味贪大求洋的建设项目。同时，做好项目库的建设工作，对于今明两年实施的项目，要加强调研工作，并落实各项建设条件。

第四，加强督查，保障效益。近年来，重点流域水污染治理建设项目越来越多，因此，一方面要加强对项目的管理和政策引导工作，另一方面要加大稽查力度。对于已建成项目，要跟踪检查其运行情况，及时发现问题，督促项目所在地提出解决的办法，并落实各项措施，力争使建设项目在建成投产时污水处理量不低于设计能力的 60%，建成投产三年内污水处理量不低于设计能力的 75%。对于在建项目，要严格通过招标方式，选择投资、建设和运营主体。要加强对工程实施的监督管理，抓好工程质量、建设进度和投资控制，监督配套资金的落实情况。对于国债资金的使用，要督促各地严格按照国家计委、财政部关于国债资金管理规定和基本建设财务制度，实行专户管理，专款专用，独立核算，确保国债资金的合理合法使用。积极配合财政和审计部门对国债项目开展检查和稽查工作，发现问题，要严肃处理。国债资金是人民的血汗钱，要再次强调资金的使用和项目安排必须经得起历史的检验。

今天下午我们将会同建设部（编者注：现为住房和城乡建设部）、财政部、国家环保总局（编者注：现为生态环境部）、南水北调办（编者注：现为水利部南水北调工程管理司）以及我委投资司的同志对各省的续建和新开工项目进行审核。考虑今年用于重点流域污染治理的资金总量，今年的项目安排原则仍将以续建项目为主，适当安排一部分在"十五"计划中尚未安排的新开工项目。近期，国务院将召开节能减排工作领导小组第一次会议，我委为做好相关准备工作，我们发出通知对拟于今年新开工的项目进行摸底，目前各地报来了 195 个项目，投资需求量很大。对于这些项目的实施，我们将根据即将召开的国务院节能减排工作领导小组第一次会议的精神，以及委内的统一部署，再作统一考虑。因此，从目前来看各地还要做好两手准备，如果今年不能安排，请各地继续深化前期工作，待条件成熟时再予以安排。

今天，我们开一个短会，也算是今年做好重点流域水污染防治计划安排工作的一次动员，提了几条要求，希望大家不辜负党和人民赋予我们的神圣职责，同心同德，共同努力，为确保完成"十一五"减排目标做出新的、更大的贡献。

（2007 年）

强化重点流域水污染治理等新增中央投资管理 [1]

为有效应对国际金融危机对我国经济的不利影响，党中央、国务院及时调整宏观调控方向和重点，实施进一步扩大内需促进经济增长的十项措施，实行积极的财政政策和适度宽松的货币政策，重点加快民生工程、基础设施、生态环境等方面建设，在原计划基础上，今年第四季度增加安排中央投资 1000 亿元，明后两年将进一步加大投资力度，以促进经济平稳较快发展。按照国家发展改革委的统一安排，在新增投资中安排 10 亿元支持重点流域治理项目，安排 6 亿元支持扶贫以工代赈示范项目建设。为贯彻落实国务院"出手要快，出拳要重，措施要准，工作要实"的总体要求，确保此次新增投资用好用实，现就项目投资使用管理提出五点要求：

一、加强领导，细化责任分工

落实好中央投资工作是当前经济工作的重中之重，加快重点流域治污和以工代赈项目建设工作不仅是扩大内需、促进经济持续增长的当务之急，更是落实科学发展观、促进可持续发展的重要战略举措。各级发展改革部门要高度重视、加强领导、切实落实责任，确保投资和项目建设的各项工作落实到位。为此，要做到以下三点：一是提高思想认识。把做好当前投资和项目建设工作提高到中央对经济形势的判断上来，提高到有效抵御金融风暴冲

---

[1] 本文系作者于 2008 年 11 月 18 日在国家发改委地区经济司召开的"加强新增中央投资项目管理座谈会"上的讲话，原题为《切实做好重点流域水污染治理和扶贫以工代赈新增中央投资管理工作》。

击、确保经济平稳较快发展的重要战略举措上来。二是加强组织领导。各级发展改革部门要在党委政府的领导下，充分发挥综合经济部门职能，会同财政、建设、环保等部门，组织成立投资和项目协调领导小组，健全工作机制，加强协调，密切配合，做好项目安排和建设工作。三是明确细化责任。把项目安排和建设的各项工作及时落实到具体负责单位和个人。要把这次中央投资项目的建设进度和运行效果纳入到各级政府的工作考核目标，加强督促检查，确保中央投资快速、有效地落到实处，对拉动当前固定资产投资、改善重点流域水环境质量、提高贫困地区基础设施水平发挥积极作用。

二、统筹兼顾，选好投资项目

要把此次新增投资落在实处，关键在于选好项目。首先，项目选择要有依据，对于重点流域水污染治理项目，要纳入相关水污染防治规划和综合治理总体方案。对于以工代赈项目，也要按照《以工代赈建设"十一五"规划》进行安排。如果项目没有纳入规划，此次新增投资计划将暂不做安排。其次，要综合考虑地域、近远期和项目类型方面的因素，统筹安排项目。认真选择好实施好中央投资项目。按照党中央、国务院关于当前进一步扩大内需促进经济增长的总体部署，为使此次投资安排的项目能快速形成实物工作量，带动相关产业发展，我们优先安排了可快速形成投资效应的在建项目。鉴于重点流域水污染治理项目投资规模较大，各地要集中财力，加快这些项目的建设进度，切实扩大钢材、水泥、设备及劳动力等生产要素的需求。同时还要着眼于长远，抓紧启动一批符合条件的新开工项目，加快后续项目的前期工作，保持投资和项目建设的强劲势头。以工代赈主要安排的是前期工作完备、具备计划下达和开工建设条件，已经储备在我委项目库中的待建项目。其三，根据我委提出的要南北兼顾的要求，统筹安排好南方和北方地区的投资和项目。当前，北方大部分地区已进入霜冻季节，不利于大型基本建设工程施工，为保证中央投资短时间内的拉动效应，本次投资在北方地区主要安排续建项目，以便进行设备采购和安装。南方地区除续建项目外，还安排了一些建设条件成熟、能快速形成实物工作量的新开工项目。

三、提高效率，坚持标准程序

按照国务院有关要求，我们要把提高工作效率放在突出重要的位置上。各级发展改革部门要提高服务意识和大局意识，主动与各部门进行沟通，避免在协调过程中拖延时间，保证项目投资的时效性，尽快形成实物工作量，为扩大内需、促进经济持续增长作出贡献。此外，要处理好程序与效率的关系，确保项目质量。这次投资安排和下达工作时间紧，任务重，我们在工作中既要提高效率，又要坚持各项程序，避免因程序缺失影响项目建设进度和质量。要求地方申报的项目必须完成前期工作，且提供完整的申报材料。对项目单位申报项目的条件以书面形式予以明确，避免上下多次反复耽搁投资计划的下达。在项目建设过程中，必须严格按照基本建设程序办事，落实项目法人责任制、招投标制、合同制和工程监理制。设计、施工、监理等企业必须具备相应资质。为保证投资拉动内需的效果，在同等条件下，尽量使用国产设备。各级发展改革委要会同有关部门对项目的招标情况进行指导和监督检查，并按要求将招标结果报上级部门备案。

四、周密组织，加快建设进度

各地要按照今冬明春形成实物工作量的要求，合理安排工作进度，切实加快项目建设。各级地方政府要提前着手，尽快落实配套资金及其他建设条件，协调好项目建设的外部环境，各级发展改革部门配合财政部门做好中央投资的拨付工作，加强现场检查指导，督促企业加快建设。各有关项目单位要严格按照批复的建设规模、内容和工期组织施工，千方百计加快建设进度，确保项目按时建成投入运行。要建立项目进展情况报告制度，项目建设单位每月定期提交项目进展情况报告，各省发展改革部门要汇总后于今年底和明年2月底上报国家发展改革委。按照奖优惩劣的原则，国家发展改革委将对各省项目进度情况进行认真考核，考核结果作为安排下一批次中央资金的重要参考依据。

五、强化管理，严格监督检查

正如委领导所指出的那样，争取来资金不容易，管好用好资金更不容易。因此，要高度重视资金使用的监管。为加强对此次投资项目的监管，国家将采取两项措施。一是由中央纪委、监察部（编者注：现为监察委员会）牵头，审计、发展改革、财政等部门参加，组成中央扩大内需促进经济增长政策落实检查组派驻各地，对新增中央投资项目进行全过程监督。要公开操作，严肃纪律，严格按资金管理规定使用资金，严防截留挪用、滞留不用和浪费建设资金，严厉查处可能出现的违规违纪和腐败行为，确保中央投资的安全使用和发挥投资效益。一旦出现问题，除了项目实施单位要负责，派驻检查组也要承担部分责任。二是加强舆论监督，国家将派驻地的新闻机构会同有关部门，一起加强新闻监督。对于项目安排和建设过程中出现的违规违纪行为进行曝光。

各地除了按照我委统一要求配合做好相关工作外，还要进一步采取措施，把监督检查工作尽可能做得细一些、实一点。要加强对相关人员的教育，进一步增强廉政意识，在思想上保持高度警惕性；要建立必要的制度，严格资金管理，严防违纪现象发生；要把监督检查落实到选择项目、制定计划、下达投资、开工建设等每一个环节。坚持思想教育和制度约束相结合，确保这次在新增资金安排操作中资金不流失、人员不损失。

中央对这次投资拉动工作高度重视，寄予厚望。各级参与这项工作的同志们任务艰巨，责任重大。我们一定要以高度的政治责任感和使命感，把中央扩大内需促进经济增长的战略决策和安排中央投资的重要部署贯彻好、落实好，统一思想，坚定信心，迅速行动，规范运作，确保成效，为积极应对国际金融危机的影响、促进经济平稳较快发展做出新的贡献！

（2008 年）

2010 年重点流域水污染治理投资安排 [1]

过去的一年是新世纪以来我国经济发展最为困难的一年，在党中央坚强领导下，全国各族人民同心协力，从容应对国际金融危机冲击，我国经济率先实现回升向好。全国发展改革系统地区经济工作战线的同志，特别是多年来一直负责重点流域水污染治理工作的同志，认真落实扩大内需、促进经济增长的各项措施，切实加大重点流域水污染治理工作力度，为有效应对国际金融危机、促进经济平稳较快发展做出了积极贡献，在此我代表国家发展改革委地区经济司向大家表示衷心的感谢。今天上午召开的第十一届全国人大三次会议上，温家宝同志在政府工作报告中，再次提出要加强"三河三湖"等重点流域水污染防治。重点流域水污染防治使命光荣，不仅关系到流域水质的改善和生态环境保护，关系到"十一五"节能减排目标的实现，也关系到区域协调发展，关系到经济社会全面协调可持续发展，我们要按照国务院的部署，进一步提高认识，认真履行好党和国家所赋予的职责，继续做好2010 年和以后的重点流域水污染治理工作。今天我们在此召开通气会，向大家通报 2010 年重点流域投资计划安排的基本情况，并就加强项目管理和建设等提几点要求。

一、流域治理投资安排工作面临的总体形势

为深入贯彻落实科学发展观，促进经济平稳较快发展，按照中央经济工作会议精神，中央投资进一步向"三农"、保障性安居工程、卫生教育等民

---

[1] 本文系作者于 2010 年 3 月 5 日在国家发展改革委地区经济司召开的"2010 年重点流域水污染治理投资安排工作通气会"上的讲话。

生领域倾斜,继续支持节能环保和生态建设、自主创新和结构调整。为此,2010年国家发展改革委安排重点流域水污染治理项目中央投资53亿元(其中渤海军事区域治理4亿元以及松花江水源保护2亿元),三峡库区及上游水污染治理15亿元。从资金结构来看,今年实际用于"三河三湖"、丹江口库区及上游、渤海、黄河中上游、松花江流域水污染治理的中央投资为47亿元,投资总规模虽有所增加,但无论是与水污染治理的总体任务要求比,还是与规划项目实施需求比,都存在较大差距。综合考虑资金规模、规划项目实施进度、项目计划安排等因素,目前治理工作中主要存在着这样一些情况:

第一,实施进度缓慢、建设任务繁重。经过十多年的不懈努力,重点流域治理工作取得了一定成效,部分流域水质状况有所改善。如太湖流域,通过制定科学的综合治理方案,构建良好的工作协调机制,加大治理力度,近两年水环境状况不断好转。但从总体上看,各重点流域面临的治理任务依然十分艰巨。一是近30年来,我国经济取得了快速发展,但粗放型经济发展方式没有根本改变,在某种程度上,经济发展是以牺牲资源和环境为代价而实现的,环境保护工作未能适应经济社会可持续发展的要求,环境保护模式仍以"先污染,后治理"或"边污染,边治理"为主,部分地区和流域治理速度赶不上污染速度,水环境质量面临着严峻挑战。二是近年来国家大力推进经济社会发展方式转变,调整经济结构,加快"两型社会"建设,并陆续出台了一系列法律法规,在一些敏感地区和流域实行了更加严格的环境保护政策和标准,需要重点治理和保护的地区也随之增加。为此,"十一五"期间国家将重点流域治理的范围扩大到11条流域。我们的工作领域也从最初的"三河三湖"、三峡库区、渤海7个流域和区域,逐步扩大到松花江、丹江口库区及上游,2009年又进一步增加了黄河中上游和三峡上游地区。随着流域治理范围扩大和环境治理要求提高,流域治理任务日益繁重。根据11个重点流域水污染防治规划,"十一五"期间共需建设2183个污水、垃圾处理和综合治理项目,规划总投资1631亿元。从目前流域规划实施情况看,我委已下达投资为400多亿元,仅占规划投资的25%左右,实施进度远滞后于规划确定的目标,工作任务依然十分繁重。

第二,建设项目众多、资金缺口严重。近年来,各省积极推进"两型社会"建设，高度重视环境保护工作，加快开展流域水环境综合治理。尤其是松花江、淮河、海河等流域，有关省政府就规划项目的实施，与项目所在地政府签署了责任状，并将其纳入到领导干部政绩考核范围。各流域规划项目的前期工作明显加快，一批新建项目已落实建设条件，等待开工建设。同时，重点流域内部分项目的污染物排放标准进一步提高，一批已建成项目又面临着升级改造的任务，改造项目和新建项目需要同步推进。因此今年各省上报的项目个数明显增多，中央资金需求量增大，供需矛盾进一步加剧。据统计，在上报项目中，审查合格的项目就有589个，其所需中央投资达到150亿元，是今年可安排的中央资金的3倍，资金缺口依然十分突出，现有中央投资难以满足项目建设的需求。

第三，前期工作薄弱、项目审核偏松。随着国家投资体制改革的进一步推进，一些地区项目审批权限逐步下放到县级发展改革部门，在中央资金申报中，有的省级主管部门未能严格把关，部分上报项目存在着较为突出的问题。主要为：一是前期论证不充分。在项目前期工作中，一些地区对其建设规模缺乏科学论证，致使项目设计能力普遍大于实际需要的处理能力，一些污水处理项目建成后存在着处理能力闲置的风险。二是审批程序不规范。一些县级单位未能严格执行投资管理的有关规定，存在越权审批和分拆审批项目的问题。三是建设条件不落实。一些项目未能按照有关规定提供建设用地、环境影响评价和污水处理收费等有关方面文件，有的单位甚至存在着弄虚作假现象。四是招投标工作不严肃。部分项目未严格落实招投标制度，招投标程序未启动前就签署施工合同，存在着虚假招标现象。总体看，部分项目前期基础工作不够扎实，管理仍然较为薄弱。

二、2010 年投资安排的总体原则

今年，面对流域治理建设任务更加繁重，资金缺口进一步加大的严峻形势，我们应更加科学地安排中央投资，统筹协调并切实保障重点，力求使有限的资金发挥最大的效益，推动重点流域治理工作取得新成效。总体上考虑，今年资金的安排要遵循以下三个方面的原则：

一是统筹兼顾。2010 年是"十一五"规划的收官之年，我们要综合平衡各流域水污染治理"十一五"规划的执行状况，加快落后地区的规划实施进度。近几年重点流域的资金安排主要取决于各省上报的项目数量，由于各地对流域水污染治理的重视程度不尽相同，工作力度差异较大，项目前期工作进展不一致，导致各流域规划实施进度很不平衡，其中淮河、巢湖流域规划实施进度较快，其他流域相对滞后，尤其是辽河、黄河、滇池、太湖和渤海等，中央投资完成率不足 20%。因此，为协调推进重点流域水污染治理工作，本次投资计划将根据各流域规划尚未完成的建设任务和尚未下达的中央投资，按比例将中央投资分配至各个流域，然后再根据流域内各省尚未完成的建设任务，采用切块的方式分配至各省。

二是突出重点。在统筹各流域规划实施的同时，我们还要认真贯彻落实国务院的部署和有关重要会议的要求，对部分重点流域、重点地区加大支持力度，确保按时完成治理任务。国务院要求松花江水污染治理规划在 2010 年底实施完成，所有规划内建设项目需在年底全部建成。丹江口库区及上游水污染防治及水土保持省部际联席会议提出，今年要加大丹江口库区及上游水污染防治和水土保持规划的实施力度，在加快实施近期项目的同时，启动与水质关系密切的部分规划远期项目。此外，根据我委于 2009 年会同有关部门批复的《滇池流域水污染防治规划（2006-2010 年）补充报告》，滇池治理已从单一的污染源控制向综合治理模式转变，治理任务更加艰巨，需要加大投资力度。今年的投资计划安排，必须落实这些要求，对部分流域治理给予适当倾斜。

三是统一标准。2009 年以前，我委在安排重点流域水污染防治项目时，根据流域内各省的财力情况，在不同流域和不同省份实行了有差别的中央投资补助比例。近期，根据委领导和有关方面的要求，我们将统一重点流域和全国城镇污水、垃圾处理项目的中央投资补助标准。从今年起，除非有特别要求，我们在安排重点流域水污染治理专项投资时，将参考新的补助标准对项目建设给予支持。

三、做好投资安排工作的几点要求

今年是中央确定的实施4万亿元投资计划的关键一年，是"十一五"规划的最后一年。我们要深入贯彻落实科学发展观，按照中央的部署和国家发展改革委党组的要求，以对国家、对人民高度负责的精神，进一步做好今年重点流域水污染防治中央投资管理工作。为此，我提四个方面要求：

第一，落实责任，强化项目审核。加快重点流域水污染治理项目建设，是保持经济平稳较快发展的有效手段，也是促进区域可持续发展的重要举措。各省发展改革部门要在党委和政府的领导下，认真履行投资主管部门的职责，加强与有关部门的沟通和合作，落实责任，切实做好立项工作，并对上报的项目负总责。对于省级以下单位审批的项目，省级发展改革部门要会同建设、环保和国土等部门，严格项目审查，并依据责任分工，对审查结论负责。这次投资计划的安排矛盾突出，资金供需极不平衡，各省级发展改革委要根据轻重缓急，以保续建项目、适当兼顾新开工项目为原则，对所报项目再次进行审核和排序。在项目审核过程中，我们既要保护流域内各地加大治污项目建设和投资的热情，又要防止各地为争取中央投资，出现随意扩大建设规模、越权或分拆审批项目、上报虚假信息等现象，对上报项目严格审查，落实项目土地、环评、立项、配套资金等方面建设条件，形成完善的重点流域水污染治理中央投资下达的"绿色通道"，为项目的顺利实施创造条件。

第二，周密组织，坚持标准程序。为加强工程建设的指导和检查，国家相继成立了中央扩大内需促进经济增长政策落实检查工作领导小组和中央治理工程建设领域突出问题工作领导小组，并对已安排的新增中央投资项目进行了全面检查。从检查的情况看，项目建设程序不完备已成为建设项目存在的突出问题，这要引起大家的高度重视和警惕。我们要结合工程建设领域突出问题专项治理工作，进一步完善投资管理规章制度，按照程序推进项目建设。一是严格执行项目建设"四制"。认真落实项目法人责任制、招投标制、合同制和工程监理制，严禁搞"三边"（边勘测、边设计、边施工）工程。二是健全项目工程质量责任制。各省区市要督促建设、勘察、设计、施工、监理等单位依法承担相应的工程质量责任，严格按照有关规定，加强施工质量和安全监督管理。三是规范资金拨付方式。要督促项目单位完善财务制度，做到专账管理、专账核算、专款专用，严禁挤占、截留、挪用、滞留和浪费中央投资，确保资金规范有效使用。

第三，提高效率，加快实施进度。这次投资安排和下达工作时间紧，任务重，大家要在坚持标准、保证工程质量的前提下，进一步提高工作效率。一是加快投资计划下达进度。对中央投资计划要做到"随到随转"，及时将投资计划进一步分解落实到项目；二是强化部门协作。要提前着手，协调好项目投资下达的外部环境，要配合财政部门做好中央投资的拨付工作，避免拖延时间，确保中央投资尽快到位。三是加强项目督导。督促项目单位合理安排工期，推进工程建设进度，保证项目投资的时效性。对未开工项目，要明确开工时限并倒排工作计划，努力推进开工前各项准备工作，确保项目按时开工建设和投入运行。四是建立项目进展情况报告制度。要督促项目建设单位落实旬报和月报制度，按时提交项目进展情况，及时发现并解决工程建设过程中出现的问题。

第四，强化管理，严格监督检查。管好用好今年的中央投资，事关重点流域水污染治理的进展与质量，事关国民经济平稳较快发展，也事关反腐倡廉、工程安全与人员安全。各地要把项目监管放在突出位置，在严格按程序审批、建设的同时，实施全过程监督。对于今年的中央投资项目，国家仍将按照新增中央投资项目的有关要求开展管理和检查。各省级发展改革委除要配合中央检查组做好相关工作外，还要进一步采取具体措施加强项目监管。要坚持集体商议、民主决策，充分发挥各部门作用，配合财政、建设、审计、监察等部门对项目实施开展全方位检查、稽查和审计，督促项目单位完善内部资金和质量监管机制，保证项目工程质量和中央投资使用安全。要继续按照我委提出的"三个百分之百"的考核目标，即地方配套资金要百分之百落实，项目要百分之百开工建设，发现的问题要百分之百整改到位，确保中央投资项目切实发挥效益。坚持思想教育和制度约束相结合，坚持把好入口与监管过程相结合，确保今年重点流域水污染防治中央投资安排工作真正实现"资金不流失、人员不损失"。

这次中央投资安排意义重大，任务繁重，希望大家高度重视，迅速行动，扎实推进，规范运作，以高度的责任感和精益求精的工作作风做好这项工作，为推进重点流域水环境治理，促进各地经济社会全面协调可持续发展做出新的贡献！

（2010 年）

重点流域水污染治理与 2011 年投资安排[1]

过去的一年，是促进区域协调发展再创佳绩的一年，也是重点流域治理工作取得显著进展的一年。一年来，全国发展改革系统地区经济工作战线，特别是从事重点流域治理工作的同志们，深入贯彻落实科学发展观，迎难而上、开拓创新，大力推进重点流域水污染治理，为改善生态环境，促进经济平稳较快发展做出了积极贡献。今年是"十二五"的开局之年，中央要求，坚持把建设资源节约型、环境友好型社会作为加快转变经济发展方式重要着力点，进一步加快重点流域水污染治理。为此，国家发展改革委将继续把重点流域水污染治理放到突出位置，加大中央投资的支持力度。今天我们召开通气会，就是向大家通报 2011 年重点流域中央投资安排情况，并听取大家意见。下面，我先讲几点看法。

一、近年来重点流域水污染治理取得重大进展

"十五"以来，为遏制流域水环境质量日益恶化的趋势，国家将重点流域水污染治理纳入中央投资范围，不断加大支持力度。2008 年国际金融危机暴发之后，国家把重点流域治理作为实施扩大内需政策的重要领域，进一步完善政策措施，增加投资强度，加快项目实施进度，经过努力，重点流域水环境治理工作取得了新进展，流域水污染治理工作在促进经济社会全面协调可持续发展和污染物减排方面发挥了积极作用。

---

[1] 本文系作者 2011 年 3 月 24 日在国家发展改革委地区经济司召开的 "2011 重点流域水污染治理投资安排工作通气会" 上的讲话。

第一，调整治理思路，实现陆海统筹。近年来，我国经济社会保持了高速发展，但粗放型发展方式没有根本改变，污染物排放量持续增加。由于环境治理工作未能及时适应经济社会发展要求，各地水环境质量普遍面临严峻挑战，部分流域甚至出现了"有河皆干，有水皆污"的情况。为积极应对水污染治理工作中出现的新情况，进一步推进流域经济社会和环境保护的协调发展，我们及时调整流域水污染治理思路，改"被动治理，局部突破"为"主动预防，全面推进"，通过科学分析流域经济社会发展情况，将部分当前水质状况虽然相对稳定，但水质恶化趋势较为明显的流域也纳入到重点流域水污染治理范围，坚持治理和预防并重的原则，全面推进流域水环境保护。目前，重点流域水污染治理的范围已从"三河三湖"（淮河、海河、辽河、太湖、巢湖、滇池），扩大到包括渤海、三峡库区及上游、松花江、丹江口库区及上游、黄河中上游的 11 条流域和区域，流域治理面积由占陆地国土面积的 17% 提高至 33%。此外，为保护海洋环境，积极探索重点海域环境保护和治理的新方式，我们按照海陆统筹、河海兼顾的思路，不断强化流域之间、陆地和海洋之间水环境治理的联动，全面开展从海洋到河流，从河流入海口到上游地区的污染源控制，开创了陆海统筹的水污染治理工作新局面。

第二，完善工作机制，提高治理效力。"十五"时期，重点流域各地政府采取了一些措施加快推进流域水污染治理，但由于主要依靠工程措施，治理手段较为单一，效果不甚明显，水环境形势依然严峻。"十一五"期间，为切实提高流域水环境承载能力，深入推进流域水污染治理工作，我们不断创新工作机制，积极推进工程治污与管理治污相结合，进一步完善水污染防治目标责任体系，建立健全考核机制，通过建立"河长制"、"片长制"等新型治污责任机制，逐级分解落实治污责任。同时，积极探索生态补偿、排污权交易等经济政策，完善水环境治理长效机制。经过多年的努力，重点流域治污效果逐步显现，水环境质量得到一定改善。根据重点流域水污染防治专项规划实施情况初步考核结果，截至 2010 年底，重点流域国控断面中，Ⅰ～Ⅱ类水质断面比例由 2005 年 24.4% 上升为 44.2%，劣Ⅴ类水质断面比例由 36.4% 下降为 25.8%。随着重点流域水质状况的不断改善，水环境质量对经济社会发展的约束进一步得到缓解，区域可持续发展能力不断得到增强。

第三，加快项目实施，推进污染减排。"十一五"时期，为认真落实科学发展观，提高生态文明水平，切实解决危害人民群众健康的水环境问题，国家在国民经济和社会发展第十一个五年规划中，提出了主要污染物排放总量减少 10% 的约束性指标。重点流域治理是推进节能减排的一项重要举措，我们通过完善政策机制，加大资金支持力度，加快规划项目建设，切实推进重点流域水污染物减排工作，为顺利完成"十一五"化学需氧量约束性指标发挥了重要作用。"十一五"时期，重点流域水污染治理中央投资计划共安排中央预算内资金 175 亿元，支持了 1035 个流域治污项目建设，项目建成可形成污水处理能力 3800 万吨／日，垃圾处理能力 9790 吨／日，可削减化学需氧量约 380 万吨／年，削减氨氮约 32.7 万吨／年，有力推进了"十一五"减排目标的实现。

二、重点流域水污染治理工作面临着严峻挑战

改革开放 30 多年来，我国经济实现了高速发展，经济总量已跃居世界第二位，但由于经济发展方式没有得到根本转变，我国发展面临资源环境瓶颈制约仍在加剧。"十二五"期间，重点流域水污染治理形势仍然十分严峻。

第一，外部环境更趋复杂，治理压力明显增大。环境保护影响人类的生存和发展，是当今全球面临的重大挑战。目前，环境问题已超越国界，成为全球范围内的一项重大议题。尤其是，近年来受金融危机影响，国际经济竞争不断加剧，各种形式的贸易保护主义抬头，西方国家借助环境、气候和可持续发展等议题推行贸易保护的情况日益增多，环境问题已成为各国利益博弈的新焦点，国际社会对我国加快推进环境治理和节能减排的压力不断增大。与此同时，我国进一步推进可持续发展战略，也对环境治理工作提出了更高的要求。目前，我国经济社会发展中面临的不平衡、不协调、不可持续问题依然突出，经济增长的资源环境约束进一步强化。为深入贯彻落实科学发展观，切实把建设资源节约型、环境友好型社会作为加快转变经济发展方

式的重要着力点，我们需要进一步加大环境保护力度，强化污染物减排和治理。因此，从国际形势变化和我国发展战略两方面分析，我国推进环境治理工作的压力将进一步增大，重点流域水污染治理作为节能减排工作的一项重要举措，今后也将面临着更大的挑战。

第二，治理需求不断增加，建设任务相当繁重。目前，我国仍处在工业化进程和消费结构升级加快的历史阶段，工业化、信息化、城镇化深入发展，经济仍将保持高速增长。但由于经济结构不合理，污染物排放量居高不下，生态环境不堪重负，各地开展水环境治理的需求不断增大，今后重点流域治理任务将更加繁重。一是治理范围进一步扩大。在继续做好11条重点流域水污染治理的同时，为适应推进发展方式转变，建立资源节约型、环境友好型社会的需要，改善流域水环境的质量，重点治理和保护的流域和区域将进一步扩大。二是治理领域进一步拓宽。流域治理本身涉及方方面面，不仅包括城镇生产和生活产生的点源污染治理，也包括治理日益突出的农村面源污染；流域治理不单涉及到水域，还涉及到陆域，涉及到产业结构布局、城乡发展与建设等，需要陆海统筹、工农统筹、城乡统筹、区域统筹。因此，今后重点流域水污染治理的内容将进一步增加，并向其他领域延伸。三是治理标准进一步提高。国民经济和社会发展第十二个五年规划纲要提出，在化学需氧量排放减少8%的同时，还要减少氨氮排放量10%。由于排放控制指标增加，不仅新建项目需要提高排放标准，而且已建成项目也面临着升级改造的问题，随着改造项目和新建项目的同步推进，今后重点流域水污染治理任务将更加繁重。

第三，治理难度逐步加大，管理能力面临考验。近年来，为有效应对国际金融危机影响，党中央、国务院及时出台4万亿投资计划，加大对水环境治理项目支持力度，重点流域治污项目开工数量明显增多，建设任务日益增大。与此同时，各地在项目实施过程中，普遍存在"重建设、轻管理"的现象，随着建设项目的增多，加快项目建设与加强项目管理的矛盾进一步加剧，项目管理薄弱的问题进一步显现。主要表现为：一是项目前期论证不充分，部分项目审批的建设规模偏大，存在治污能力闲置的风险；二是审批程序不到位，一些地方在未落实建设用地、环境影响评价的情况下仓促审批项目；三是招投标手续不齐全，部分项目存在着虚假招标、围标、串标和评标不公的情况。此外，流域治理的重点正逐步由大中城市转向小城镇，"十二五"期间县乡级水污染治理项目在重点流域治污项目中所占比重将不断增大，这些地区项目管理能力薄弱的问题会更加突出。总的看，在日益繁重的治理任务和不断提升的治理要求面前，重点流域水污染治理项目管理工作将面临更大考验。

三、2011 年投资计划安排原则

今年，为加快推进流域水环境治理，国家进一步加大投资支持力度，共安排重点流域水污染治理中央投资 60 亿元，三峡库区及上游水污染治理 20 亿元，用于推进"三河三湖"、渤海、黄河中上游、三峡库区及其上游等重点流域水污染治理。虽然今年中央投资总量有所增加，但扣除需要特殊安排的专项资金，重点流域治理资金总量变化不大，资金供需矛盾依然突出。为此，我们要合理安排中央投资，力求使有限的资金发挥最大的治理效益。总体考虑，今年资金安排要遵循以下几方面原则：

第一，统筹兼顾，突出重点。近年来，为统筹各流域规划实施进度，我们一直坚持整体推进，重点突破的原则安排年度投资计划。今年，为继续平衡各流域水污染治理进度，加快推进落后地区项目建设，本次投资计划仍将按照 2010 年的方式，将资金切块分配至各省。这一切块方式与各地按照GDP（国内生产总值）、人口和流域个数等因素测算资金分配额度的方式不同，主要是根据各流域规划尚未完成的建设任务和尚未安排的中央投资额确定各流域资金分配额度，再根据流域内各省未完成的规划建设任务，将流域资金分配至各省。在统筹各流域规划实施的同时，今年我们还要认真贯彻落实"丹江口库区及上游水污染防治及水土保持省部际联席会议"的要求，确保南水北调中线在 2014 年通水时做到"一库清水送北京"。为此，我们不仅要全面推进各流域规划实施，还要对丹江口库区及上游水污染治理工作给予适度倾斜。

第二，依规遵策，善对突发。去年，根据委领导和有关方面的要求，我们与委内有关司局协调统一了重点流域和全国城镇污水、垃圾处理项目的中央投资补助比例和测算标准。在今年的投资计划安排中，除对部分有特别要求的流域外，我们将参照新的补助比例和测算标准，对重点流域水污染治理规划中的城镇污水和垃圾处理项目、配套管网等项目给予支持。在严格按照我委关于治污项目安排有关要求推进工作的同时，我们还要认真贯彻落实有关领导指示和会议精神，适度保留投资安排应急能力，积极应对突发情况，确保流域和区域经济平稳较快发展和人民生产生活安全有序开展。

第三，填平补齐，适度拓展。考虑到重点流域水污染防治"十二五"规划仍在编制过程中，目前尚无法确定项目清单，为此，今年继续依据重点流域"十一五"规划安排投资项目。其中，对于松花江流域，要按照松花江流域水污染防治省部际联席会议要求，对于个别中央投资尚未补足的项目，我们将给予足额补助，完成《松花江流域水污染防治规划（2006-2010年）》中确定的任务。此外，我们还将适度拓展治理范围，将《丹江口库区及上游水污染防治和水土保持规划》的远期治污项目纳入今年实施范围，在投资计划中给予统筹安排。同时，针对当前区域可持续发展中存在的重大水环境治理问题，我们也将根据国务院领导指示精神，给予统筹考虑。

第四，把握标准，惩劣奖优。近年来，为加强项目管理，我们多次强调要严格按照有关标准推进项目实施，严格履行基本建设程序，认真执行工程建设标准，切实落实招投标制和合同制。目前，从中央检查组的检查情况看，各地存在着一些违规违纪现象，有的地区在申请中央投资时，甚至出现隐瞒事实、套取中央投资的现象。对此，我们在项目安排中采取罚劣奖优的措施，对于项目实施问题较多的地区，特别是对于一些多次被中央检查组通报批评的省份，在资金安排方面给予适当核减，以示惩戒。对于领导重视程度高、工作推进力度大、项目实施进度较快的地区，在支持力度上要给予适度倾斜。

第五，因地制宜，稳步实施。今年，我们将统筹考虑不同类型项目的建设进度和资金缺口，合理确定资金安排进度。一方面要按照项目的建设规模和安排进度等因素，对项目进行分类，并按照同类型项目补助进度基本保持一致的原则，分批安排中央投资，稳步推进项目实施。另一方面我们还要考虑一些项目的特殊需要，对于建设规模较小的项目，要充分考虑到这些项目建设周期较短、资金需求量较少的实际情况，加快中央资金下达进度，促进项目尽快建成投运。对于部分实际资金缺口较小，以及年度建设资金需求较少的项目，各省要实事求是地确定项目所需资金，我们将根据各省提出的项目实际资金需求给予安排。

四、做好投资安排工作的几点要求

近期，针对部分地区管理能力薄弱，问题逐步显现的情况，我委下发了《关于加强重点流域水污染治理项目管理的通知》（以下简称《通知》）。为将《通知》有关要求落到实处，并进一步做好今年重点流域水污染防治中央投资安排和项目管理工作，下面我提出四点意见：

第一，加强领导，细化落实责任。开展重点流域水污染治理是推动科学发展、加快转变经济发展方式的一项重要举措，各级发展改革部门要高度重视、加强领导、切实落实责任，确保投资和项目建设的各项要求落实到位。各级发展改革部门要充分发挥综合经济部门和投资主管部门的职能，认真履行职责，加强与相关部门的工作协调，积极落实规划任务目标，完善相关配套政策，扎实推进项目建设，强化后续运行管理。同时，要进一步落实工作责任，从项目的前期准备到项目建设和运行，全面实行项目推进责任制。要按照项目建设流程进一步分解工作，及时将责任细化落实到具体单位和个人，确保项目按时达标完成建设。

第二，科学决策，严格标准程序。今年是开展工程建设领域突出问题专项治理工作的第二年，我们要进一步结合此项工作，针对部分地区在审批项目时，存在审批工作不规范的情况，深入挖掘管理漏洞，完善管理规章制度，严格项目审批程序，强化项目论证把关，推进科学决策，避免不切实际地扩大建设规模或提高建设标准。此外，为加强项目建设管理，要进一步督促项目单位建立健全项目管理制度，严格落实项目法人责任制、招投标制、合同制和工程监理制，确保项目有序实施。项目实施过程中如果出现建设内容变更较大，投资超过概算等问题，要根据《通知》要求，按照规定程序报原审核部门批准，必要时可经同级审计部门审计后再进行调整。对于因项目概算调增出现资金缺口的项目，由地方自行解决资金问题。

第三，跟进督促，切实加快进度。近期，我们对各地上报项目进行了初步梳理，从梳理情况看，部分地区未能对项目申报材料严格把关，项目前期工作未达到《通知》提出的要求。为此，各省级发展改革委要再次开展项目审查，加强对项目建设情况的掌握，切实摸清项目投资完成情况、资金需求和缺口情况，并督促项目单位严格按照《通知》要求完善相关工作，补充项目材料，尽快将申报材料和初步审查意见上报我们。下一步，我们将按照《通知》要求，对上报项目开展审核。对于通过审核的项目，根据项目进度和优先顺序，在本地区切块资金额度内尽快研究提出投资计划安排意见，并上报资金申请报告。之后，我们将对各省提出的安排意见进行复核，并正式编制 2011 年项目投资计划。

第四，密切沟通，及时解决问题。各级发展改革部门要进一步加强与项目单位的沟通，建立工程建设进展情况和重大事项报告制度，及时了解项目建设情况和存在的问题。其中，对于上报我委的投资计划执行情况，要按照"季报"制度要求，从今年 4 月开始，在每季度第一个月的 5 日前报送一次项目信息。此外，各级发展改革部门要积极配合财政、建设、审计、监察等部门，对项目实施进行全方位监督、检查和审计，对于发现的问题要及时给予解决，确保百分之百整改到位，保证中央投资项目正常发挥效益。对于问题较大的项目，如出现未按规定履行审批核准手续、擅自改变建设内容，提高建设标准，骗取中央补助投资等问题，我委将按照《通知》要求和有关规定，对其进行通报和严肃处理。此外，我们将进一步完善项目检查机制，针对项目实施中存在的普遍性问题，适时开展项目检查。

做好这次中央投资安排工作责任重大、意义深远，关系到是否能有效落实党中央、国务院提出的加快转变经济发展方式的战略部署。面对当前工作中出现的新形势和新挑战，希望大家高度重视，迅速行动，扎实推进，规范运作，以高度的责任感和精益求精的工作作风做好今年的投资安排工作，为推进重点流域水环境治理，促进各地经济社会全面协调可持续发展做出应有的贡献！

（2011 年）

贯彻实施《大气污染防治法》的基本情况与相关建议 [1]

按照会议要求，我就国家发展改革委贯彻实施《大气污染防治法》（以下简称大气法）的有关情况和修订建议做一汇报。

一、贯彻实施大气法的情况

我委认真贯彻落实大气法，主要做了如下一些工作。

第一，加强综合协调，突出规划引导，将加强大气污染防治作为经济社会发展的重要任务。组织编制国民经济和社会发展规划时，将加强大气污染防治作为重要内容，纳入经济社会发展的全局统筹考虑，特别是"十一五"以来，连续两个五年规划将二氧化硫、氮氧化物作为节能减排约束性指标，分解落实目标责任，组织实施重点工程，有效控制了大气主要污染物排放总量。制定产业政策、投资计划、经济政策时，充分体现保护大气环境的要求，推动城乡建设和生产、流通、消费各环节绿色化。

第二，调整优化产业结构，构建绿色产业体系，从源头上减少资源消耗和大气污染物排放。一是大力发展节能环保、新能源等战略性新兴产业和现代服务业，提高其在整个经济发展中的比重。近五年来，节能环保产业以年均 15% 以上的速度快速增长；2013 年，服务业增加值占 GDP（国内生产总值）比重达到 46.1%，超过了第二产业。二是严格控制"两高一资"产业发

[1]2014 年 5 月 21 日，全国人大常委会举行《大气污染防治法》执法检查组第一次全体会议，本文系作者出席会议时代表国家发展改革委所做的汇报发言。

展，修订高耗能、高污染和资源性行业准入条件，提高资源能源节约和污染物排放等指标要求，并严把能评、环评、用地审查关。三是加快淘汰落后产能，积极化解过剩产能，清理整顿违规产能，禁止落后产能向中西部地区转移。"十一五"以来累计关停小火电机组9182万千瓦，淘汰落后产能炼铁1.65亿吨、炼钢1.18亿吨、水泥8.57亿吨。四是采用高新技术和先进适用技术改造提升传统产业，推动产业升级。

第三，出台实施有利于大气污染防治的综合性经济政策，发挥市场机制作用，有效调动各类主体加强大气污染防治的积极性。一是完善大气污染物排污收费制度，调整征收标准，通过经济手段调节企业的排污行为。二是出台燃煤发电机组脱硫、脱硝、除尘电价，调动发电企业治污积极性，截至2013年，投运除尘、脱硫、脱硝机组占总装机的比例分别达到100%、90%、50%。三是提高可再生能源电价附加标准，促进清洁能源的推广使用。四是实施原油、天然气资源税从价计征改革，取消"两高一资"产品出口退税，促进能源资源节约利用。五是加大投融资支持力度，仅"十二五"前三年中央预算内投资安排675.8亿元支持节能减排，为节能减排重点工程的实施提供了有力的资金保障。通过实施一系列政策措施，强化激励机制，促进了地方政府及企业加强大气污染防治工作。

第四，强力推进节能减排，大幅度提高能源利用效率，促进减少大气污染物排放。能源生产、消费是大气污染防治的重要领域。"十一五"以来，国家强力推进节能减排，国务院先后印发了"十一五"和"十二五"节能减排综合性工作方案、节能减排"十二五"规划，按照国务院要求，我们积极推进了相关工作：一是强化目标责任。综合考虑各地区经济发展水平、产业结构、资源环境禀赋等，差别化地将节能减排目标分解落实到各地区、重点用能单位，将能源消费总量控制目标分解到各省（区、市）。二是建立完善节能减排统计、监测、考核体系。制定节能减排目标责任评价考核办法，每年对省级人民政府和中央企业进行评价考核，公告考核结果，兑现奖惩措施。三是推动重点领域节能减排。实施锅炉窑炉改造、建筑节能等节能改造工程和脱硫脱硝等污染物减排工程，加快节能减排技术、产品开发与推广，组织开展万家企业节能低碳、节约型公共机构建设等行动。四是大力发展循环经济，全面推行清洁生产。研究制定《关于加快推行清洁生产的意见》、《循环经济发展战略和近期行动计划》，并经国务院批准印发，深入推进循环经济示范县（市）建设、园区循环化改造等试点示范工作，大力推进钢铁、化工等工业行业清洁生产审核和技术改造、积极推动农业和服务业清洁生产试点示范，深入挖掘节能减排潜力。"十一五"以来，通过强力推进节能减排，累计节约能源约 9.8 亿吨标准煤，大幅减少了大气污染物的排放，有力地促进了大气污染防治工作。

第五，扎实推进重点工作，加快出台配套政策，切实抓好《大气污染防治行动计划》贯彻实施。我委按照国务院印发《大气污染防治行动计划》的要求，有序推进各项工作。一是积极化解过剩产能。研究制定了《关于化解产能严重过剩矛盾的指导意见》，并经国务院批准印发，加快完善财税、标准、价格等配套政策，指导河北省制定《钢铁产业结构调整实施方案》并加快推进钢铁产能压减工作。二是完善经济政策。提高燃煤机组脱硝电价标准，并将实施范围由 14 个省扩大到全国，新出台燃煤机组除尘电价；制定实施油品质量升级价格政策；出台电解铝行业阶梯电价和居民阶梯电价政策；配合财政部等相关部门研究环境保护税征收方案、排污权有偿使用和交易试点方案。三是加强能源消费总量控制及清洁能源保供工作。考虑大气污染防治和实现节能减排约束性目标等需要，在《2014-2015 年节能减排低碳发展行动方案》中明确了未来两年能源消费增量控制目标并分解到了各地区；落实天然气保供、提前供应国五油品及可再生能源等重点项目并积极推进；指导各地在加强资源统筹的情况下有序实施"煤改气"。四是推动加大治理工作力度。以大气污染防治重点地区和粮棉主产区为重点，深入推进秸秆综合利用；研究制定燃煤锅炉节能环保综合提升工程实施方案，加大落后锅炉淘汰力度。五是加大资金支持力度。打捆安排中央预算内投资 16 亿，支持京津冀及周边地区大气污染治理；支持京津冀、长三角、珠三角等重点地区的城市开展"节能减排财政政策综合示范城市"建设工作，支持其超额或提前完成节能减排目标。

第六，做好大气法要求的其他相关工作。积极贯彻落实大气法提出的加强植树种草、城乡绿化等要求，先后启动实施了天然林资源保护、退耕还林、京津风沙源治理等一系列生态保护与建设重点工程，2005 年以来沙化土地面积开始净减少，全国森林覆盖率由 1998 年的 16.55% 提高到 2013 年的 21.63%。

下一步，我委将进一步贯彻实施大气法，认真落实国务院出台的"大气十条"，以"调整产业结构和布局、推动能源消费清洁化、强化节能减排、完善经济政策"为主线，扎实推进大气污染防治各项工作。一是调整优化产业结构和布局。分行业、分地区指导或组织制定化解过剩产能和转型升级的实施方案；研究制定《关于重点产业布局调整和产业转移的指导意见》，建立产业布局调整同区域能源消费和污染物排放总量挂钩的机制；有序推动城市高污染企业环保搬迁，严禁落后产能向中西部地区转移；抓紧研究京津冀一体化发展战略，优化城市群产城功能协调，合理控制开发强度。二是推动能源消费清洁化。实行能源消费总量控制，开展国家燃煤总量中长期控制目标、调控体系和责任考核机制研究。加快建设洁净煤生产、流通体系。有序推进"煤改气"工作。积极消纳可再生能源，优先安排水电、核电、余热余压发电等机组发电。三是狠抓节能减排。启动燃煤锅炉节能环保提升工程。制定《能效领跑者行动计划实施方案》，对能效领跑者给予奖励。加强重点行业清洁生产，将清洁生产评价结果用于结构调整、产能重组等工作，推动企业实施清洁生产改造。制定实施节能环保技术装备产业化工程、新能源集成应用等实施方案。四是建立健全基于市场的长效机制。完善天然气价格形成机制，进一步理顺天然气与可替代能源的比价关系。抓好已出台的燃煤机组环保电价政策、成品油升级提价政策的落实。加大差别电价、阶梯电价实施力度，适时扩大至具备条件的行业。加大中央预算内投资对大气污染治理的支持力度。

二、对修订大气法的几点建议

2000 年修订实施大气法以来，大气污染防治工作取得了积极进展，但仍存在环保问责制不落实、激励约束机制不健全、执法不到位、区域联防联控和移动源污染控制缺乏有效的措施等问题。随着工业化、城镇化、信息化和农业现代化的不断推进，大气污染形势有新变化，人民群众对改善大气环境质量有新期待，对大气污染综合防治提出了新要求，尽快修订大气法非常必要。下面，就这一法律修订提几点建议。

一是做好与相关法律的衔接。今年4月全国人大常委会通过的环境保护法修正案，在强化政府和企业责任、加大处罚力度、信息公开等方面进行了完善，建议大气法的修订与此做好衔接，结合大气环境要素的特点，进一步细化，强化可操作性。同时，在法律框架方面，统筹考虑与相关领域立法，如《节约能源法》《清洁生产促进法》以及拟议中的宏观调控、气候变化等领域立法的衔接。

二是由授权性规定转为责任性规制。重点明确管理职责、梳理管理程序，研究设定行政相对人的法定权利和义务，突出基础研究、基础监测、基本战略、基本制度和基本程序，尤其是强化环境安全、公众参与、基于环境健康风险的控制策略、对经济社会影响大的标准／管理措施的制定程序、不同管理对象法定权利和义务的设定等。

三是突出区域联防联控和多环境要素协同控制。明确区域内统一规划、统一标准、统一监测、统一防治等方面的具体要求，并对建立完善的大气污染物排放和质量监测数据提出要求，为开展污染物源解析、建立污染源排放清单、制定科学的大气污染控制对策提供依据。同时，节能减排降碳，与大气污染防治同根同源，重点领域和主要政策措施大致一致，建议在相关管理机制、规划体系、政策要求等方面加强衔接、统筹考虑。

四是细化环保处罚的操作性规定。强化环保执法的要件性、程序性、时限性规定，建立环保执法责任制，明确各种处罚措施适用的具体情形，增强可操作性；加大对违法行为的处罚力度，将环境保护法确定的按日处罚、责令关闭等方面要求进一步细化。

五是强化对地方和部门的执法监督。建议在法中规定各级人大定期对同级政府及部门贯彻实施大气法的情况进行监督检查，并注重加强环境信息公开，发挥社会公众和民间组织的监督作用。

（2014年）

扎实搞好环保专项行动的各项重点工作[1]

开展环保专项行动，对遏制环境违法行为，维护群众环境权益，促进发展提质增效具有重要意义。今天，国务院八部门联合召开电视电话会议，研究部署 2014 年环保专项行动重点工作，非常重要。发展改革系统要充分认识开展环保专项行动的重要性和紧迫性，认真贯彻落实电视电话会议精神，重点做好以下工作：

一、调整优化产业结构

调整优化产业结构，是经济发展提质增效的要求，更是从结构上控制污染的重要措施。各级发展改革委要认真抓好国务院关于化解过剩产能、大气污染防治等一系列重要文件的贯彻落实。严格控制"两高"行业新增产能，提高行业准入门槛，强化节能、环保、土地、安全等指标约束，严格节能评估审查，抑制高耗能、高消耗产业过快增长。积极化解过剩产能，组织制定实施方案，抓紧开展产能严重过剩行业在建违规项目的认定和清理工作。推动传统产业升级改造，有序推动城市高污染企业环保搬迁，严禁落后产能向中西部地区转移。

---

[1]2014 年 6 月 12 日，由原环保部（现生态环境部）、国家发展改革委、工信部等八部委联合召开的 2014 年全国整治违法排污企业保障群众健康环保专项行动电视电话会议在北京举行，本文系作者在会议上的讲话。

二、大力推进清洁生产和环保产业发展

推行清洁生产、发展环保产业是国务院"大气十条"确定的重要任务，也是从源头上控制污染的根本性措施。各级发展改革委要对钢铁、水泥、电力、石化等重点行业清洁生产提出要求，纳入大气污染防治工作考核；要抓紧开展清洁生产评价和清洁生产审核，将评价和审核结果应用于结构调整、产能重组等工作；制定实施年度推进计划，推动企业实施清洁生产改造。要组织实施重大环保技术装备产业化工程，提高脱硫脱硝高效除尘、机动车尾气净化、重金属污染防治及污水处理等技术装备水平。推进环境污染第三方治理，将环境治理的要求转化为环保产业发展的市场需求。

三、加快环保重点工程建设

今年，我委将继续安排中央预算内投资，支持城镇生活污水垃圾处理设施、重金属污染防治、重点流域水环境整治、无主尾矿库隐患治理等工程项目建设。新增重点环境治理项目资金 30 亿元，重点支持京津冀等地区大气环境治理和清洁生产改造、燃煤锅炉节能环保提升、秸秆综合利用等项目建设。各级发展改革部门要会同有关部门加强项目管理，落实配套资金，尽快建成达效，加快解决影响人民群众身体健康和经济社会可持续发展的突出环境问题。

四、完善和落实综合性经济政策

近期，我委会同有关部门，相继出台了脱硫脱硝除尘环保电价、油品质量升级价格政策、阶梯电价水价气价、电解铝行业差别电价等一批有利于标本兼治、带动全局的综合性经济政策；专门印发环保电价的监督管理办法，对达不到污染物排放限值的发电企业，要没收环保电价款，并予严罚。各地要结合实际，狠抓政策落实，充分发挥经济政策在调结构、促改革、惠民生

方面的重要作用，我委将对环保电价等政策的落实情况开展专项检查。

同志们，今年是"向污染宣战"关键之年，落实环保法律法规，加强环保专项行动，加快改善环境质量，体现了时代的要求，反映了人民的期盼，更是党中央、国务院的重大决策部署，各级发展改革委要增强责任感和紧迫感，认真履职，积极行动，加强协调，狠抓落实，务求取得更大实效。

（2014年）

认真做好病死畜禽无害化处理工作[1]

今天，农业部（编者注：现为农业农村部）会同发展改革委、公安部、财政部、保监会（编者注：现为银行保险监督委员会）联合召开电视电话会议，部署《国务院办公厅关于建立病死畜禽无害化处理机制的意见》有关宣传贯彻工作，十分及时和重要。一会儿，农业部领导将要做重要讲话，阐述这项工作的重要意义，解读《意见》的主要内容，提出贯彻落实的具体要求，请各级发展改革部门认真学习把握与贯彻落实。下面，根据会议安排，结合发展改革部门职能，我简要讲三点意见。

一、充分发挥动物防疫体系对贯彻落实《意见》的支撑作用

习近平总书记在中央农村工作会议上强调，食品安全首先是"产"出来的，也是"管"出来的。抓好畜产品质量安全，关键在于源头控制，要在规范饲养的同时，健全动物防疫体系，做好动物疫病防控和病死畜禽无害化处理工作，有效控制疫病扩散，避免病死畜禽流入市场。"十一五"以来，我委根据国务院批准的《全国动物防疫体系建设规划》，加大投入力度，累计安排中央投资 130 多亿元，全面建成了中央、省、县、乡四级动物防疫体系，显著提高了动物疫病防控能力。特别是加强了县、乡两级动物防疫体系建设，全国所有县、市、区全部建成了动物卫生监督站，全国 2600 多个有

---

[1] 本文系作者 2014 年 11 月 25 日在原农业部（现农业农村部）、发展改革委等四部门召开的"《国务院办公厅关于建立病死畜禽无害化处理机制的意见》宣传贯彻工作电视电话会议"上的讲话。

畜产品产出的县全部建成了动物防疫站，全国 3.4 万个乡镇全部建成了集防疫与技术推广于一体的兽医站，减少了疫病发生和畜禽死亡。这项工作为养殖业健康发展提供了保障，也为抓好动物疫病防控和病死畜禽无害化处理工作奠定了基础。各地要充分发挥好动物防疫体系的作用，把它作为贯彻落实《意见》的有效支撑，切实做好动物疫病防控和病死畜禽无害化处理的各项工作。

二、大力推进病死畜禽无害化处理设施建设

病死畜禽无害化处理设施建设是一项基础性工作，必须摆在重要位置。《动物防疫法》《畜牧法》等法律明确规定，动物饲养场（养殖小区）、隔离场所、屠宰加工场所等，应当配备病死畜禽无害化处理设施设备，对病死畜禽进行无害化处理，这是从事畜禽饲养、屠宰、经营、运输等单位和个人的法定责任。各地特别是县级发展改革部门要高度重视这项工作，在新建规模养殖场项目备案时，要严格把关，认真审核项目病死畜禽无害化处理设施设备配备方案，确保与养殖规模相匹配。现有规模养殖场（小区）在进行标准化改造时，没有无害化处理设施的，要按照相关法律规定，先行建设无害化处理设施。去年，为推进病死畜禽无害化处理工作，探索建立市场化处理机制，我委会同农业部（编者注：现为农村农业部）安排了两个试点，引导大型龙头企业建设能够带动周边散养户进行无害化处理的设施，调动社会资本参与无害化收集处理体系建设的积极性。下一步，要认真总结试点经验，按照因地制宜、及时处理、清洁环保、节本增效的原则，积极推广适合本地实际的病死畜禽无害化收集处理模式。

三、积极主动做好相关工作

病死畜禽无害化处理是一项系统工程，事关大局。地方各级发展改革部门要主动配合农业等部门，充分履行职责，积极做好各项工作，特别是要着力做好如下两项工作。一是要编制好病死畜禽无害化收集处理体系建设和布局规划，根据本地区畜禽养殖、疫病发生、畜禽死亡等情况，根据不同处理

单位、不同处理方式，统筹规划、合理布局，组织建设好覆盖饲养、屠宰、经营、运输等各环节的病死畜禽无害化处理场所。二是要分类制定病死畜禽无害化收集处理收费政策，对于由政府投资建设的病死畜禽收集处理设施，要合理制定收费标准；对于由社会资本投资建设并接受委托处理病死畜禽的，要由委托双方协商确定处理收费标准。各部门齐心协力，严把每一个关口，确保病死畜禽无害化处理工作及时有效的开展。

（2014 年）

关于秸秆产业化系统创新的思考 [1]

　　很高兴能受邀参加这个研讨会，对我来讲也是一个很好的学习机会。刚才听了课题组对课题研究报告的介绍，的确受到启发。我的总体感觉是，现状描述清晰、问题分析深刻、指导思想明确、对策措施得当，是一个做了深钻细研、深思熟虑的、有高度、很实用的课题报告。如果能够将其中的一些重要思路转变为政策建议报送有关部门付之于实践，一定会带来多方面的良好效益。

　　秸秆的处理和利用是个老问题，一直就摆在我们面前，但因为与日常生产生活方式相连，所以在很长的时期里并没有引起太多的关注。在农业经济占主导的年代，与秸秆相关的事物是我们一个亮点。一望无际的麦陇稻田妆点了田园风光，连排农舍屋顶上徐徐升起的缕缕炊烟渲染了乡村的恬静与温馨。随着经济的快速发展，工业化城镇化的深入推进，资源环境负荷的不断提升，也随着创新、协调、绿色、开放、共享发展理念的贯彻和生态文明建设的展开，秸秆随意燃烧的问题就成了需要认真对待和有效解决的一个重要问题。正因为如此，自建设资源节约型、环境友好型社会的要求提出以来，这项工作就摆到了政府工作的议事日程，有关部门为此花费了不少心思。早在 2008 年，国务院办公厅就发布了《关于加快推进农作物秸秆综合利用的意见》，尔后，又连续出台了不少涉及农作物秸秆综合利用的政策。这个月的 16 日，国家发展改革委、财政部、农业部（编者注：现为农村农业部）、环境保护部（编者注：现为生态环境部）共同发布了《关于进一步加快推进

---

[1] 本文系作者 2015 年 11 月 22 日在中国国际交流中心举办的"京津冀秸秆产业化系统创新研讨会"上的讲话

农作物秸秆综合利用和禁烧工作的通知》，重申了一些重要意见，并且强化了政策激励的举措。应该说各级政府为此还是下了很大功夫的。但实事求是地说，效果并不明显，出差旅行走一下主要的交通干线，就能看到狼烟四起、烽火遍地的景象。所以课题组提出加快秸秆产业化系统创新的思想与举措，无疑是在为政府推动这项工作添砖加瓦，对下一步政策举措的完善、工作机制的优化都会提供有益帮助。

我也十分赞同课题组提出的把京津冀地区作为雾霾治理系统创新的主战场的意见。因为，其一，紧密契合了国家区域重大战略的要求。国家颁布了京津冀协同发展战略，并明确了在战略实施上三个优先突破的领域，其中之一就是加强生态环境保护和治理。京津冀地区雾霾浓厚，空气污染严重，农作物秸秆随意焚烧就是源头之一，虽然它不如汽车尾气、工业锅炉、家庭散煤焚烧等所做的贡献大，有测算说它占到了五分之一，究竟是多少我没有认真研究过，但可以肯定地说，是占有一定比重的。不能说它是首恶，但起码可以说是协从，所以应该引起高度的重视。生态环境的保护与治理上要实现突破，解决这方面的问题也应该有所突破。其二，在京津冀地区搞秸秆产业化系统创新工程容易形成共识。京津冀地区地位独特，首都北京赫然在列，任何重大事情的谋划都要有系统思维，注重统筹把握。所以形成共识并不容易。例如要不要将北京定位为经济中心争议就很大，长期来北京市实际上一直是朝着构建经济中心的方向进行努力的，但并没有得到正式的认可，专家学者们的意见也很分化。综合考量，包括基于优化功能、减少负载等方面的考量，国家京津冀协同发展战略确立了北京的战略定位，即建设全国政治中心、文化中心、国际交往中心、科技创新中心，总算是对长期来的争论有了一个明确的说法。过去为了打造全国经济中心，就拼命发展各种产业，不仅有高新技术产业，也有大量的传统产业，包括数量众多的小商品批发中心等，不仅与首都性质相悖，也导致了环境污染尤其是雾霾等的不断加重。眼下雾霾就十分严重，持续了差不多半个月，下这么大的雪也没能把它压下去。人民群众深受其害，深切地感觉到治理污染的紧迫性。所以在京津冀做秸秆产业化的创新试验，容易得到大家的理解和认同。其三，在京津冀搞秸秆产业化系统创新工程综合条件最好。无论是经济实力、技术条件还是领导组织能力、群众思想认识水平都优于其它地区。其四，在京津冀地区开展这一创新试验示范效果明显。京津冀地区雾霾严重程度非同一般，这样的地区如果能杀出一条血路来，自然对其它地方防治污染会起到引领带动作用。基于上述认识，我很赞同课题组提出的把京津冀地区作为重点推进秸秆产业化系统创新的思路。

当然，最为关键的问题还在于怎么做。要实现这样一个突破，是要下功夫的。我也想就这个问题谈一些看法。

我前面谈到，课题组提供的研究报告指导思想明确、对策措施得当，我特别看重的是"系统创新"这个说法。的确，在今天的时代环境下，任何一件事情单打独斗、就事论事都是难以办好的。秸秆处理也好，雾霾治理也好，都是一个系统工程，必须进行系统创新。我认为，解决这个问题，至少需要一体把握这样四个方面举措：

第一，宣传引导。 要想事办成，思想要先行，也就是思想认识要到位。秸秆随意焚烧是一些地区长期形成的一种陋习，准确的说，从前并没有人把它看作是一种陋习，今天要扭转，就必须从转变人们的思想观念入手。只要工作细致、方式得当，思想问题是可以解决好的。回想起我三十年前刚到北京时，看到街道上到处都是痰迹，包括长安街、王府井，甚至天安门广场。随地吐痰现象很严重。但今天再看，可以说基本上绝迹了。为什么发生了这种转变？首先是政府抓的紧，在强化宣传引导的基础上，采取了许多有力有效的措施；同时环境也塑造人，看到清清爽爽、干干净净的地面，一些人再随地吐痰就会觉得不好意思了，甚至自省到本身的素质了。根本的还是思想意识发生了变化，而相关的意识是逐渐培养起来的，从解决三分之一，逐渐过渡到解决三分之二，最终发展到思想问题全部解决，到这个时候事情就好办了。所以，先要在宣传教育方面，在思想引导方面下足功夫，不要认为思想转变时程较长就不去用力为之。要使秸秆处理利用科学化，首先要向传统的习俗开战。当然，宣传引导要讲究技巧，我们的报刊媒体的宣传不能简单讲"禁止"，还应指明出路，而这个出路对当事人应具有吸引力。也就是说，除了讲随意焚烧秸秆的坏处外，要讲秸秆产业化的好处，告诉大家这是一个为大家谋利的做法。过去一烧了之，对各方是有害无益的，今天将其转化利用对大家则是有益无害的。所以一定要加强宣传引导，并且必须是科学的宣传引导。

第二，模式创新。这一点也非常重要。对秸秆产业化来看，无非就是收集、储藏和加工利用的问题，这看似简单，却暗藏玄机，大有文章可做。应认识到，用什么样的模式来解决这些问题，带来的成效是很不一样的。我个人认为，关于模式创新，至少有三个方面值得加以重视。其一，优化思维基点。考虑问题的思路要更为开阔、更加务实，并基于此形成良好的体制模式和运作机制。首先要有系统思维。现在的思维基点还是比较单一的，主要集中在秸秆的利用上。原来是随意焚烧，现在则禁止焚烧，不烧了以后怎么办？大家讨论的是可以做肥料、搞沼气，现在又拓展到可以养蚯蚓等等。但是深入思考一下，为什么农民热衷于就地焚烧呢？从中就能领悟到，某些非产业的创新可能比产业化更具基础性，是产业化不可绕开的关键环节。比如秸秆收集储运，其症结在于一家一户的秸秆数量较少，自己运送很麻烦，卖的钱还不如运送成本高，所以不如一烧了之。同样，某些单位一家一家去收集，成本也会很高。但如果分区域设置汇聚点，由专业的秸秆收储公司在点上收集运送，就可能比较好的解决成本高效益低的问题。产业化的一个关键在于为秸秆大规模的收集和处理创造条件，这就涉及到了模式创新问题。所以，秸秆处置不能就事论事，要有系统性思维。同时，还应树立共享思维。十八届五中全会提出要牢固树立包含五个关键词的发展理念，其中的"共享"也适用于这项工作。在市场经济条件下干什么事都要考虑利益分配问题。秸秆的收储利用应直接与农户利益相捆绑，老百姓觉得事情值得干才能跟着你干、配合你干。不能只考虑某一个方面的利益，要使广大的老百姓成为利益主体中的一员，对此我们在思想上要认识到位，在制度设计上要充分体现。老百姓积极参加了这件事情就好办了。上述两方面都不是产业本身的问题，但对推进产业化有很大的帮助，所以将它们处理好比推进产业化本身更为重要。系统思考也好，利益分享也好，是想借此说明思维创新十分重要，它与运作模式设计密切相关，也与产业化成败密切相关。其二，构建适宜平台。秸秆产业化涉及广大的农村，也涉及一系列较为复杂的难题，难以全面铺开、一体推进，需要先行先试、积累经验，这就要求构建适宜的试验平台。我很赞成课题报告中提出的搞产业化实验基地的设想。通过这个实验基地围绕一些涉及搜集、储藏、加工、利用的关键问题进行试验，既探索道路，也提供示范，一举多得。这是一种类型 的平台，我以为还应思考建立有效的体制平台。是否可以朝这样的方向思考，即以一种特殊的联盟把每个农户和专业公司、相关政府部门联接起来？具体以什么组织形式和体制构架呈现，可以进一步做细化研究。若这样，各方面的优势和能量就充分发挥出来了？利用公司的力量解决一家一户秸秆的收集问题，利用政策的力量推动公司有效的运转，利用农户的支持实现政府治理污染的使命。这就形成了农户、公司和政府间的一种良性循环互动体系。体制平台也是十分重要的，没有这类平台，就形不成良性循环，整个运行链条就会因其中的某个环节断裂而无法有效运转，很多工作也就前功尽弃了。其三，拓展利用空间。秸秆不烧了，如何利用呢？如何尽可能多样化利用呢？核心是加强科技创新，拓展其用途，提高其效益。这次四部门印发的文件提出实现"五化"，即肥料化、饲料化、燃料化、基料化和原料化，秸秆利用空间明显比 2008 年文件的思路拓展了。其实，把思路打开一些就能窥视到秸秆利用的更大空间。一个方向，可以与一些重大战略的实施结合起来，例如与促进区域协调发展结合起来，与扶贫开发结合起来，与产业转型结合起来。跳出过去就秸秆论秸秆的思维框框，秉持宏大的视角来审视这件事，路径就宽了，办法也就多了。另一个方向，可以同满足老百姓的多样性需求结合起来，例如，把秸秆加工成实用的消费品和精美的工艺品等。不要把思路局限在造肥料这样的层次上面，秸秆的处置利用也可以融入高科技、呈现新工艺。

第三，政策激励。推了这么多年，秸秆综合利用为何进展不理想？除了传统习俗等因素的制约外，目前模式下各方都吃力不讨好可能是根本性的原因，尤其是广大的农户触摸不到实在的利益。需要通过适宜的政策降低运行成本，也需要通过适宜的政策推动模式创新。作为一个涉及大众的工程，还要通过适宜的政策让普通老百姓得到实惠。专项补贴、税收减免、土地使用、能源供给等方面的优惠都是必要的，甚至还需要有专项奖励，一些重要的环节做好了都应给予奖励，通过这些措施鼓励农户、企业都积极参与进来，并充分发挥创造性能动性。尤其不能亏待农民，农民本身收入很低，如果让他们再付出代价搞秸秆回收，于情于理都过不去。而没有农户的配合，这件事就不会有好结果。所以，第一位的要考虑农民利益，一定要让农民从中得到好处。

第四，组织推动。主要涉及到两个重要方面，一是政府有为。政府应发挥良好的推动作用，包括如何推动市场在其中发挥决定性作用。政府不能习惯用行政办法围堵，玩猫抓耗子的游戏，更多的要运用经济手段、市场办法。运用怎样的手段和方式，怎么引导、怎么激励，都应有具体的思路和政策，不能大而化之。在这个方面，课题研究报告都需要再细化一些。细化了，就有利于政府相关部门直接转化为政策思路，我们要认识到，无论我们如何强调市场的决定性作用，政府的作用却是不可忽视的。在中国，政府的作用是不可替代的，市场办不成的事儿政府能办得成，这是我们的一个体制优势。但政府不能为所欲为或随心所欲，办什么、怎么办是有讲究的。二是法治有力。法制具有强制性和权威性，作为一个大众工程和艰难事项，不能忽视利用法治的威力。要科学制定相关法律法规，同时注重将有效的市场办法和经济手段用法律法规加以规范，通过法治遏制不良习俗和逆动行为，鼓励各方沿着正确的道路一起用力。

这就是我听了课题组的相关介绍以后形成的一些想法，属于即兴的思考，所以不一定科学缜密，仅供参考。总之，这个报告做得很好，有不少创新之论。希望能够围绕系统创新再下一些功夫，一些方面论述的更具体深入一些。我想，课题组的目的肯定不止于提供一个研究报告，而是希望为政府决策提供有价值、可操作的政策建议。果若如此，就朝这个方向再加把力吧。

（2015 年）

利益协调机制建设
与绿色发展

构建促进中部地区崛起利益平衡机制的
若干思考 [1]

今天是一个论坛，所以我的讲话也采取论坛的语言表达方式。这一次的论坛是以"构建促进中部地区崛起利益平衡机制的思路与对策"这一题目来展开，在我看来讨论这个题目非常有意义。因为区域的发展，包括区域的协调发展，从根本上说依赖于一套科学、规范和稳定的制度安排，而其中最为核心的内容就是建立公平而富有效率的利益平衡机制，这是我们当前促进区域协调发展、推进国民经济又好又快发展所面临的重大课题，对于我们中部地区来讲尤为重要。关于这个题目，理论界研究不多，这些年我们做了一些呼吁，也开始了一些初步研究，但总体来说研究得不多，更没有形成系统的、全面的思路。实践层面虽有所探索，个别地区也已经采取了一些改革措施，但是还没有形成行之有效的经验，在总体上还缺乏探索和实验。所以相对于其他课题而言，这个课题的理论研究和实践探索显得十分不足，而这对于我们中部地区又非常重要，因此我们觉得第四届论坛或者说"中国中部发展论坛2013"把这一话题作为主题来讨论非常有意义，不仅对于中部，也对于全国，这将对最终建立一个较为合理的利益平衡机制起到探索和示范作用。借此机会，我简要地谈以下几点看法，尽管有些看法也适用于全国，但今天我们的会议是中部论坛，所以我将基于中部的视角来谈论这个问题。大体有如下五点：

---

[1] 本文系作者于2013年11月11日在湖南省长沙市召开的"中国中部发展论坛2013"上的讲话。原载《构建促进中部地区崛起利益平衡机制的思路与对策》，范恒山主编，武汉大学出版社2014年10月第1版。

一、区域利益平衡机制缺失是中部地区加快崛起面临的"前置性障碍"

一个地区的发展取决于很多因素，在市场经济条件下，资源要素等在区际转移中的公平定价和合理取利是一个极为重要的因素。因为某些特定因素制约而无法充分定价并且直接取利的，就应该根据一定的制度安排对低估或者受损的一方进行补偿。但当前的事实是许多资源产品的价值既没有得到公平的定价，也没有得到合理的补偿。而这些要素又往往是关系到人民生存和国家前途的一些关键性的物件或者物品。对中部地区来说，这种状况十分明显，这使我们中部地区在区际竞争中处于非公平制度的约束之中，从而成为中部崛起的"前置性障碍"。我曾经考虑这个词语用什么好，是"前置性障碍"还是"制度性障碍"抑或是"先天性障碍"，考虑之后觉得用"前置性障碍"比较好。因为"先天性障碍"不可改变，"制度性障碍"又容易引人联想，用"前置性障碍"似乎都能交代得过去，也算是一种学习探讨，因为在座的有很多专家学者，所以提出来大家一块儿研究。我举几个例子，比如，我们常讲中部是粮食大省，也是全国重要的粮食生产基地，而且国家在若干重大文件中都明确定位要把中部建设成为"三基地、一枢纽"，首先的一个基地就是粮食生产基地。粮食基地非常重要，对于国家来说更为重要，所以任何时候我们这个粮食基地都不能放弃，而且要建设好。但问题在于，种粮的增值效应很低，相对于工业和某些高附加值的第三产业来讲，种粮的成本高、价值低，如果我们不采取有力措施来提升种粮价值，六省中有五个是以种粮为主或者是粮食基地的中部地区，在这种情况下走现代化道路、追赶东部，可能难度会很大。从各个省产粮大县的数据看，人均 GDP（国内生产总值）、人均财政支出、农民人均纯收入等主要指标与粮食产量呈明显的负相关关系，越是粮食生产大县，经济越落后，人均财政支出和农民人均纯收入越低。我们研究了一下河南省，河南作为全国最重要的产粮省之一，年产粮超过 1100 亿斤，为国家做出了重要贡献。河南省 2012 年人均财政支出 4516 元，其中 29 个产粮大县人均财政支出仅为 2183 元，不到全省平均水平的一半。因为河南本身已经是产粮大省，所以人均财政支出已经拉低了，产粮县只是跟整个河南比，还没有跟其他地区比，如果跟上海、北京比呢？差距就会更大。再比如，湖南省 2012 年亩均种粮收入大概 800 元，如果用粮食与其他经济作物相比，比如同种植棉花、烤烟相比，这 800 元仅相当于种植棉花、烤烟的 1/4，种植普通蔬菜水果的收入一为种植粮食收入的 3 ~ 6 倍。这是农产品跟农产品比较，假如放大一点，跟非农产品比较，跟非农产品中附加值较高的产品比较，跟非农产品中不仅附加值较高而且含有许多泡沫利润和暴利的产品比，你说我们种粮损失的效益有多大？粮食不可替代，粮食是从事工业的人和第三产业的人最基本的保障，但是种粮人的收入又远远低于这些人，这是我们发展中的一个突出难题。这种状况要是持续下去，又需要我们维持粮食生产基地的话，怎样才能跟那些以工业为主体、以形成高端服务业为目标的地区同步富裕，最后实现大家都差不多的现代化，这就给我们提出了一个重要的问题。

我们已经做了很多努力。比如前不久国家出台文件支持以河南为主体建设中原经济区，其核心任务就是在不以牺牲农业和粮食、不以牺牲生态和环保前提下，实现农业现代化、工业化和城镇化的同步推进，最后同全国一样实现现代化。这个实验很有意义，我也参与了文件的起草，文件集聚了各方的智慧结晶，但是要做到非常不容易，那么大的土地上你在种粮食，人家那么大的土地上全部搞的是工业，你怎么跟人家比？所以这里面必然有一些问题要解决。如果不解决，就会成为促进中部地区加快崛起的重要障碍，或者说"前置性障碍"。

再比如说我们的生态也是这样，中部许多省在某种意义上说是资源大省，也是生态大省，很多大河流经中部，有些大河发源于中部，为东部地区承担着重要的供水任务，成为下游地区生态保护的屏障。生态要保护，但是保护应该在利益上怎样平衡？我们保护了下游地区，为东部地区供水，如何体现这种供水价值和保护收益？如果这个问题不解决好，就成了中部崛起的又一个"前置性障碍"。所有这些都表明，目前对于中部地区而言，区域利益平衡机制是缺失的，而这种缺失严重影响着中部地区加快崛起。2006 年中央出台了促进中部地区崛起的若干意见，这些年又陆续出台了促进中部地区崛起规划等许多文件，2012 年出台了新一轮大力实施促进中部地区崛起战略的若干意见，不可谓不下工夫，不可谓力度不大，但是中部崛起还很艰难。比如 GDP 产值在这五六年时间里占全国比重只提高了一个多百分点。换一种思路，如果中部不是粮食大区而是工业大区的话，恐怕情况就不一样了。这是我说的第一个问题。

二、区域利益平衡机制的缺失给中部地区带来了一系列问题

区域利益平衡机制的缺失会给我们产生什么样的负面后果？我归纳了一下大概至少会带来以下五个方面问题：

第一个方面就是刚才反复提到的影响中部地区实现跨越式发展。其实大家都知道一句老话"无工不富"，现在东部的很多区基本上不种粮食了，或者甚至农作物都很少了、比重很低了，基本都是工业园区和现代服务业发展区，所以每一亩土地产生的效率非常高，这种状况造成的后果也是多方面的，刚才讲的工农业的差距、第三产业和农业的差距这是一个，我就不多说了；第二个就是造成"马太效应"，一个地方发展得越好，它集聚外部资源和要素的能量就越强；第三个是影响自身的良性循环，有钱了就能干更多的事情，就可以在此基础上形成良性循环。而我们有些地区比如中部地区的有些地方，在捉襟见肘的情况下就很难施展拳脚。还有其他方面的包括先行先试权利，如果没有一定的经济基础，就不一定能落在你这儿。所有这些都会直接或间接影响中部地区实现跨越式发展。

第二个方面会加剧地区间发展的不平衡。昨天下午我给一个培训班作有关区域经济的报告，大家听了情绪都很高涨。我讲到这些年我们大力实施国家区域发展总体战略，一个重要的举措就是针对不同地区的情况，立足于发挥比较优势，制定了一些体现国家意志和地方要求的区域规划和政策文件。这个战略的实施带来了两个革命性的变化：一是扭转了长期以来东快、中西慢的增长格局，实现了中西部增长速度几年来连续超过东部的状态；二是培育了一大批支撑国民经济又好又快发展的增长点，这些增长点或者增长极有

相当一部分落地在中西部。这里面为什么会有这样一个状况？就是因为这个地方的比较优势发挥出来了，而不是搞"一刀切"把你的优势切下去了，这是从正面解决区域发展不平衡问题。换个角度来讲，如果优势变成劣势，是不是会进一步加剧这个地方的不平衡发展？所以，要是长期维持我们的重要产品低端价值运行的话，必然会拉大同一些地区的差距，加剧地区间发展的不平衡。

第三个方面是造成一些重要产品的供应缺口，影响国计民生、危及国家安定。这不是危言耸听，往往这些国家有指令性控制的东西就是关键的东西，要么涉及人民生活，要么涉及国家发展大局。所以这些东西如果短缺，就会有风险，就会危及国家安定。粮食就是这类产品。所以，任何时候国家都把粮食生产放在重要位置，都强调要维护国家的粮食安全。尽管可以从国外进口，但是当中国不生产粮食、全部依赖进口的时候，国家安全就难以保障。但如果相应的利益平衡机制跟不上的话，影响到个人的发财致富，影响到地区的跨越式发展，就会最终影响到这个地区提供产品的积极性。作为一个整体来讲，国家可以给你指定中部地区必须搞粮食基地；但是作为个体来讲，有时候并不是行政命令决定得了的。特别是现在随着农村土地制度的不断改革，农民的自主权越来越高，市场的流动性越来越强，农民如果不种田了，你怎么办？你不能把他捆绑起来让他种田。所以为了鼓励农民种田，国家采取了很多办法。比如说维持农产品的基本价格，再比如国家给予农民以各种补贴，现在种田不仅不用交税而且还有补贴，所以农民感觉比以前要强一点。但是如果跟其他地区搞其他产业的比他觉得还是亏。农民的判断是直接的，尽管有反应滞后期，但是决策者和研究者不能在这些问题上也设置一个滞后期，否则就会造成不良后果。

第四个方面是会带来资源和生态风险，危及可持续发展。资源尤其是稀缺性资源的价值不能充分体现出来，就不会有人保护资源，生态环境的维护得不到一定好处，就没有人来珍惜生态。这里面我觉得跟我们的利益平衡机制没有建立，相应的惩戒机制没有建立密切相关。为什么我们有些省不顾严重的污染大兴钢铁和化工企业？如果不采取强力的惩戒手段，从利益上使它得不偿失，这类污染企业是很难被撤掉的。这足见利益平衡机制的重要性。待会儿还要讲到南水北调的事情，实际上我们也是要尽量给调水区一些补偿，使作出贡献的这些地区的人心里有所平衡。

最后，我想还有一个方面，那就是不利于深化区域合作和一体化发展，影响产业结构的调整升级、发展方式的转变、公共服务均等化等重要项目的推进速度与进程。没有一个利益平衡机制，我们的产业转移承接是没有积极性的。前几年，我们根据上级指示，起草了一个推进中西部承接产业转移的文件，并由国务院颁布施行，我们希望乘着世界经济全球化、区域一体化的机会，乘着世界科技革命、产业结构调整的机会，乘着中国在应对金融危机中推进发展方式转变和结构调整升级的机会，促成我国东中西部地区的产业联动，推进产业转移和承接。但是在市场经济条件下谁都不是傻子，你不想让东部将高污染的企业转移到中西部，你想要他们来点稍微先进一点的东西，你不给人家好处是不行的。我们鼓励探索飞地经济，通过构建飞地园区和产业聚集区来构筑产业转移与承接的平台载体，但要使它运转好，必须建立利益的分享机制、转移成果的共享机制，没有这个机制，产业转移与承接的层次是不会高的，也是不会持久的。前几年，国务院专门制订了规划，在安徽打造皖江城市带承接产业转移示范区，为了有效地推进产业转移和承接，在规划中提出建立两个产业集中区作为载体和平台。关于这两个产业集中区，我们与安徽的领导和相关部门强调最多的是建立利益共享机制，也就是说，问题的核心不在于在哪个地方、选多大块地搞集中区，而在于是否建立一个好的利益分享机制，能够让长三角与珠三角的企业转移到你这里来，并且提供先进的管理、技术和产业，这才是问题的关键。几年过去了，我们知道安徽的整体发展不错，但对这两个产业集中区的运转状况不是太清楚。但我可以说，这个机制如果不建立起来的话，是会影响这两个集中区的发展的。在整体上，就会影响产业转型升级，影响发展方式的转变，也会影响一体化的进程。而一体化的进程在很大程度上对于我们推进公共服务的均等化是起着至关重要作用的。公共服务的均等化靠两个途径：第一个是靠国家富起来之后给你提供足够的支持来实施均等化；第二个是靠我们区域间的一体化发展，通过区域间的互动来形成自动的一体，服务的一体。所以你没有这种机制，一体化的发展就会出现障碍。这就是利益平衡机制的缺失给中部地区的发展带来的一系列问题。

三、建立中部地区区域利益平衡机制面临着一些制约

今天的论坛讨论的是比较"专"的问题，我也就这个"专"的问题谈一些初步思考。客观地分析，我们建立中部地区区域利益平衡机制面对很多制约，这些制约有的难以改变，有的虽然可以改变，但在当前是缺失的。我琢磨至少有这么五个方面的制约：

第一个方面就是基于生产力空间布局而形成的国家带有指令性质的规划安排。这个意思反过来说更清楚，如果我国中部地区的某个省提出说我不生产粮食了可不可以？很显然不可以，国家不会容许这样做。所以建立粮食基地、生产这么多的粮食是国家对你的安排。这个安排表面上是规划的安排，实际上是一种指令性的要求，这是没法改变的。而国家的这个安排，又是基于生产力的空间布局，不是随心所欲的。为什么不让上海种粮食？是因为上海没有种粮食的条件，只有我们中部的河南、湖北、湖南、安徽、江西这些地方可以种粮食。所以这个就是国家从我们的区情出发所决定的生产力空间布局，服从这个空间布局，国家就对这个地区生产这种产品做出了指令性安排，这一点是不可以改变的。

第二个方面是特殊的、天然存在的地理区位和自然环境，这也是不能改变的。你不能让长江改道，你不能让大别山、三峡库区、秦巴山、武陵山区等这些国家重点的生态功能区不搞了，都变成市区搞工厂去，你也无法改变我们南水北调的水源地和湘江赣江淮河等重要江河源头地的这种格局。这就是由天然的地理区位和自然环境所决定的，你必须承载起这样一些生态或是区位生态相应的责任。

第三个方面是普遍的，也就是以行政区为单元管制并且评价效益的运作格局。我们现在尽管搞区域合作和经济区，但它们自身主体还是行政区单元，在这种情况下，一个单元跟另外一个单元的关系是利益关系，都想把自身的利益搞得多一些。这里面就必然存在利益冲撞，同时反过来看也存在利益交换和平衡的可能性。

第四个方面是对资源要素进行准确评价、对其价值进行准确评估面临技术短缺和制度障碍，这也是我们建立和平衡区际利益关系的一些障碍。比如

说我们目前在探索流域生态补偿制度，但是我们搞不清楚上游对下游会造成多大的危害、在什么时期会造成危害？工业化发展快的地方控制不好就可能危害更大。如果上游搞的是农业，当然农业的面源污染也是很厉害的，农业的面源污染现在上升到首要位置了，占到了40%，也很严重。我的意思是上游的产业结构、开发状况、开发力度不一样，对下游造成的环境破坏是不一样的，怎样进行评估我们现在缺乏技术手段，我们国家拥有许多卫星，但是真正到了一个具体的情况下就很困难。所以从表面状况看，我们国家很多东西是很厉害的，但是突然发生一个事件，就看出它的薄弱性和漏洞了，你就会觉得怎么会是这么一个状况呢？所以在这个评估方面我们缺乏网络互联互通，缺乏信息资源共享，甚至缺乏有效的手段去甄别，何况我们还有很多技术障碍和各个地区的封锁，你不可以随便到我这里来搞调查研究和测评测量，不能够随便越界。最近碰到一个事情挺有趣，国家交给我们一个任务，要搞某个地方的生态环境保护，我们说几个部门齐心协力把这个事情办好，结果面临两个问题：第一是原有的材料不能共享，你对我封锁、我对你封锁；第二是有的公开提出某个单位不能参加，你排斥我、我排斥你，搞得我们觉得怪怪的，你这么一个单位怎么有权说不让另外一个单位参加？它就反映了一个现实：对于资源要素环境等方面的一些情况来进行科学的评估从而测算补偿的依据有着严重的制度性障碍。

第五个方面是直接运作主体包括管理者、利益关联者等约束机制缺失或者说权责利益不对称，造成了管理者管理不力、利益关联者无所作为，这是我们建立利益平衡机制面临的又一个困难。没有适当的约束机制，所以你下游虽然是受害者，但是你受害了跟我没有一点关系，我就无所作为了，污染就污染吧！所以这些年为什么中部地区的生态越来越坏，在很大程度上是约束机制缺失。没有一种有效的制度让每个人都把环境保护视作比生命还重要，相反，我们是能扔就扔、能吐就吐、能污染就污染。所以我说是我们大家共同造成了今天这个格局，我们每个人都有"贡献"。污染到一定的程度就不可逆了，北京现在下了很大的决心要治理雾霾！上一任总书记就提到了，新一任总书记又把它作为一个很重要的任务提出来，但是治理起来谈何容易，有些东西一旦造成一定的格局就很难逆转了，这里面跟约束机制的缺失有很大关系。假如我们能够准确地估量在某一期间环境损害达到了多大的一个程度，确定一个界限，超过了这个界限你就不能升官，你看他保不保护环境？我们没有计量，不知道在某一任手上环境破坏到了多大的程度，这就造成管理者管理不力，利益相关者无所作为。

四、当前中部地区建立健全利益平衡机制所涉及的主要领域和类型

利益平衡机制可能涉及各个方面，但是对于中部来讲最重要的是什么？在哪些方面可以探索？我琢磨至少有以下五个方面：第一个是重要资源的开发，怎样形成一个好的机制，能够反映资源的稀缺程度和资源开采的损害成本，最后达到保护资源和充分利用资源的目的，达到提供资源的人和地区不吃亏的要求；第二个是上下游流域和相邻区域生态环境的保护；第三个是重要农产品的输出；第四个是重要生产要素的流动，包括优质劳动力的流出；第五个是产业的转移与承接。我想中部地区要建立利益平衡机制，首先应该着眼于这五个方面的探索并寻求建立合理的制度体系。我想跟在座的来自大学和研究机构的专家们说，今天的这个论坛某种程度上算是关于构建区域利益平衡机制的启动会。我刚才讲了，全国包括中部地区对这个问题研究得很少，更谈不上全面深入，所以研究这个问题特别重要，我们中部地区又面临这样的特殊需要，中部地区的学者们应该奋勇争先。我个人认为可以先从这五个方面来探索，形成科学的思路，以此为基础构成中部地区利益平衡机制的初级体系。希望下次有时间我们开会的时候在这些方面能有一些真知灼见。

五、建立健全中部地区利益平衡机制的基本思路

作为一个区域经济工作者，今天我用论坛语言所阐述的观点，要力推这些东西从理论走向实践、从构想变为政策，今天的工作就是为明天的政策

出台打基础，很多东西在今后若干年逐步推行将不会是一件遥远和艰难的事情。我对于建立健全中部地区利益平衡机制的基本考虑大体包括这么四点，概括起来也叫"四分"。

第一点是先易后难，分步推进。什么叫先易后难呢？就是针对上述我谈到的五个主要领域的难易状况分步制订方案加以推进，把那些容易的先搞。现在我们已对流域生态的补偿机制开始了探索，正在进行的一个试点在新安江——千岛湖流域，上下游之间开始流域生态补偿机制的试点。这个补偿机制仍然是初步的，它甚至谈不上严格的补偿，只是一种责任和惩戒机制。具体是怎样做的呢？国家财政拿3亿元，安徽拿1亿元，浙江拿1亿元，共同建立补偿基金，把它作为惩戒或奖励手段。如果安徽对下游的环境状况没有达到设定的指标要求，这个钱就给浙江；反过来如果安徽达到了这个指标，这个钱就给安徽。这是初步的，甚至影响是细微的，但它毕竟是个有利的开局。现在拿出的钱比较少，也许相关地方不在乎这么几亿元，但是假如提高到50亿元，你还在不在乎？南水北调中线2014年就要调水了，丹江口库区的一湖清水将要北送到天津、北京，我们正在研究，北京、天津的同志认识也很到位，准备以对口协作的方式筹集一些资金补偿调水区。这虽然也只是一个初步尝试，但是走出了一条路径。按照领导同志要求，我不久前带了一个部委联合调研组到广东、广西做珠江——西江经济带的规划调研，也借这个机会请教了两省的领导们，他们提出了一些很重要的意见，其中有一个内容就是期望建立跨流域的生态补偿机制。广东的主要领导提出愿意对广西在调整产业结构、保护生态环境作出的贡献进行补偿，如果上游地区生态环境保护好了，产业结构是生态型的、绿色的，广东愿意掏钱支持。这就是说地方也感觉到如果生态不保护好，整个都会出问题。所以我们要先易后难，分步推进，有条件改的抓紧改，能创造条件改的抓紧创造条件，实在具有刚性约束的，我们按照经济发展和其他方面的要求，逐渐形成相关的配套条件以后再逐步改。比如说有的跟国家财力和地方财力相关，国家的财力发展到一定程度后，就有能力专门拿出一些钱搞生态补偿和专项的财政转移支付，解决这些问题就容易了。假如有一天，国家能拿出钱给中部地区一些特殊的粮食津贴，种粮吃亏的问题不就解决了吗？如果按照一个中等工业产品的利润来补助我们中部生产的每一斤粮食，中部不也就相当于在办工业了吗？大家设想过这个没有？我觉得只要我们努力，这个时候是会到来的，政策是靠我们推动的，你就先琢磨这个事。

第二点是因时制宜，分类施策。我在琢磨，围绕上面提到的五个领域，可以建立这样的一些制度或者机制：第一个要建立资源开发的利润分成、税收分享的制度。现在我们有资源税共享制度，但是力度不够，我们还要建立资源开发的利润分成、税收分享的机制。当然，如果资源价格比较公正、价格能够评估到位也可以，但是常态化的还是需要建立一种利润分成、税收分享的制度。比如说不仅仅依据一定价格把原材料卖给你，而且卖给你的原材料在你这里加工形成产品以后，原材料产地还能不能分享点销售利润？对于资源产地而言，我是这个意思，不是一般地说把原材料价格提高一点卖给你，而是说这个原材料的衍生利润你还要跟我适当分成，这样也能形成对原材料的保护，视同保护自己的眼睛一样。我们专家学者思考过这些问题没有？恐怕不一定。第二个要建立流域区域重点领域生态补偿机制，这个我不展开了，刚才举了例子。第三个要建立环境污染和资源浪费的惩戒机制。既然要惩戒别人，你就必须拿出事实，就必须让别人无可辩驳。现在我们说北京的大气污染有很大一部分"功劳"是河北的，河北不一定服气，凭什么你就知道是我污染的，你根据什么计量的？你拿不出板上钉钉的东西，我就可以不认可。就像交通事故一样，即便就是我撞的人，你拿不出来证据来，官司就没法打，棒子就不知道打哪个人的屁股。所以这样弄来弄去，过50年后环境就没法治了。我们现在要求的是建立惩戒机制，这就必须精确地评估污染源来自何方，污染面有多大，给我造成了多大的损失。怎么计量就是我们面临的问题。第四个要建立重要农产品输出地补贴制度。农产品天生是一种自然垄断的产品，也是附加值不高的产品。我们现在有一些特种大米或农产品，从品牌效应讲定价比较高，比如有的大米定价100元一斤，但这是个别情况，绝大部分大米的价格不会让你定得太高，因为它既是重要的产品，又是基本的必备之物，所以如果定得太高，大家都消费不起。这个不能转嫁给消费者，应该由国家或者发达地区对输出地来给予补偿。我们要研究补偿到什么程度，要是补偿到和工业一样了，人家还搞什么工业啊？那就不干活了。前天我在武汉市开会，武汉市的领导提出一个问题，他说我们武汉跟重庆一比就处于劣势，人家是西部地区，税收是 15%，我们的税收是 25%，起点就比人家高 10 个百分点，投资者一看我不干活就能享受 10 个点的税收优惠，换个角度看就相当于创造了 10 个点的利润。现在除了房地产，哪一个行业能轻而易举地搞到 10 个点的利润？他跟我们说，完善中部政策能不能研究一下这个。长沙也有这个问题。这其实是涉及区际利益平衡的合理界限问题。的确是这样，你也不能补贴到人家搞工业的那点利润都交给你了，否则还搞工业干吗？人家也就回家种粮食了。所以要有一个合理的界限，我以为这里面学问大着呢。第五个要建立重要人才区际流动制度。我们现在面临着一个情况，特别是湖南、湖北这些地方，高考人数多，所谓"唯楚有才"，但是培养了半天，家庭、教育机构和政府都付出了很多，最后一考到北京、上海，都留在那里了。这就存在一个中部对人才培养的费用无偿的支出问题。要不要建立一种人才流动的补偿机制？大家可能也没有思考过。现在特别是农村，就拿我所在的那个市来看，每年少说考出一万人，这一万人有相当一部分基本就不回到那个地方了，这个地方就等于在给全国做贡献，但是最后的结果就是造成了一种恶性循环，优秀的人才全流出去了，你说这个地方怎么去发展？有没有一种补偿的机制？我们现在只是对学校、对教育机构的补偿，我觉得你们可以大胆地想一想，我们的人才选用机构是否应该对人才输出地来进行适当的补偿？这也是建立利益平衡机制的一个内容。第六个要建立产业转移承接的成果分享机制。这个就不多说了，包括 GDP、利润和税收的分享，否则像刚才说的高层次的、可持续的产业承接转移就很难展开。现在广东、广西在交界地搞了一个粤桂合作示范区，并且在管理体制和利益分享机制方面做了一些有益的思考和探索，大家如果有机会可以去参观考察一下。当然，这个地方刚刚起步，需要进一步深入探索，并不断完善。第七个要建立一体化发展的激励机制。广东实施珠三角改革发展规划纲要，搞了"三个圈"，即"深莞惠、广佛肇、珠中江"，推进一体化。我曾建议广东的同志建立一体化的基金，大家都交点钱，建立一个基金，谁破坏一体化，就把他交的钱给别人；谁要是推进一体化，这钱就奖励给谁，这样就激励他来推进一体化。区域一体化非常重要，它是我们实现全民共同富裕和享受均等化的公共服务的一个重要途径。所以大体我觉得因时制宜、分类施策至少有这么七个方面。这七个方面，在座的专家们只要在其中一个方面提出了科学的、可行的思路与方案，你们对国家的贡献就很大。

第三是叫纵横结合，分项管理。就是依据不同的情况采取不同的给付途径和方式。比如说在给付途径上，可以采取中央政府转移支付，也可以采取地方政府直接结算的形式。以粮食为例，可以收粮食税，集中到中央，中央再转移给中部地区或者是粮食主产区；也可以跟这些粮食输出地建立一种对应的关系，进行直接结算。总之，哪种方式好就用哪种方式。在给付的手段上，可以分别采取税收和付费的形式。在给付的标准上，可以分别采取宜粗的固定数额支付模式，或者宜细的按需支付的模式。比如说流域生态，有的实在计算不清楚，一草一木你怎么能搞得那么清楚？再先进的信息手段也搞不清楚。那就大致上一年你给我补偿多少是可以的，但是有些可计量的你按具体的计量来支付也是可以的。所以我觉得在这个问题上采取纵横结合，分项管理。

第四点是依法完善，分期调整。也就是建立健全相关的法律法规，同时根据经济社会发展的总体要求、国内外形势的变化和价值导向、经济实力状况等，对各项制度所涉及的内容、付费的标准或者利益分享格局进行适当的调整。比如说，我们现在提出要搞生态文明，建立美丽中国，相应就要提高生态补偿标准。可以根据环境的变化，根据价值导向的变化，根据我们拥有的相关的包括财力在内的各个方面的变化对补偿标准进行适当的调整，就像物价指标的调整、工资指标的调整一样，使这个标准符合当时的环境条件，这样这个补偿机制才会永葆活力和竞争力。除了补偿标准，对各项制度所涉及的内容等也应与时俱进地进行调整。

以上是我关于建立中部地区利益平衡机制的一个初步设想。前面提到，我是从中部的视角来谈这个问题，实际上这个问题对全国和其他地区来讲都是一样的。今天利用这个时间，我准备了这么一个开场发言，谈一些观点，更重要的是给大家提供一个批评和讨论的靶子。今天到会的有很多专家，相信会对这些问题有更精彩的见解，寄希望于大家。

（2013 年）

统筹推进长江经济带横向生态保护补偿机制建设 [1]

今天，国家 4 个部门以及长江流域的 13 个省市的同志汇聚重庆，召开长江经济带生态保护修复暨推动建立流域横向生态补偿机制工作会议，意义重要。下面，我讲三点意见。

一、建立长江经济带横向生态保护补偿机制至为关键

长江是长江经济带的依托，水资源总量占全国的三分之一，解决了全国三分之一人口的用水需要，每年供水量超过 2000 亿立方米。长江拥有全国二分之一的内河航运里程，7 万公里的通航里程，是联系我国东中西的经济大动脉和生态大动脉。正确处理好长江开发与保护的关系，确保一江清水东流，事关中华民族长远发展。2016 年 1 月，习近平总书记在有关座谈会上明确强调，长江和长江经济带的地位和作用，说明推动长江经济带发展必须要坚持生态优先、绿色发展的战略定位，这不仅是对自然规律的尊重，也是对经济规律、社会规律的尊重。习近平总书记指出，长江拥有独特的生态系统，是我国重要的生态宝库。当前和今后相当长一个时期，要把修复长江生态环境摆在压倒性位置，共抓大保护，不搞大开发。

修复长江生态环境既需要沿江每一个省市区处理好经济发展和生态环境保护的关系，加大生态环境治理力度；又需要流域上下游、左右岸协同发

[1] 本文系作者于 2018 年 2 月 1 日在财政部、原环境保护部（现生态环境部）、国家发展改革委、水利部召开的"长江经济带生态保护修复暨推动建立流域横向生态补偿机制工作会议"上的讲话。

力，采取有效举措一道保护生态环境。

建立生态保护补偿机制是各地区共同保护生态环境的一种激励性制度安排，旨在让生态受益者对生态保护者付出的经济成本、机会损失和提供的生态服务价值给予合理补偿，使生态保护者不吃亏、能受益，获得实实在在的好处。党中央、国务院高度重视生态保护补偿机制建设，将其作为建设生态文明的重要抓手。2005年召开的党的十六届五中全会提出，按照谁开发谁保护、谁受益谁补偿的原则，加快建立生态保护补偿机制；2010年中共中央国务院印发《关于深入实施西部大开发战略的若干意见》，要求加快制定实施关于生态补偿政策措施的指导意见和生态补偿条例；2012年召开党的十八大提出建立资源有偿使用制度和生态补偿制度；2013年举行的十二届全国人大常委会第二次会议要求出台建立健全生态补偿机制的意见。党的十九大强调建立市场化、多元化生态补偿机制。习近平总书记要求，要在建立市场化、多元化生态补偿机制上取得新突破，让保护生态环境的不吃亏并得到实实在在的利益，让农民成为绿色空间的守护人。

长江横贯东西，保护长江生态环境是流域上下游、左右岸的共同责任。建立长江横向生态保护补偿机制，就是要让上下游、左右岸生态共治、责任共担、利益共享，就是要激发共同保护生态环境的积极性，相互监督，相互促进，形成利益共同体、责任共同体和治理共同体。长江经济带横向生态保护补偿机制是在总结我国现有横向生态保护补偿机制的基础上，结合以共抓大保护、不搞大开发为导向推动长江经济带发展的战略部署而采取的重大行动。在此之前，新安江、九州江、汀江—韩江、东江、引滦入津、南水北调中线工程水源区等跨两省流域上下游横向生态保护补偿探索均已取得积极进展，在中央引导资金的支持下，流域上下游通过签署补偿协议，明确了保护责任和补偿义务，建立了上下游沟通联系机制和监督检查机制，在协同联动和共同保护中实现了互利与双赢。上游地区通过有力保护生态环境不仅获得了实实在在的补偿收入，也得到了合作联动带来的其他益处；下游地区则由于水环境、水生态的改善，保障了生产安全、生活安全和生态安全，也稳定了发展预期，有利于经济社会的持续推进和创造性开展。我们看到，九州江流域水质明显改善，对保护湛江800万人的用水安全起到了明显作用。新安江流域治理效果明显，已经尝到甜头的浙江省，积极与安徽省就新安江流域第三轮生态保护补偿进行沟通，正在实施引湖济杭工程，给长期遭受水安全困扰的杭州市吃下了定心丸。

长江经济带横向生态保护补偿机制由于涉及省份多，上下游关系非常复杂，比如这次签订补偿协议的长江支流赤水河流域既有上下游，又有左右岸，甚至还存在忽而上游、忽而下游的情况。因此，建立长江经济带横向生态保护补偿机制难度较大。中央高度重视长江经济带横向生态保护补偿机制建设，2016 年 3 月召开的中央深改组第 22 次会议就《关于健全生态保护补偿机制的意见》进行了讨论，明确指出在长江等重要河流探索开展横向生态保护补偿试点。在同年印发的《长江经济带发展规划纲要》中，建立长江流域生态补偿机制成为建设的重大任务和关键举措。建立长江经济带横向生态保护补偿机制，标志着我国探索流域横向生态保护补偿机制迈出了新步伐，标志着长江经济带生态保护工作进入了新阶段。我们要更加扎实的工作，使其成为推动长江经济带生态环境保护和经济发展一体推进的坚实保障，为全国做出有益的示范。

二、明确长江经济带横向生态保护补偿机制建设的职责与原则

这次 4 个部门联合印发的《中央财政促进长江经济带生态保护修复奖励政策实施方案》，明确了对建立省际和省内横向生态保护补偿机制的地区给予奖励的支持政策，明确了早签协议早补偿、多补偿的基本政策导向，中央支持资金 180 亿元，是目前支持长江经济带生态优先、绿色发展力度最大的政策。今天会上，云南省、贵州省和四川省签订了赤水河流域横向生态补偿协议，浙江省、江苏省、重庆市的一些市县也签订了横向生态保护补偿协议。会后，其他一些省市也将推进省际和省内生态保护补偿协议的签署。这样，整个长江经济带横向生态保护补偿机制建设就会蓬勃有序的开展起来。

中央在横向生态保护补偿机制建设中发挥指导引领作用，地方则是落实相关举措的责任主体。这次会议以后，长江经济带横向生态保护补偿机制建设将要全面启动，各地方应当按照这次会议的要求，从保护长江的大局出发，抓紧开展相关工作，尽早尽快尽好地将补偿机制建立起来，为保护长江水资源、水环境和水生态做出积极的贡献。

建立流域上下游横向生态保护补偿机制，涉及到利益关系的深刻调整，尤其是下游地区要拿出真金白银支持上游地区保护生态环境，这需要进一步提高思想认识水平，需要对传统理念进行自我革命。流域下游要认识到，上游保护好了生态环境，下游就能喝上放心水、安全水，就能减少治理生态环境的支出，这是一项功在当代、利在千秋、惠及全民的大好事。思想通了，观念升华了，行动就会更加有力。同时，上游地区也要认真尽职履职，切实保护好境内生态环境，切实将包括补偿资金在内的治理资源配置好，把钱财用在刀刃上，用在关键处。

签订和履行生态保护补偿协议是长江经济带建立横向生态保护补偿机制关键举措和实质性内容，各地应抓住机遇，早议早签。地方在签订生态保护补偿协议时，要坚持如下两个原则：一是尊重规律、平等协商。长江经济带各省市水资源、水生态、水环境情况千差万别，工作基础也各有差异，一定要做扎实细致的前期调研工作，把握自然特点、突出核心要素，科学确定保护目标和补偿水平，通过公平公正、合情合理的责权条款设定，使补偿协议形成强劲的约束力。流域上下游、左右岸对于生态保护都具有不可推卸的职责，也具有平等的权利和义务，要相互尊重、平等协商，尤其应就有关保护与补偿的细节问题进行深入沟通讨论。二是评估精准、奖罚严格。协议的生命在于落实，应通过协议本身或专门文件，明确考核要求、细化落实举措。与此同时，充分利用现代技术手段与统计工具，对流域上下游横向生态保护与补偿状况进行准确而及时的监测评估，对生态环境质量改善的地区给予奖励，对生态环境质量恶化的地区进行处罚，使流域上下游切实感受到机制运作的公平公正和有力有效。

三、在长江经济带横向生态保护补偿机制建设中切实做好自身工作

长江经济带横向生态保护补偿机制建设一头连着长江经济带发展，一头连着生态保护补偿机制的全面构建，发展改革系统要尽职尽责，协同有关部门和地方切实做好这项具有战略意义、事关大局的工作。

一是要拓展视野，实行联动推进。长江经济带发展是巨大的系统工程，实施长江经济带发展战略，意在打造生态优美、交通顺畅、经济协调、市场统一、机制科学的绿色发展黄金经济带。生态保护补偿机制建设要依托这个总体目标和核心使命展开，通过与其他事项的联动协同不断拓展工作思路和操作空间，以发挥更大更广泛的作用。要将生态保护补偿工作与供给侧结构性改革结合起来，与河长制、湖长制工作有机结合起来，与退耕还林、退田还湖、河湖连通、生态功能区建设、山水林田湖综合治理等各项措施结合起来，一体推动长江经济带生态保护和绿色发展。

二是要两面兼顾，做好指导协调。发展改革委既承担了推进长江经济带发展领导小组办公室的职责，又承担了推动全国生态保护补偿工作综合协调的职能，要抓住生态补偿政策出台的机遇，统筹做好两方面的工作：一方面，发挥长江经济带发展领导小组办公室和生态保护补偿工作部际联席会议的统筹协调职能，加快推进《长江经济带发展规划纲要》以及其他专项规划的落实；另一方面，加强对流域生态保护补偿工作的指导协调，及时总结可复制可推广的经验。

三是要加强调研，着力化解难题。无论是推进长江经济带发展还是建立横向生态保护补偿机制，所面对的情况都非常复杂，需要解决一些棘手的问题。发改系统要沉下去多做调查研究工作，了解真实情况、摸清问题本源，针对潜在性、苗头性、倾向性问题，及时提出务实的化解方案，促进长江经济带绿色发展和生态保护补偿工作不断迈上新的台阶。

四是要优化服务，强化配合支持。根据国务院的职责分工，横向生态保护补偿工作由财政部、环境保护部（编者注：现为生态环境部）牵头负责，发展改革系统要一如既往的积极配合、主动服务，加强沟通交流与协商，尽

力提供各种帮助，共同为建立健全横向生态保护补偿机制创造良好的工作氛围和政策环境。

统筹推进长江经济带绿色发展和横向生态保护补偿机制建设，责任重大，任务艰巨，使命光荣。我们要认真贯彻落实党的十九大、中央经济工作会议和中央农村工作会议精神，锐意创新、真抓实干，为加快建设美丽长江、美丽中国而不懈努力。

（2018 年）

探索建立全要素的区际利益平衡机制 [1]

　　中央强调，推动长江经济带发展关系到中华民族的长远利益，因此要把生态环境的保护与修复放在关键位置，"共抓大保护、不搞大开发"，走一条生态优先、绿色发展的新路子。上上下下按照这一要求推进长江经济带建设，几年来在多方面取得了明显的进展，媒体对此做了充分的报道。但我们对取得的成就也不能作太高的估价。从原来我在岗位上参与推动这项工作，到现在离开岗位后仍然关心这项工作，所得到的信息是长江经济带生态环境的形势依然严峻。中央长江经济带建设领导小组最近开的工作会议都播放了录像片，片中反映的是政府部门和相关媒体明察暗访所收集到的第一首材料，看了录像片之后感觉情况依然令人触目惊心。长江沿线对生态环境直接间接的损害仍然十分严重，流域环境风险隐患仍然突出，同时还出现了污染产业向中上游转移、固体危废品跨区域违法倾倒等新问题。

　　习近平总书记在有关讲话中提出，要努力把长江经济带建设成为生态更优美、交通更顺畅、经济更协调、市场更统一、机制更科学的黄金经济带。

　　要达到这一要求可谓任重道远。仅靠上级指导推动、相关地区和企业自觉行动恐怕还不够，必须运用体制机制来倒逼，通过建立起强有力的制度体系来约束和保障长江经济带的生态环境。由长江经济带建设的问题我想到，事实上不只是长江经济带，整个国家都面临着需要按照新的发展理念形成严格缜密的制度约束体系。而这个体系中的一个关键的内容，就是要建立区际

[1] 本文系作者于 2019 年 12 月 15 日在湖北经济学院等单位举办的"第二届长江经济带高峰论坛"上的讲话。以《长江经济带应率先探索区际利益平衡和生态补偿机制》为题收录于《长江经济带与中国经济发展》(中国金融出版社 2020 年 12 月第 1 版)一书。

利益平衡机制。

我对建立区际利益平衡机制问题思考算是比较早的，2008 年左右就有了一些想法。初衷是考虑如何缩小地区差距、实现区域协调发展，由此萌发了要建立补偿机制或利益平衡机制的一些思想。比较系统的阐述是在 2013 年 11 月在长沙召开的"中国中部发展论坛"上。在会议上我讲了建立区际利益平衡机制或利益补偿机制的重要性、基本原则、操作思路以及探索方向，这应该是国内第一次关于建立区际利益平衡机制或补偿机制的系统表达。令人高兴的是，从那个时候开始，各个方面积极努力，相关工作取得了较大的进展。我们看到，国家有关部门就粮食、生态等方面建立补偿机制问题发布了相关文件，由相关部门与地区推进的一些试点也稳步开展，取得了积极的效果。最重要的是 2018 年 11 月 18 日中共中央国务院发布了关于《建立更有效的区域协调发展新机制的意见》，提出了完善多元化横向生态补偿机制、建立粮食主产区与主销区之间利益补偿机制、健全资源输出地与输入地之间利益补偿机制等要求。应该说，这个意见充分地肯定和体现了我们这些年理论探索和实践运作的一些成果。从 2008 年左右着手思考这一问题，到现在中央专门制定文件提出相关要求，多年的努力终于付诸政策实践，这是一件令人十分高兴的事情。

在这里我想进一步告诉大家的是，伴随着这些年的理论探索和实际调研，我对建立区际利益平衡机制又有了一些新的思考，借此机会与大家谈一谈。但受时间限制，也因为对其中的有些问题考虑还不够成熟，所以只能提纲挈领的简单谈一谈。我在学术论坛上讲话有一个原则，就是基本上不讲重话，下面的内容也是第一次给大家讲，抛出来与大家一起探讨。主要讲三点意见。

一、充分认识建立区际利益平衡机制的重大意义

什么是区际利益平衡机制？大体说，是指基于公正原则、由一种或多种因素导致的地区以一定形式体现的经济利益转移的制度安排或体制设计。使用"利益平衡"这个词，一是这种平衡体现了行为的对称性，依据的是付出

了应该有收获、得到了好处要给予回报、实施了破坏必须要承受相应的代价的原则，即两者之间应该相配相称、对等平衡。二是这种利益平衡主要体现在经济方面，是经济利益的一种调整，不涉及到行政、法律等方面的激励或惩罚。三是这种利益平衡不仅涉及到补偿问题，也涉及到处罚的问题；不仅意味着交换，而且意味着共建；不仅体现对称，而且体现协调。事实上，补偿、处罚等都是手段，而促进区域协调发展才是建立利益平衡机制的目的。利益平衡机制这样一个概念，概括性更强、科学性更高。

为什么要建立区际利益平衡机制？这一点是与其涉及到的具体内容密切相联的，我在下面会谈到这些具体内容。在这里我要说的是，建立利益平衡机制涉及到国家全局、战略大局，是一件举足轻重的大事，其意义是多方面的，简要的说，一是有利于节约集约利用资源要素，提高经济效率；二是有利于保护生态环境，实现绿色发展；三是有利于保障公平正义，全面调动市场主体的活力和社会的创造力；四是有利于约束政府行为，推动实现规范决策和科学决策；五是有利于缩小地区差距，实现全体人民的共同富裕；六是有利于完善治理构架，形成现代化的治理体系。有鉴于此，我们必须大力推进区际利益平衡机制建设。

二、更为全面的推进区际利益平衡机制建设

在 2013 年"中国中部发展论坛"的主旨讲话中，我着重"3+1"讲述了建立区际利益平衡机制的思路，除了生态环境、重要农产品、生产资料这三个重要方面外，还讲了有关排污权、碳排放权等的公平交易问题。深入的思考一下，其实并不止于这几个方面，还涉及到一些很重要的方面，也就是说建立平衡机制的具体内容还可以扩大延伸。把这些方面都解决好了，中国的很多问题也就相应解决了。包括上面提到的内容，我认为可以在如下十个方面建立利益平衡机制。

一是关于生态。探索建立毗邻地区、流域上下游地区的利益平衡机制，以促进生态修复保护和优化。

二是关于农产品。当前主要讲的是粮食主产区与主销区之间的利益补偿

机制，其实不光是粮食，还有棉花、还有其它特种农产品和稀有农产品，这些农产品需要建立区际间的补偿机制。重要农产品涉及到国计民生，不能够随意提高销售价格。如果有适当的补偿，那些主产区就会增加收益，不仅会与其它地区实现同步发展、共奔现代化目标，也会提高生产的积极性。比如建立粮食补偿机制，对中部地区就会有很大益处。因为中部六个省中有五个是粮食大省，包括湖北在内。粮食不能提价，又没有补偿，效益就上不去，发展也就必然缓慢，这对按照国家要求种植粮食的地区和人来说，是很不公平的。

三是关于资源。涉及到煤炭、石油、能源、特种矿产等。需要探索建立资源输出地与输入地之间的利益平衡机制，一方面提高资源输出地的发展水平，另一方面也促进资源的节约与高效利用。

四是关于污染。既涉及到毗邻地带的污染排放问题，也涉及到跨区域的污染产业转移问题，还有其他形式的对环境的破坏与污染问题。在这方面要建立经济性的惩处机制、补偿机制。

五是关于人才。主要涉及到相对落后地区人才向发达地区流动问题。人才可以自由流动，也应当自由流动。但人才的成长离不开相关地区的培育，培育是有成本的。人才进入对于发达地区而言是锦上添花，而人才流失对于欠发达地区来说则是釜底抽薪。基于协调发展的要求，应建立发达地区向欠发达地区招揽吸收人才的利益补偿机制。

六是关于特殊贡献地区。如革命老区、原苏区等，它们为新中国的成立或国家的发展都做过特殊重要贡献和不同于一般地区的利益牺牲，应该建立适宜水平的利益平衡机制。如赣南原中央苏区，对新中国的建立做过重大贡献。但直到前些年发展都比较困难，贫困人口较多。基于此，中央量身制定了相关政策文件，其中不乏补偿性质的内容，这些政策给这一地区带来了快速发展和翻天覆地的变化。这一探索值得我们认真总结，并在建立利益平衡机制时加以借鉴运用。

七是关于市场。妨碍和破坏市场统一的各种垄断、保护和封锁都应付出沉重的代价。

八是关于不公平政策。需要对非特殊条件所限、与全局利益相悖制定的不公平政策的受损者给予适当形式的补偿，反过来说，需要对制定这些不公平政策的机构予以经济上的处罚。这有利于推进公共服务均等化，有利于加快落后地区发展，也有利于推动政府部门精准和科学决策，减少决策和行为的随意性。

九是关于重大事件。对非必要或非全局利益需要进行的重大活动所造成的企业关闭、正常生产活动中止等，应对相关主体进行适当的补偿。

十是关于财产。公民财产的形成并非完全取决于个人因素，而与政策环境和社会帮助密切相关。对财产的跨国转移应建立相应的给予国家和社会补偿的机制。

在这里还需要强调三点，一是对上面所涉及到的有些因素要进一步做深入细致的研究，不能简单从事，需要综合考虑多方面的情况、平衡多种要求和考虑多元目标。二是实施利益平衡的主体、手段与方式可以根据不同情况来确定。例如对危害市场公平竞争的行为可以通过政府实施处罚的形式进行，而处罚的所得可以用来设立市场一体化发展基金。三是在当前的实际工作中，已经存在着各种形式的利益平衡，包括转移支付、补贴等等，应加强梳理、归并和调整完善。

三、强化大数据等数字技术对建立区际利益平衡机制的支撑

以互联网、物联网、大数据、云计算、人工智能等为代表的数字技术以及依此形成的数字经济为建立全要素的区际利益平衡机制创造了有利条件。数字技术将使对相关信息的把握更加全面具体，对面临问题的了解更加深入细致，对实现目标的确立更加科学务实，对应对策略制定更加精准有效。要强化区域数字基础设施建设，加快形成先进、融合、开放、绿色的数字软硬体系。总之，要把握新的技术与产业革命带来的机遇，全面推动数字化转型，使数字技术成为建立科学的区际利益平衡机制的强有力的支撑。

最后我要说的是，我们注意到，在刚刚公布的《长江三角洲区域一体化发展规划纲要》中，强调了要在长江流域开展污染赔偿机制试点，要求联

合制定控制高耗能、高排放行业标准，探索建立跨区域固废危废处置补偿机制，这是一个可喜的思路，这对于解决长江经济带的生态修复和环境保护问题将起到重要作用。可以看作是建立区际利益平衡机制的一个重要内。我们应由易到难、由简到繁，逐步深入的推进相关补偿机制建设，直到最终建立要素全面、设计科学的区际利益平衡机制，让我们共同为此付出努力。

（2019 年）

建立健全生态产品价值实现机制 [1]

很高兴能够受邀参加第四届长江经济带发展战略论坛。今天会议的主题，是加快建立生态产品价值实现机制，扣着这个主题我谈一些认识。

"建立生态产品价值实现机制"是党的十九大提出的要求，今年四月，中办、国办联合印发了《关于建立健全生态产品价值实现机制的意见》。这是一项具有开拓性质的探索，不仅具有很强的技术性，也具有很强的社会性和政策性，涉及领域广泛，触及关系复杂，在理论上需要不断深化，在实践中需要深入拓展，尤其是要秉持正确的方向与思路。对此，我主要谈三个观点。

一、生态产品价值实现机制的构建，不仅要着眼于修复"小生态"，更要服务于形成"大生态"

在过去较长时间里，一些地方为了追求较快的经济增长，不惜竭泽而渔，肆意破坏生态环境，致使青山遭毁、绿水被污、资源乱采、"三高"（高耗能、高排放、高污染）遍地，资源环境承载能力大幅度下降，部分地区生产生活甚至难以为继，保护生态环境成为当务之急。十八大之前，中央提出建设资源节约型和环境友好型"两型社会"的要求。严格的说，保护青山绿水、节约利用资源是一种直接着眼于自然环境保护的"小生态"建设。十八

---

[1] 本文系作者于 2021 年 11 月 14 日在湖北经济学院等单位举办的"2021 第四届长江经济带发展战略论坛"上的讲话视频。2021 年 11 月 23 日《经济参考报》以《对生态产品价值实现机制的几点认识》为题全文刊发。

大以后，中央基于国内外形势和近远发展统筹谋划，在推行"两型社会"建设的基础上，提出了全面深化改革的思想和新的发展理念。深化生态文明体制改革和实现绿色发展提到了治国理政的核心位置，这是一种涉及到发展方式转变、经济社会发展全面绿色转型的"大生态"建设。

"建立生态产品价值实现机制"看似涉及事项比较具体，与生态产品相关，直接与青山绿水相连，很容易在思想和操作上陷入只服务于或只适应于"小生态"修复保护的窠臼。其实，一方面，生态产品的内涵是丰富的，并不止于山水林田湖草这类自然绿色物态；另一方面，"小生态"与"大生态"是紧密相连的，没有"大生态"的形成，就无法真正实现"小生态"的修复。而构建筑"大生态"，最终的目的之一也是为了维护"小生态"。但如果仅仅着眼于"小生态"用力，则无法形成"大生态"，反过来最终也优化不了"小生态"。因此必须认识到，生态产品价值实现机制的构建，要重视自然生态的修复和山水环境的保护，但更要立足于促进整个生态文明建设、绿色发展和生产生活方式的转变，也就是以保障和维护自然生态系统休养生息为基础，实现我国经济社会发展全面绿色转型，要以依此进行产品拓展、路径选择和政策设计。

二、以"绿色"为基本标识，科学把握和积极拓展生态产品价值的实现形态

绿色是各种生态产品价值形态的共同底色和核心标识。所谓推动经济社会发展全面绿色转型，实质上就是要使经济社会活动在不失其促进生产力发展、满足人民日益增长的美好生活需要之基本功能的同时，逐渐并且最终全面体现绿色化、生态化的品质与价值，或者说是要使各项经济社会活动及其成果以生态产品价值的形态存在，成为生态产品价值的载体。这也就意味着，拓展生态产品价值的实现形态与推进经济社会发展的绿色转型是同一个过程。我们应基于此，科学把握生态产品价值表现或实现形态，并采取有力的措施积极推动这一过程。

一体把握自然原体和经济社会活动绿色展现等多种状态，我以为可以把

生态产品价值的实现或承载形态大体划分为四种类型：

一是原生态产品价值。这是由山水林田湖草等的自然绿色和清纯呈现的价值状态，能够提供清洁水源、优良空气，促进水土涵养和生物多样性发展、维护生态系统平衡等。一般的说，自然生态越好，自然资本越丰厚，生态产品价值也就越高。

二是衍生态产品价值。这是以山水林田湖草为直接材料和条件形成的价值状态。如山中的蘑菇、水中的游鱼、园中的花朵等等，还有在修复整理基础上形成的矿山公园、工业遗址公园、特色古旧村落等。

三是融生态产品价值。这是以自然生态环境为基础，与相关生产生活融合形成的价值状态，如生态旅游、园林养生、休闲娱乐、自然康养等。

四是转生态产品价值。这是运用科技创新等手段去污、减排、节能形成的生态型产业价值状态，包括绿色制造业、生态农业等众多方面。

对生态产品价值实现或存在形态进行科学把握，既有利于系统全面推进绿色发展，不断地拓展生态产品价值的实现生态，又有利于分类施策、科学而有效地治理不同地区、不同领域存在的生态环境问题。

三、分类施策，最大限度地发挥生态产品价值实现机制的促进作用

从不同生态产品价值实现路径的差异化和多样性特点出发，应当充分发挥有效市场和有为政府两个轮子的驱动作用，因情制宜、分类施策。这有利于增强针对性和精准性，从而能把各类生态产品价值全面激发与拓展出来，既能更为有效的治理和服务山水林田湖草沙等自然环境，也能推进产业生态化和生态产业化，推动经济社会全面实现绿色发展，广泛形成节约资源和保护环境的产业结构、生产方式、生活方式、空间结构，建立起完善、优质的生态文明体系。

具体的说，对前述四种类型的生态产品价值，可以采取的政策与制度举措大体是：

对原生态产品价值，应以保护和提升为导向进行拓展。主要是：其一，

把考核环境质量提升、生态保护成效和特殊生态产品供给能力作为发展绩效考核的第一标准；同时把环境损害状况作为否决相关人员升迁的根本性指标。其二，建立与环境质量提升状况等重要指标正相关的纵向财政转移支付制度，其中的一部分可以与相关人员收入增长紧密关联。其三，建立特殊生态产品供给一定幅度增长状态下的产区对销区供给价格的适度上浮机制。其四，支持流域间、区域间开展以适宜生态产品为样本的横向生态补偿探索。

对衍生态的产品价值，应以引导和襄助为导向进行拓展。主要是：其一，通过实施特种补助、建立特别基金、促进专项信贷、采取定向税收减免等多种手段，大力发展与保护生态相匹配的多层经济。其二，支持推进交通、能源、数字经济等新老基础设施和电商平台、物流中心等交易载体的建设，为生态产品开发交易提供便利条件。

对融生态产品的价值，应以促进和带动为导向进行拓展。主要是：其一，强化城乡联动，推动城市企业进入适宜地区从事生态产品价值的经营开发。其二，选择适宜地区打造推进生态产业和其它产业有机融合的示范基地。其三，赋予融合性生态产业"创新"特质，并给予适当的政策支持。

对转生态产品的价值，应以倒逼和加持为导向进行拓展。主要是：其一，以实现碳达峰、碳中和目标为契机，从准入关口着手，进一步遏制"三高"项目的盲目发展，重点区域应严禁新增钢铁、焦化、水泥熟料、平板玻璃、电解铝、氧化铝、煤化工产能；同时强化科技创新，促进原有"三高"企业、产业转型发展或减量置换。其二，大力发展绿色低碳产业。其三，强化制度约束，建立严格的推进产业绿色发展的责任机制。其四，在严格认证的基础上，建立绿色产业和生态产品的价格上浮机制。其五，加快推进排污权、用能权和碳排放权等的市场化交易。其六，建立全方位的绿色政策支持体系。

最后我要强调的是，长江经济带地域广阔、地理环境复杂，发展基础参差不齐，生态地位又十分特殊，多年来造成的环境问题积重较深。长江经济带发展的根本指导思想是"共抓大保护，不搞大开发"。中央要求积极推进长江经济带成为我国生态优先、绿色发展的主战场，并采取了一系列制度性措施，包括在长江经济带开展污染赔偿机制试点等。实现长江经济带高质量发展，有必要大力开展建立健全生态产品价值实现机制的探索，并力求为全国作出表率与示范。我们各个方面应当为此尽心竭力，力所能及的做好相关工作。

这就是我结合会议主题所阐述的一些看法，很多观点不一定成熟或准确，请各位专家批评指正。

（2021 年）

绿色发展国际交流合作

中国环境保护的经济政策取向 [1]

主席先生，

女士们、先生们：

经济政策是中国政府实施环境保护这一国策的重要政策手段，借此机会，我向诸位简要地介绍中国经济政策在保护和改善生态环境中的选择与走向。

中国是一个发展中国家，这意味着，我们必须秉持"发展是硬道理"的信条，尽可能地加快经济发展；但同时，为了实现经济的持续、快速发展，我们又不能"竭泽而渔"，必须充分考虑生态环境的承载能力，并以保护生态环境为前提。面对着发展经济和保护环境的双重任务，中国从自己的国情出发，采取了适宜而有力的经济政策并取得了积极的成效。总体来看，过去二十多年间，中国经济政策的调整使中国经济发展在目标、路径、内容等方面发生了重大变化，而这种变化明显地体现了环境保护和资源节约的内涵：

在发展目标上，追求单一的经济近期高速增长逐渐转换成追求近期与长远相统一、经济与资源、环境相协调的可持续性发展。适应这一转变的经济政策与相关手段的配合，使谋求一时经济增长而不惜破坏生态和污染环境的做法受到了一定程度的遏制，保护环境成为发展经济、提高人民生活水平和生活质量的一个重要内容，可持续发展最终被确立为中国现代化建设的重大战略。改革开放以来，中国 GDP（国内生产总值）以年约 9.5% 的速度持续增

---

[1] 由中英两国政府合办的《中英论坛》第三次会议于 2001 年 10 月 24 日—25 日在英国伦敦举行，国务委员宋健率领中国代表团出席会议，作者为代表团成员。本文系作者于 10 月 25 日上午在环境与科技组分论坛中所做的交流发言。

长，而环境质量基本避免了相应恶化的局面。

在发展路径上，主要依靠拼资源、上规模扩大生产的粗放型经济增长方式逐渐转换成主要依靠练内功、挖潜力扩大生产的集约型经济增长方式。粗放式经济增长方式不仅不能带来经济的实质性发展，而且会造成严重的环境污染和生态破坏。改革开放以来，致力于改变粗放式经济增长方式，科技革命受到鼓励，管理创新受到推崇，乱铺摊子滥上项目受到抑制，掠夺性开采资源受到打击，经济增长方式的转变在推动经济增长的同时也带来了生态环境的改善。

在发展内容上，见利就上、不惜代价的全方位产业发展逐渐转化成有利于节约资源、保护环境、提高效益的高效低耗性倾斜性产业发展，改革开放以来，环境保护纳入了国民经济和社会发展计划，产业发展的选择性逐渐提高。结合经济结构调整，政府不断加大对污染大，消耗资源多的传统产业的淘汰与改造力度，并着力开发投入少、污染轻、见效快、附加值高的产品和产业，推动产业结构不断升级。与此同时，积极发展环保产业，增加环保投入，使环境保护与各项建设事业统筹兼顾、协调发展。

从 2001 年起，中国进入了全面建设小康社会、加快推进现代化的新的发展阶段。在新的世纪里，我们要把自己的国家建设成富强、民主、文明的世界强国，实现民族的伟大复兴。这不仅意味着经济的更快发展，也意味着生态与生活环境的进一步改善。按照阶段性发展规划，经济发展方面，未来五年，我国年均经济增长速度要达到 7% 左右；到 2010 年，实现 GDP 比 2000 年翻一番的目标。环境保护方面，到 2005 年，我国森林覆盖率要提高到 18.2%，城市建成区绿化覆盖率提高到 35%，主要污染物排放总量比 2000 年减少 10%；到 2010 年，生态环境破坏趋势得到遏制，资源节约和保护取得明显成效，一批生态功能保护区得以建立，全国部分地区基本实现秀美山川、自然生态系统良性循环。我们清醒地认识到，尽管这些年我国在生态环境保护方面取得了可喜成绩，但形势仍然严峻，目前部分地区生态环境恶化的趋势还没有得到有效的遏制，生态环境恶化的范围在扩大，程度在加剧，危害在加重。因此，要实现上述目标，任务十分艰巨。这要求经济政策在未来发挥更大的功效，从而相应要求我们未来的经济政策更科学、更实在、更有力。

从总的方面看，服务于实现经济发展和环境保护双重任务，中国的经济政策仍然要把握这样的原则：有利于经济发展遵循自然规律，实现近期与长远统一，局部与全局兼顾；有利于实施可持续发展战略，促进人与自然的协调和谐，努力开创生产发展、生活富裕、生态良好的文明发展道路。具体而言，从近中期看，经济政策将着眼于如下方面用力：

第一，进一步推进经济结构调整。经济结构调整既是推动经济发展的关键举措，又是促进环境保护的重要手段。中国政府已把结构调整作为下一步经济工作的主线：一是围绕节能降耗、防治污染、增加品种、改善质量和提高劳动生产率，用高新技术和先进适用技术改造提升传统产业，在能源、冶金、化工、轻纺、机械、汽车、建材及建筑等行业，支持一批重点企业技术改造，切实提高工艺和装备水平；二是积极发展经济效益好，市场潜力大而又节能节水无污染的高新技术产业和第三产业；三是结合农村经济结构的战略性调整，加快绿色农业、有机农业和生态农业等农业科技产业的发展，解决农业面源污染，构建提高农民收入、发展农村生产力的产业基础。在改造、提升产业结构的同时，综合运用经济、法律和必要的行政手段，淘汰落后的生产工艺和装备，关闭浪费资源、污染严重的企业。今年，结合整顿市场秩序，中国大大加强了这方面的工作力度。

第二，进一步加快环保型基础设施建设和环保产业的发展。这是实现经济发展和环境保护双重目标的有效途径。其重点包括两个方面：一方面，站在环保的高度推进各项基础设施建设。在城区，环保要成为新建基础设施的重要内容或功能；在非城区，新建基础设施要同环境的保护有机结合起来。在这方面，中国正在建设中的世界最大的水电工程——长江三峡水电工程作了初步的尝试。这一工程不仅具有防洪、发电、航运、养殖、供水、滤泥等综合功能，其中包括生态保护的功能，而且按照规划要求，在工程建成后，它的周围还将崛起一座森林公园。另一方面，积极发展各类环保设施，特别是加快城市污水、垃圾处理设施的建设，加快企业技术改造。实行清洁生产，减少废气排放，提高污水、废气、垃圾处理比率和处理质量，拓宽废弃物资源化、减量化和无害化途径，提高资源综合利用水平，推动环保产业的发展。预计未来五年内，中国环境保护的投资将达到 7000 亿元，环保产业极有极可能成为最具潜力的增长点，年均增长率将达到 15% 左右，环保产业总产值将从 2000 年的 1080 亿元增长到 2005 年的 2000 亿元。

第三，进一步推进自然生态的建设和环境的保护。在一个污染严重、水土流失的环境中是不可能实现经济持续高速增长的。下一步，我国将继续坚持生态环境保护与生产环境并举的方针，结合城市改造、企业重组、农村经济结构调整以及西部大开发等，组织实施重点地区的生态建设综合治理工程、天然林保护工程、退耕还草工程，防止水土流失，恢复植被绿化。

女士们、先生们：

二十多年来的改革，不仅使中国经济获得了长足的发展，也使中国自然生态环境与人民生存环境得到了明显改善。这使经济发展和环境保护并行不悖的道理再次得到了证明，也使经济制度的力量得到了充分显现，从而进一步增强了我们通过制度创新来完成发展经济、保护环境双重任务的自觉性。事实上，在过去若干年中，经济发展体制的重构与经济运行机制的创新成为了中国实施环境保护的经济政策的基石，也成为了经济政策体系中的根本性内容。在未来的时期，这仍将是我国经济政策的重要选择。围绕经济体制创新，我们将在这样两个方面下功夫：一是加快包括调整国有经济的战略布局、完善所有制结构、推进以公司制为基本形式的现代企业制度建设等微观领域的改革，促使微观经济主体自觉地通过提高产品质量、产业层次，降低消耗、减少污染来发展生产、保护环境；二是加快包括转变政府职能、规范审批行为、建立健全管理规制等宏观领域的改革，强化政府对资源开发和环境保护的宏观调控，充分发挥市场机制在资源配置中的基础性作用，强化税收、信贷、价格等经济杠杆在防治污染、改善环境中的调节功能。

按照既定的目标，在 21 世纪的中期即 2050 年，我国将基本实现现代化，人均 GDP 达到中等发达国家水平。与此同时，力争全国生态环境全面改善，实现城市环境清洁和自然生态系统良性循环，全国大部分地区成为秀美山川。这个目标是宏伟的，实现这个目标的任务也是艰巨的，但通过全国人民的共同努力，依靠合适的经济政策和其他手段，我们能够达到我们的目标，我们对此充满信心。

    谢谢！

（2001 年）

《中国可持续发展国家报告》（2012）的编制情况 [1]

根据会议安排，我代表编写组，向各位专家简要汇报一下《中国可持续发展国家报告》（征求意见稿，以下简称《国家报告》）的编制情况。

一、编制背景及过程

2012年6月20至22日，联合国可持续发展大会将在巴西里约召开。大会将围绕可持续发展和消除贫穷背景下的绿色经济、促进可持续发展的机制框架两大主题，评估可持续发展取得的进展、存在的差距，积极应对新问题、新挑战，并作出新的政治承诺。

当前，主要发达国家深陷金融、债务泥潭，发展问题成为国际竞争的焦点，气候变化、能源安全、粮食安全等重大全球性问题日益凸显。综合国际国内形势，我国既面临着严峻挑战，也存在一些有利因素。挑战主要体现在：主要发达国家近年来在兑现资金支持、技术转让等可持续发展领域的既有政治承诺方面的意愿明显降低，且试图对"共同但有区别的责任"原则等里约基本原则进行重新解释，要求新兴发展中国家承担更多义务，并企图通过制定新规则继续维持其在全球经济格局中的主导地位。与此同时，发达国家刻意夸大我经济实力，要求我承担更大责任；一些发展中国家对我国存在

---

[1]《中国可持续发展国家报告》全称为《中华人民共和国可持续发展国家报告》（2012），是中国提交给2012年6月20-22日在巴西里约热内卢召开的"联合国可持续发展大会"的宣传材料，由国家发展改革委牵头撰写，国家发展改革委主要负责同志为编写领导小组组长，本书作者为联合国可持续发展大会中国筹委会秘书长、报告编写工作组组长。本文系作者于2012年2月14日在国家发展改革委召开的专家论证会议上的讲话。

不切实际的期望，希望我国进一步加大援助力度。我国有可能面临来自发达国家和发展中国家的双重压力。

有利条件主要表现在：1992年环发大会以来，我国积极实施可持续发展战略，在发展经济、控制人口增长、消除贫困、改善民生等方面取得的成绩远远超过其他发展中国家；在节能减排、发展循环经济、开展生态保护和建设等方面也取得了较大进展。我们有很多经验做法得到了国际社会认可，我们的话语权与20年前相比有了明显提升。与此同时，绿色经济这一大会主题与我国加快转变经济发展方式的"十二五"主线总体一致。我们可利用大会的契机，通过《国家报告》全面宣传我国已经取得的成就和下一步的战略部署，树立我负责任大国的良好形象，维护于我有利的外部环境。

为此，经请示国务院同意，决定由我委牵头编写《国家报告》。2011年5月，我委印发了"《国家报告》编写方案的通知"，要求成立国家报告编写领导小组、工作组，并组织37个部门及相关机构的数百名人员启动了报告编写工作。10月底，我们首次将《国家报告》送各成员单位牵头司局征求意见。11月9日，我们组织召开了《国家报告》编制工作会议，对报告进行了讨论。经修改，12月初，我们再次征求各单位意见。12月31日，张平主任主持召开了中国筹委会第二次会议，会议原则审议通过了《国家报告》。同时，我们根据会议要求，经进一步修改完善，形成了目前的《国家报告》（征求意见稿）。

二、编写思路

《国家报告》是彰显国家形象的报告，是我国参加大会做好宣传工作的蓝本。在编写《国家报告》的过程中，我们力求做到以下几点：

一是突出重点，有所取舍。《国家报告》围绕我国贯彻落实科学发展观、转变经济发展方式这一主线，重点反映我国在促进人的发展、保障和改善民生、调整经济结构、建设两型社会、提升可持续发展能力等方面采取的政策措施和取得的成就。此外，考虑到在2002年约翰内斯堡举行的联合国可持续发展世界首脑会议前期，我国曾经编写了相应的《国家报告》，回顾和总结了 1992-2000 年中国实施可持续发展战略的进展。因此,本《国家报告》重点是总结宣传 2000 年以来实施可持续发展战略的主要行动和成就。

二是正面宣传,客观陈述。在行文基调上,《国家报告》通过翔实、客观的数据资料,既充分总结我国在可持续发展领域取得的巨大成就,以及为推进全球可持续发展所做出的重要贡献,树立我负责任大国的良好形象;同时又客观展示我国付出的艰辛努力,强调我国的发展中国家地位,确保不承担超出我发展阶段和水平的国际义务,并支持维护发展中国家的合理利益。

三是图文并茂,鲜活生动。为增强报告的说服力,报告尽可能地用定量描述的方式来反映我国近 10 年可持续发展成就。报告数据以《2011 年中国统计年鉴》为基础,部分数据来源于相关部门的调查数据。同时,为增强报告的可读性,我们通过照片、图表、专栏、案例等多种形式,生动客观地反映我国实施可持续发展战略所采取的行动、付出的努力和取得的成就,特别是重大决策、标志性工程、典型案例等。

三、主要内容

《国家报告》包括前言和正文 9 章,设置 49 个专栏和 40 幅图表,8 万 6 千字,比 2002 年版本篇幅上增加了 50%。报告结构及主要内容如下:

前言部分:概要介绍了中国实施可持续发展取得的成就、面临的问题和今后的工作部署,并交代了报告编写的背景和过程。

第一章,经济发展方式转变:为营造于我有利的谈判氛围,我们在编写过程中淡化了经济总量方面的成就,重点从经济发展方式转变角度切入,介绍了我国在农业、工业、服务业、城镇化、区域发展、绿色消费等经济领域取得的进展和面临的问题与挑战。

第二章,人的发展与社会进步:本章重点介绍了我国在控制人口数量、提高人口素质、消除贫困、健全社会保障体系、拓宽就业渠道、改善人居环境等方面的努力和取得的成就以及面临的问题与挑战。

第三章,资源可持续利用:本章重点介绍了我国在节能降耗、优化能源结构、提高矿产、土地、水、海洋资源开发利用水平等方面的努力、成就以及问题与挑战。

第四章，生态环境保护与应对气候变化：本章重点介绍了我国在环境污染治理、生态保护修复、应对气候变化等方面的努力、成就以及问题与挑战。

第五章，能力建设：本章重点介绍了在科技创新、基础设施建设、防灾减灾、法律法规制定和促进公众参与等方面推动可持续发展的努力、成就以及问题与挑战。

第六章，试点示范：本章重点介绍了国家可持续发展实验区建设、循环经济及其他领域试点示范的进展。

第七章，国际交流与合作：本章全面介绍了我国在双边及多边场合开展的可持续发展领域相关交流与合作，以及"里约三公约"等履约情况。

第八章，战略部署：本章重点介绍了实施可持续发展面临的挑战和机遇，并按照"十二五"规划纲要及相关专项规划，明确提出今后五到十年我国在可持续发展领域的战略部署和政策措施。

第九章，原则立场：本章根据 2011 年 10 月底我国提交大会秘书处的"中方立场文件"，修改、补充后形成。主要内容包括对全球可持续发展进展的基本评价、原则立场以及对联合国可持续发展大会主题及若干重点领域的基本看法。

以上，是我对《国家报告》编制情况的说明。

（2012 年）

"中国角"：可持续发展国际交流的重要窗口 [1]

　　为推动大会取得积极成果并促进相互交流，中国政府代表团在运动员村设立了"中国角"，举办"可持续发展在中国"系列活动。"中国角"将通过图文展览和宣传视频等形式，全方位展示中国实施可持续发展所取得的成绩和付出的努力。我们还将在"中国角"召开 10 场不同主题的边会活动。下面我向大家介绍一下联合国可持续发展大会期间"中国角"的活动安排。

　　一是国家展览。进入新世纪以来，在科学发展观的指导下，中国加快进行经济结构战略性调整，积极实施促进区域、城乡、经济社会协调发展的政策措施，不断完善就业和社会保障制度体系，大力推进基本公共服务均等化。同时，实施极为严格的耕地和水资源保护制度，着力推进节能降耗和新能源发展，大规模开展生态修复和环境污染综合治理，积极应对气候变化，取得了举世瞩目的成绩。国家展览以经济结构调整和发展方式转型、人的发展与社会进步、资源可持续利用与生态环境保护、能力建设和国际合作五个方面为重点内容，采取图文结合的形式，全面展示中国推进可持续发展所作出的努力和取得的成效，供参会代表自由观览。展览的开放时间为 6 月 13日至 22 日。

　　各部分的主要内容如下：经济结构调整和发展方式转变部分，重点展示了中国推进现代农业发展和工业转型升级方面付出的努力和进展；人的发展与社会进步部分，重点展示了控制人口数量与提高人口素质、健全社会保障

---

[1] 联合国可持续发展大会 2012 年 6 月 20—22 日在巴西里约热内卢召开，本文系作者 16 日下午在中国筹委会举办的"中国可持续发展进展和对联合国可持续发展大会的期待"主题边会上的讲话，作者时任中国筹委会代表团秘书长。

体系、改善人居环境和消除贫困方面付出的努力和进展；资源可持续利用和生态环境保护部分，重点展示了资源可持续利用、环境保护、生态建设和生物多样性保护等方面付出的努力和进展；能力建设部分，重点展示了基础设施建设、防灾减灾体系建设以及促进公众参与等方面取得的进展；国际合作部分重点展示了中国环境与发展国际合作委员会的基本情况，以及中国开展的双边及多边可持续发展国际合作情况。

二是系列边会。在"中国角"举办的 10 场边会，将呼应大会主会场活动进行主题涵盖消除贫困、绿色经济、蓝色经济、生态建设、环境保护、科技创新、公众参与、国际合作等多个领域。边会活动自 6 月 17 日下午起至 22 日结束，每天两场。具体如下：

6 月 17 日下午，举办主题为"城市挑战与城市未来"的边会，会议将结合上海世博会，围绕可持续城市等问题展开讨论，主办方为中国上海市政府。

6 月 18 日上午，举办主题为"联合国千年发展目标背景下的国际减贫合作"的边会。会议将全面介绍中国和巴西的减贫战略，并就国际减贫合作、减贫与绿色发展等议题展开讨论，主办方为中国国务院扶贫办（编者注：现为国家乡村振兴局）。6 月 18 日下午，举办主题为"蓝色经济 - 中国可持续发展的推动力"的边会。会议将全面介绍中国海洋可持续发展的政策和实践，并就国际蓝色经济发展的机遇与挑战展开讨论，主办方为中国国家海洋局。

6 月 19 日上午，举办主题为"中国的科技创新与可持续发展"的边会。会议将全面介绍中国依靠科技促进可持续发展的进展和中国地方可持续发展的实践，主办方为中国科技部和联合国开发计划署。6 月 19 日下午，举办主题为"关注人口远景、促进可持续发展"的边会。会议上将演示"国际人口预测软件（PADIS-INT）"的操作方法，主办方为中国国家人口计划生育委员会。

6 月 20 日上午，举办主题为"中国绿色转型：努力、实践与未来"的边会。会议将全面介绍中国推进绿色转型的政策措施、实施《中国 21 世纪议程》的主要做法，并就中国的绿色转型和未来等问题展开专题研讨，主办方为中国 21 世纪议程管理中心和联合国开发计划署。6 月 20 日下午，举办主题为"可持续发展战略下的公众参与新路径"的边会。这是一场由非政府组织牵头举办的边会，主办方为中国人民大学新闻与社会发展研究中心等。非政府组织积极参会是环发领域的一大特色。据我了解的信息，除这场边会外，中国的非政府组织将在大会会场内召开 7 场边会。这表明，中国的非政府组织已逐步融入到国际可持续发展合作之中，希望大家给予关注。

6 月 21 日下午，举办主题为"里约 20 年、国合会 20"的边会，会议将全面回顾中国在可持续发展领域开展国际合作的情况，中国领导人将出席这次边会。感兴趣的代表请与国合会秘书处联系，领取入场请柬。主办方为中国环境保护部（编者注：现为生态环境部）和中国环境与发展国际合作委员会。

6 月 22 日上午，举办主题为"绿色经济背景下的中国林业"的边会，会议将全面介绍中国在森林可持续管理、林权改革、防治荒漠化等方面采取的政策措施和取得的成效，主办方为中国国家林业局（编者注：现为国家林业和草原局，下同）。6 月 22 日下午，举办主题为"迈向绿色经济的中国企业"的边会，届时将有多家企业展示他们参与可持续发展的实践和经验，主办方为中国国家林业局。

同时，我们还制作了一批反映中国可持续发展进展的视频和纸质材料，感兴趣的代表可到"中国角"通过多媒体自行点击播放或领取。

以上是"中国角"系列活动的总体情况。我要告诉大家，中国为推进联合国可持续发展大会取得圆满成功做了充分的准备工作。我相信，"中国角"一定能够给大家带来感兴趣的信息，将使大家更加清晰、全面地了解中国，特别是中国为推动可持续发展所作出的积极努力。我也坚信，作为重要的展示窗口，"中国角"能为推动国际交流与合作作出积极的贡献。期待各位代表的光临！

（2012 年）

基于可持续发展创新城镇化发展道路 [1]

尊敬的"里约 + 20"峰会秘书长沙祖康先生，

尊敬的联合国副秘书长华安·卡洛斯先生，

尊敬的上海市政协副秘书长周汉民先生，

各位来宾、女士们、先生们：

下午好！

非常高兴参加在风格独特的"中国角"举办的中国代表团首场主题边会，并与大家共同探讨城市可持续发展这一重大议题。

今天，包括中国在内的全球 50% 以上的人口已经居住在城市，我们的星球已经进入城市时代。城市在经济和文化，乃至政治中发挥着关键作用。到 2050 年，包括中国在内一些国家将有 20 亿至 30 亿人进入基本现代化行列。人类追求现代化生活的强烈需求，为城市化和人类文明进程注入了新的动力和活力，也对资源环境保护和可持续发展带来新的挑战。就自然环境而言，城市人口快速增长，其消耗的能源已占全球能耗的 80% 以上，当代城市普遍面临大气污染、环境恶化和资源枯竭的压力，城市承载能力已达极限；在社会环境方面，公共安全、基础建设、社会保障等挑战严峻，城市贫困、文化冲突正在成为全球性的问题。面对这些难题，许多国家都从本国国情出发，进行积极探索，不断创新发展方式，努力走出一条经济繁荣、社会文明、环境友好、人与自然和谐相处的城市可持续发展道路。

中国历史悠久、幅员广大、自然生态多样、民族文化丰富多彩，是世界

---

[1] 联合国可持续发展大会于 2012 年 6 月 20—22 日在巴西里约热内卢召开，本文系作者 17 日下午在中国筹委会举办的"城市挑战与城市未来"主题边会上的致辞，作者时任中国筹委会代表团的秘书长。

上人口最多、也是城市化规模最大的国家。改革开放三十多年来，中国的GDP（国内生产总值）年均增长 9.8%，人均 GDP 增长也达到了每年 8.4%，约 3 亿人口脱离了贫困。截至 2011 年，中国城镇化率已经达到 51.27%，城镇人口首次超过农村人口，达到 6.9 亿人。过去 30 年，中国的年均城市化率接近 1%，这个速度在全球是最快的。快速的城市化，使中国的经济社会发展取得了举世瞩目的成就。但是，我们也为此付出了沉重的资源、生态、环境代价，城市发展中还存在一些突出问题，尤其是一些城市开始出现人口膨胀、交通拥挤、环境恶化，人口与经济在空间上布局失衡等"城市病"，城市的可持续发展面临重大考验。从总体上看，中国正处于必须加速城镇化进程，又必须基于可持续发展要求创新城镇化道路的关键阶段。

面对着艰巨任务和严峻挑战，我们将以科学发展观为指导，在推进城镇化的过程中坚持一些重要的原则：一是坚持统筹兼顾，注重经济发展、社会进步和生态环境保护的协调，努力做到城市发展速度、发展质量和发展品味的有机统一；二是坚持城乡协调，促进公共资源在城乡之间均衡配置、生产要素在城乡之间自由流动，实现以工促农、以城带乡，城乡一体发展；三是坚持科学布局，推动大中小城市和小城镇协调发展，形成各城市功能定位和产业发展合理分工、相互补充的城市化格局和形态；四是坚持以人为本，把满足人们日益增长的物质文化需求作为城市发展的出发点和落脚点，实现城市优美品貌、良好功能和科学管理的有机结合，促进城市富裕和幸福的完美统一。通过努力，探索一条具有中国特色的节约、高效、环保、协调的新型城市化道路。许多国家特别是一些发达国家在城市建设和推进可持续发展取得了成功经验，对正在探求新型城市化道路的中国有着重要的参考价值，我们将认真对待、虚心学习、积极借鉴。

先生们，女士们！

每天都有成千上万的人进入到城市，寻求美好的生活和梦想。对城市管理者而言，这是一种挑战，也是一种机遇。我们要更加积极的工作，更加紧密的合作，通过扎实努力和创造性的工作，在进一步夯实城市经济基础、完善城市服务功能的同时，为更多的人们提供稳定的工作机会、高水平福利保障和安恬的居住环境，加速推进城市化，实现全球城乡协调发展和城市可持续发展。

预祝本次边会取得圆满成功，祝各位代表在里约峰会期间身体健康，诸事顺意！

（2012 年）

大力推动公众参与可持续发展实践 [1]

大家下午好！今天是联合国可持续发展大会正式开幕的第一天，很高兴能够参与由中国人民大学新闻与社会发展研究中心等单位主办的这场边会。据我所知，这次在中国角一共举办 10 场边会，绝大部分主办方来自政府部门，而这一场的主办方是中国高校和民间机构，并且这场边会的主题是公众参与，这就传递了一个重要的信号——在实现可持续发展方面时，中国是以政府为主导，动员全社会力量来共同推进的。因此，我以为这场边会具有独特的价值和重要的意义。

广大人民群众是推动可持续发展的最深厚、最巨大的力量源泉。可持续发展不仅涉及领域宽广，而且与每个人的利益息息相关。只有公众的热烈响应和积极参与，才能真正实现可持续发展的战略目标。中国政府十分重视发挥公众在实施国家可持续发展战略中的主体作用，既把实现好、维护好、发展好最广大人民群众的根本利益作为推进可持续发展的出发点和落脚点，又采取有效措施保障广大人民群众参与推动可持续发展的进程，主要体现在两个方面：

一方面，不断健全保障公众有效参与并监督实施可持续发展决策的制度。在研究拟定促进经济、社会发展与环境保护等的一系列重要规划、政策时，不仅注重深入基层收集第一手材料，把调查研究作为重要的前置程序，而且积极推行重大决策公示和听证制度，充分听取社会各界意见，接受质询

---

[1] 联合国可持续发展大会 2012 年 6 月 20—22 日在巴西里约热内卢召开。本文系作者 20 日下午在中国筹委会举办的"可持续发展战略中的公众参与新路径"主题边会上的讲话，作者时任中国筹委会代表团秘书长。

与监督。与此同时，在日常的政府管理和服务中，通过推行领导干部接待群众制度、完善人大代表、政协委员联系群众制度、健全信访工作制度等，搭建多种形式的沟通平台，把群众诉求和监督纳入规范化、法制化的轨道。

另一方面，努力提升公众参与可持续发展实践的广度和深度。在促进可持续发展方面，多年来，中国政府适应形势发展和环境变化的要求，运用多种形式不断深化公众参与的理念，拓展公众参与的领域与层次。一是加强宣传引导。积极运用大众传媒和公共信息平台，通过举办节能节水等专题宣传活动，依托奥运会、世博会等重要载体，广泛宣传科学发展观以及建设资源节约型和环境友好型等战略，使可持续发展的理念深入人心，成为社会共识。二是创造互动平台。组织开展重大专题活动，为公众参与推进可持续发展进程提供有利条件。先后举办了"节能减排全民行动"、"低碳家庭·时尚活动"、"三八绿色工程"等一系列有众多公民参与的大型活动，其中，围绕"节约能源资源、保护生态环境、保障安全健康"主题，举办了123万次主题科普活动，参与公众超过9亿人次。三是开展试点示范。先后组织开展了可持续发展实验区、生态经济示范区、低碳示范省等试验示范，把可持续发展实践与广大人民群众的生产生活直接结合起来，引导公众参与低碳发展、绿色消费、环保出行。通过这些努力，公众参与度不断提升，参与能力不断增强。

尽管中国在推进可持续发展方面取得了巨大成就，但仍然面临着许多困难，经济社会发展不平衡、不协调、不可持续的问题仍然突出。中国将继续努力，克服困难，迎接挑战，推动可持续发展取得新进展。在这个过程中，我们将进一步采取措施，动员和促进社会公众发挥才智、展现能力，为推动可持续发展做出更大的贡献。一是不断健全科学民主的决策机制，完善体现群众诉求的法律法规，进一步夯实公众全面、积极、有效参与推进可持续发展进程的制度基础。二是搭建多种形式的公共平台，创造性地开展丰富多彩、公众喜闻乐见、寓教于乐的主题实践活动，为公众参与可持续发展进程提供有效载体和广阔空间。三是依法规范发展各类社会组织，建立健全市场中介机构，充分发挥非政府力量在推进可持续发展中的独特作用。

女士们、先生们、朋友们！

在未来的发展道路中，中国愿意与国际社会携手一道，探索科学路径，运用有效手段，共同推动全球民众积极参与可持续发展战略的制定和实施，为促进全世界可持续发展做出积极的贡献。

预祝此次边会圆满成功，也祝愿在座的各位朋友健康、愉快。

（2012 年）

合力把"一带一路"建设成绿色环保之路 [1]

"一带一路"建设和生态环境保护的关系的确是一个很重要的问题,值得好好研究讨论。对此我没有来得及做深入的思考,谈几点粗浅的认识。

第一,"一带一路"是发展之路也是绿色环保之路。"一带一路"是中央面对内外形势变化、统筹国际国内两个大局提出的重大倡议。这一倡议所秉承的是和平合作、开放包容、互学互鉴、互利共赢这样一些重要理念,所以其建设有利于实现沿线各国的共同发展、共同繁荣,有利于促进世界经济发展和人类进步。当然其基本出发点首要的还是促进中国自身的发展,或者说,是实现我国经济社会的可持续的发展,而"一带一路"建设能够进一步拓展我国的发展空间。实现我国可持续的发展,除了推动转型转轨、节约集约等外,一个很重要的途径就是不断拓展发展的空间。在这方面,改革开放以来体现得十分明显。起先区域发展的重点是东部沿海地区,东部地区发展起来后,逐渐把重心扩展到中西部地区,到 2006 年完整的区域发展总体战略形成之后,推进中西部地区发展的工作力度进一步加大,一批处于中西部地区的经济增长点、增长极加快崛起。其结果是,从 2007 年起,西部的经济增长速度超过东部;从 2008 年起,中西部的经济增长速度全面超过东部。接着是从陆域向海洋拓展。过去一些年的快速发展,使陆域的开发承载能力越来越薄弱,有限的空间难以支撑起经济社会可持续发展的需要,因此空间开发向海洋延伸成为必要。我们看到,近些年来经略海洋、发展海洋成为推进经济社会发展的重大战略选择,海洋经济发展势头日益强劲。再往前

---

[1] 本文系作者 2015 年 6 月 28 日在西南财经大学与北京师范大学环境学院联合举办的"金帝雅论坛"上的讲话。

走，就是从国内向国外拓展。尽管过去三十多年我们一直致力于推进对外开放，但是基于空间角度的拓展并不明显。有些国家则做的很好，尤其是新加坡。新加坡国土面积很小，陆地面积原来只有 600 多平方公里，这些年通过填海达到了 710 多平方公里，依然很小，比不上北京市的大部分县区，但依靠同其他国家的合作，特别是借助工业园区等形式，大大拓展了自己的国土空间。新加坡在中国就建立了不少合作园区，如苏州工业园区、天津生态城等。通过实施"一带一路"倡议，我国也可以与他国共建合作园区拓展发展空间。除此外，"一带一路"建设给我国发展还能带来其他方面的好处，例如，有利于我们扩大能源资源的供给渠道，保障我国的能源资源安全。"一带一路"沿线地区基本上都是能源资源富集区，"一带一路"搭建的桥梁，能够更紧密的增强我同沿线国家的联系，从而大大拓展能源资源的获取空间，也有效解决能源运输通道的马六甲海峡依赖问题，我国目前 70% 以上的能源运输是依赖马六甲海峡这个通道的，面临的风险是很大的。"一带一路"建设还有利于推动我国的产品、产能和产业走出去，促进国家经济结构的转型升级。利用我国产业发展与周边或沿线国家的梯度差距，把具有比较优势的先进制造业、高铁等推出去，既利己也利人。所以，"一带一路"首先是发展之路，是促进世界经济发展之路，也是促进我国实现可持续发展之路。

但我们要认识到，"一带一路"也应该是绿色环保之路、且必须是绿色环保之路。无论采取怎样的操作方式，要使"一带一路"建设取得实质性进展，总的指导思想和着力方向都必须是实现互利共赢，而基本切入点必须是照顾相关国家或地区的重大关切和核心利益。而这无非是两个方面，一个是相关建设能给别人带来将来实实在在的发展，包括改善基础设施、提升产业结构等。另一是相关建设不损害别人的利益，其中很重要的一个方面就是不损害别人的生态环境。如果获取能源资源、开办产业园区等不能与当地生态环境保护相协调，只着眼于自身利益考虑恣意妄为，那就可以是"一锤子买卖"。事实上，环境因素已经成为我国在"一带一路"沿线国家投资的重要影响因素。近几年，我国企业在国外的几个投资项目被叫停或延缓，都是因为环境因素。我亲身经历的一个例子是，去年陪国务院领导到俄罗斯参加一个机制对话活动，看到景色优美、满目葱茏的伏尔加河畔，有一个地方被挖得光秃秃的，好似满头乌发的头顶上长了一个疮疤，而当地人告知，这正是一家中国企业开发的项目。这样做肯定是不能长久的。开发一定要和保护有机结合起来，尤其是"一带一路"建设，涉及到国外，涉及到合作，更是要把保护作为开发的前提，或者说要推动发展就得保护好环境，有了绿色环保之路，才有真正的发展繁荣之路。而绿色环保之路，就是循环经济之路、节约集约之路、低碳低耗之路。

第二，要把克服环保风险作为"一带一路"建设的重大任务。"一带一路"建设是一项巨大的系统工程，任务十分艰巨，面对的情况非常复杂。今天我们推进"一带一路"建设具备不少有利条件，包括我国经济实力和综合国力不断提升，国际话语权增强；我国与沿线各国政治外交关系总体良好，互信水平不断提升；这些年我国与有关国家共同搭建了一些合作机制，如金砖国家机制、基础四国机制，以及正在建设中的亚投行机制等，且中国在这些机制中一定程度上起着主要的或主导的作用。但"一带一路"建设毕竟是涉及国际关系的重大项目，我们不能想怎么做就怎么做，也不能像处理国内事务那样，要求上行下效、整齐划一行动，需要因势利导、巧妙运作。要充分认识到，"一带一路"建设存在的风险也是巨大的，有政治风险、安全风险、商业风险、宗教风险，甚至还有习俗风险，而环保风险也是其中的一个重要方面。这涉及到两个层面，一个是前面谈到的，在具体事项操作中如何充分考虑环保的要求，努力实现生态环境保护与开发建设的有机结合，这并不是一件简单的事。另一个是，"一带一路"的建设过程，实际上是各方利益博弈的过程，一些国家特别是某些大国会基于自己的利益需求，围绕"一带一路"作别样的文章。环境保护问题、气候变化问题等，最能扣住人心、引起共鸣，也是最具合法外衣的话题。几乎可以肯定的是，某些大国会以此做文章来干扰"一带一路"倡议的实施。年底就要开巴黎气候峰会了，涉及到"共区"原则、自主贡献、减排模式、资金安排、技术提供等许多要素的谈判，涉及到实现2°C温控目标等的讨论，我们不排除在这些方面的谈判讨论中，有些国家会直接或间接与"一带一路"倡议的实施挂起钩来。根据"一带一路"《愿景与行动》，陆上依托国际大通道，以沿线中心城市为支撑，以重点经贸产业园区为合作平台，共同打造新亚欧大陆桥、中蒙俄、中国—中亚—西亚、中国—中南半岛等国际经济合作走廊；海上以重点港口为节点，共同建设通畅安全高效的运输大通道。这涉及到很多国家和地区，涉及到大量的基础设施建设。环保问题是一个很现实的问题，比如，港口建设是"一带一路"建设的重要内容，而港口污染又是目前比较严重的问题，有些别有用心的人会把港口建设和港口污染直接关联起来。还比如，有些别有用心的人会把"一带一路"建设同气候变化、海水上涨等关联起来，在国际气候谈判中向我施压。这些年，在西方的鼓动下，原来站在77国集团中国一方的一些小岛国的立场已经开始发生变化，他们认为气候变化导致的海水上涨将会使自己的国家被淹没，因此要求包括中国在内的一些发展中大国承担更多的责任。所以，我们不能低估"一带一路"建设中的环保风险，也就是说，今后环保问题、气变问题，很可能将成为一些利益集团干扰中国推进"一带一路"建设的一个重要因素，要高度重视这个问题，把防范应对环保风险放到与控制其他风险同等重要的位置。

第三，"一带一路"成为环保之路的核心在于全面建设绿色工程。从操作层面上看，推进"一带一路"建设，就是围绕《愿景与行动》提出的五个战略方向、多条发展走廊或通道，以及若干战略支点开展一系列项目建设。这些项目可以是涉及铁路、公路、航空、港口、信息等的基础设施建设，也可以是产业园区、能源资源基地、开放合作平台等的建设，类型多种多样。我国的一些部门和地方正在与沿线的60多个国家逐一交流、沟通，确定"一带一路"建设需要着力推进的一些项目工程。当然，这些项目是依轻重缓急分别安排、逐步实施的。既然"一带一路"建设落地的是各个项目，所以走环境保护之路、绿色发展之路的根本所在，就是把所有项目都建设成为绿色环保项目。要秉持生态环保的理念，采取环保的工艺、运用环保的方式来进行开发建设。还有一点需要特别重视，在国外搞投资建设，要熟悉所在国家和地区的法律法规，包括环境保护方面的法律法规，并严格加以遵循。建设环保型的项目工程，走绿色发展之路，不仅仅是不给国际上对此心存疑虑、甚至是暗中捣乱的国家或国际组织授以口实的问题，也不仅仅是树立我良好的国际形象的问题，关键是涉及到能否把"一带一路"建设可持续地推向前进的问题。对此在思想认识必须清晰准确,在具体操作必须精到严谨,否则"一带一路"这个宏大倡议,就可能毁在几个项目的滥开发、乱建设上,这丝毫不是危言耸听。总之,"一带一路"倡议的实施,重点在于项目建设,关键是搞绿色工程,核心是用环保的理念、环保的工艺、环保的方式来建设好每一项工程。所以,必须树立可持续发展理念,坚持把项目建设与生态环境保护有机结合起来,把绿色低碳环保融到项目的每一个环节之中。这样,"一带一路"倡议才能赢得世界民心,才能扎扎实实地向前拓展,由此形成以点带线、以线撑面,不断收获、兴旺繁荣的局面。由此我想再强调的是,"一带一路"建设要顺利展开,必须把沿线国家尽力团结起来,而团结大多数一个重要方略就是要找准与他们利益的契合点,照顾好他们的重大关切和核心利益,使大家成为利益共同体、命运共同体和责任共同体。环境保护可以说是沿线各个国家和地区核心利益的最大公约数,所以,照顾他们的重大关切和核心利益就必须把环境保护融入各相关项目的建设之中。当然还有其它一些方面,比如要尽可能把"一带一路"倡议与沿线国家和地区提出的相关战略对接起来,战略对接是把我之需求推展出去的一个有效的途径。举一个例子,一段时间内俄罗斯对"一带一路"倡议是心存疑虑的,我们通过把"一带一路"倡议同俄罗斯的欧亚经济联盟战略对接起来,获得了俄罗斯的认同与支持。在前不久召开的彼得堡国际经济论坛上,这成了一个热点问题,普京特别强调,把这两个战略对接起来具有十分重要的意义。

我要说的就这么多。中心意思是,要高度重视"一带一路"建设中的环保问题,把开发开放与生态环境保护结合起来,把环保低碳融到项目建设之中,把"一带一路"建设成为环保之路、绿色发展之路,使所有的廊道都成为绿色廊道。

（2015 年）

合作推进生态城市建设^[1]

很高兴参加由中国城市和小城镇改革发展中心和佛山市人民政府共同举办的"2015中欧城市可持续发展论坛",与在座的各位专家、朋友共同探讨中欧交流和城市可持续发展问题。首先请允许我代表中国国家发展和改革委员会,对参加本届论坛的各位嘉宾和朋友们表示热烈的欢迎,对佛山市政府和有关部门给予此次论坛的大力支持表示衷心的感谢,也对论坛的顺利召开表示祝贺。

自2012年签订《中欧城镇化伙伴关系共同宣言》以来,中国和欧盟之间的合作持续深化,特别是以中欧城市间合作为主体,以市场化方式开展了务实合作,双方在经验交流、项目开发、技术合作等方面不断开花结果。在双方的努力下,已经成功举办了中欧城市博览会,参展单位有150多家,博览会期间来自中欧双方的观展人数达到7万余人,达成100多项政府之间、政府和企业间以及企业之间的合作意向;中欧城镇化伙伴关系结对子城市已有12对,建立了2个中欧城镇化合作示范区,这次的承办单位佛山新城就是其中之一,双方间的合作项目超过130个。我相信,在中欧双方共同努力下,中欧城镇化伙伴关系必将成为中欧全面合作的一个成功典范。

当今中国正在经历着世界上最大规模的城镇化过程,2014年中国的城镇化率达到54.77%,城镇人口达到7.5亿。与此同时,随着城镇化进程的深化,资源环境的硬约束逐渐凸显。中国政府也适时提出了新型城镇化发展战略,去年发布了《国家新型城镇化规划(2014-2020)》,为城镇化发展注入

---

[1] 本文系作者2015年12月18日在广东省佛山市召开的"2015中欧城市可持续发展论坛"上的致辞。

了新的内涵，生态文明成为其中重要内容。党的十八届三中、四中全会进一步明确了生态文明建设在全面深化改革、全面依法治国战略布局中的重要地位。今年以来，中共中央、国务院连续出台了《加快推进生态文明建设的意见》和《生态文明体制改革总体方案》。提出了生态文明建设的主要目标和具体要求。把推进生态城市建设作为绿色城镇化的重要措施提出，这既是适应我国城镇化快速发展趋势的内在要求，也是新型城镇化发展的应有之义。实践中，地方政府对绿色发展、生态城市建设愈发重视。当前把生态城市作为中欧城镇化合作的重要内容，推动中欧城镇化务实合作对中国经济发展包括城市发展具有重要的现实意义。

首先，推动生态城市建设是践行国际承诺的重要举措。刚刚结束的联合国气候大会达成了《巴黎协定》，推进绿色低碳的生态城市建设也寄托着人类可持续发展的希望。中国已经承诺到 2030 年碳排放达到峰值，这对我们未来的城镇化发展提出了更高要求。当今社会，碳排放的主体在城市，未来碳排放也将更多集中于城镇化进程中。加快生态城市建设，减少能源资源消耗，减少碳排放成为中国城镇化发展的必然选择，也是实现新型工业化、信息化、城镇化、农业现代化和绿色化协同发展的根本措施。欧洲在低碳技术应用、建筑近零排放等方面处于世界领先水平，这些技术在中国城镇化发展中有着广阔的应用前景。如果能够将欧洲相应技术在中国推广应用，不但对中国发展是个利好，对全球应对气候变化等都将起到重要的推动作用。

其次，推动生态城市建设蕴含着巨大的经济发展空间。当今世界经济仍处于国际金融危机后的深度调整时期，隐含着深层次矛盾还没有根本解决，产生的深层次影响还在持续显现。中国经济经历了三十多年的快速增长，经济长期向好的基本面没有发生改变，但是发展中的一些优势要素已经发生转变，要实现中国经济的"中高速"增长，必须卜大力气寻求新的经济增长点。绿色发展是各国城市应对挑战、赢得未来的新举措，目前中国城市绿色发展需求空间巨大，以节能建筑为例，现在中国城镇节能建筑占既有建筑的比重还不高，有大量的既有建筑需要进行节能改造，新建节能建筑的需求更大。环保产业发展具有巨大潜力，今年中国节能环保产业产值将达到 4.5 万亿元。未来随着生态城市建设力度的加大，将会不断涌现出新的需求，同时也需要企业主动创新提供更多的绿色产品以满足生态城市建设需要。

最后，推动生态城市建设可以加快城市发展转型步伐。城市发展方式粗放是我国城镇化发展中存在的主要问题之一，"土地城镇化"快于人口城镇化，建设用地粗放低效。一些城市"摊大饼"式扩张，有些地方新城新区、开发区和工业园区占地过大，建成区人口密度偏低。城市让人生活更美好，美好的生活首要是让人生活更方便，但是当前城市的大尺度建设和无序扩张不仅不会让市民生活更方便，还会增加对汽车的依赖，这既增加了碳排放，还会导致城市交通拥堵。当前欧洲最新的生态城市发展理念，恰恰是要减少对汽车的依赖，是要通过维持一个高密度、宜居且充满活力的城市空间来减少汽车交通出行量，减少能源消耗和碳排放。

城市是一个复杂的生态系统，推动生态城市建设是贯彻国家新型城镇化规划和推进生态文明建设战略精神的基本举措，当前需要做好以下几个方面工作：

一是要明确绿色城市发展理念。城市要构建有利于资源节约和环境保护的空间格局，从方便居民生产生活需求的角度出发，突出合理紧凑的城市布局原则，提高城市密度，降低城市建设对能源资源的消耗。贯彻"尊重自然、顺其自然、保护自然"的绿色生态文明思想，划定城市开发边界，把城市放在大自然中，把绿水青山保留给城市居民，尊重自然原貌，降低城市发展对环境的影响。应用智慧城市管理手段，提高降低能源消耗的智慧化管理水平，加大对城市环境基础设施建设的投入力度，提高城市环境保护力度和自然资源利用效率。

二是要加快城市绿色生产调整步伐。城市产业选择上要加快科技含量高、资源消耗低、环境污染少的产业的发展，尽快培育新的经济增长点。城市发展模式上要改变大范围土地开发的模式，推进小块土地开发模式，为服务业发展提供必要的外部空间条件，加快服务业发展步伐。城市建设中，要推行城市的渐进式改造，避免以城市管理者的主观意志进行大拆大建和建设形象工程，加快新型节能环保材料和技术的应用，推进既有建筑的节能改造。

三是构建有利于城市绿色生活的外部环境。各级城市政府要通过强化生态文明宣传教育等，积极倡导、引导公众提高生态文明社会责任意识，养成绿色生活、勤俭节约的习惯。城市建设中也要在方便居民绿色生活方面下功夫，推行商业、居住、生态等功能在空间上混合搭配，推进物联网、云计算、大数据等新技术的应用，推动"互联网＋"与城市发展的深度融合，加快智慧城市发展步伐，提高城市运营管理水平，实现城市居民工作生活便捷化和智慧化，加快城市居民衣、食、住、行等各领域绿色化进程。

四是推动中欧在城镇化发展方面的务实合作。欧洲在探索后工业化阶段城市发展方面处于世界前列，在智慧城市、生态城市、低碳城市建设和管理等方面经验丰富、技术先进，值得中国地方政府和企业认真学习和借鉴，在中国城镇化发展中也有着广阔的前景。而中国城镇化快速发展的需求，也为欧洲的发展提供了巨大的市场和重要的机遇。随着中欧城镇化合作伙伴关系的开展和深化，以智慧绿色生态城市发展和公共产品公共服务为重要组成部分的中欧城镇化战略合作，将是一次更为全面和彻底的合作。

今年我委在布鲁塞尔成功召开了"2015 中欧城镇化伙伴关系论坛"，李克强总理和容克主席出席论坛并致辞，我委负责同志做了主题讲话。为贯彻有关精神，我们召开了今天这个论坛，以推动中欧城镇化伙伴关系务实前行。我们期待中欧社会各方能为中国新型城镇化发展建言献策，也欢迎更多的企业和机构积极参与到中欧城镇化合作交流，共同分享发展机遇！

（2015 年）

推动城市可持续发展的基本要求与合作重点 [1]

很高兴来到美丽的莆田，参加由中国城市和小城镇改革发展中心、欧洲城市联盟、欧洲城市联合计划、中国欧盟商会和莆田市人民政府共同举办的2017年中欧城市可持续发展论坛，与在座各位共同探讨中欧城市可持续发展问题。我代表中国国家发展和改革委员会，对参加本次论坛的各位嘉宾和朋友表示热烈的欢迎！对欧盟驻华代表团的特别支持，对福建省委省政府、莆田市委市政府和有关部门给予的大力支持表示衷心的感谢，也对论坛的顺利召开表示祝贺！

中国和欧盟，分列欧亚大陆的东西两端，千百年来，中国与欧盟国家交流合作、互动互鉴。如今，中国和欧盟分别是世界第三和第二大经济体，在经济全球化深入发展的今天，双方经济社会发展的关联程度，在双边关系史上前所未有。在当前世界经济增长低迷态势仍在延续，"逆全球化"思潮和保护主义倾向有所抬头的情况下，今天，我们在这里举办中欧城市可持续发展论坛，继续以城镇化为重要内容，持续推进中欧合作，意义重要、令人鼓舞。

五年前，李克强同志与时任欧盟委员会主席巴罗佐在中欧城镇化伙伴关系高层会议上签署了《中欧城镇化伙伴关系共同宣言》，正式建立了中欧城镇化伙伴关系，开启了中欧城镇化合作的新篇章。

五年来，中欧双方领导人出席了历届伙伴关系论坛及相关活动，为《共同宣言》的有效落实和伙伴关系的健康持续发展提供了强大的政治推动力。

---

[1] 本文系作者于 2017 年 3 月 20 日在福建省莆田市举办的"2017 中欧城市可持续发展论坛"上的致辞。

　　五年来，中国国家发展和改革委员会、欧盟能源总司分别代表中欧双方，积极落实《共同宣言》和中欧双方领导人关于城镇化合作的共识，就共同推进以人为本、可持续的城镇化开展了广泛深入的政策对话，推动伙伴关系合作框架从务虚转向务实、从概念走向行动，也为中欧城镇化伙伴关系提供了机制保障。

　　五年来，双方合作参与主体更加多元，政府间、企业间围绕城镇化领域的合作不断拓展，分享彼此的市场、技术和经验，结出的累累硕果惠及了更多地区和人民。目前，中国与欧洲城市间已结成 400 多对友好城市，在中欧城镇化伙伴关系框架下的结对城市已经有 12 对，中欧城镇化合作示范区已有 4 对，中欧领导人见证下签署的务实合作项目有 30 多对。各类机构围绕城镇化领域的合作项目更是不可胜数。

　　五年的合作，满满的收获。在各方共同努力和推动下，中欧城镇化伙伴关系已经成为中欧全面战略伙伴关系的一个重要支柱。

　　女士们，先生们！

　　城市是人类文明的结晶，是优质资源要素的集中承载地，是生产力发展的重要动力源。

　　中国是城市起源最早的文明古国之一，早在 2000 多年前的周代，就形成了营城制度；1300 多年前的唐代长安城和近 1000 年前的宋代都城汴梁，人口都超过 100 万。起源于欧洲的工业革命，开启了人类社会现代工业化、城市化的进程。欧洲城市独具特色：注重空间合理布局，重视人居环境，崇尚保护自然和历史风貌；并不断探索和实践着智能、绿色、低碳等现代城市发展的新方向。如今，欧盟 70% 以上的人口生活在城市。

　　中国自改革开放以来，经历了世界历史上规模最大、速度最快的城镇化进程。2016 年，中国城镇化率达到 57.35%，在中国，每年还有近 2000 万人从农村进入城市，这比欧洲一个中等国家总人口还要多。

　　中国和欧盟城镇化虽处于不同的发展阶段，但却有着许多共同的使命。中国城镇化仍将保持较快的发展势头，到 2020 年，中国城镇化率预计将超过 60%；但人口多、资源相对短缺、环境容量有限，是中国的基本国情，逐渐形成并发展的"城市病"是中国城镇化发展面对的突出问题。欧盟已基本完成城镇化进程，但也同样面临节约能源资源、减少温室气体排放等方面的挑战。我们都需要优化城市功能、提升城市品质、促进城市可持续发展。城市可持续发展，承载着我们对美好家园的珍惜、对安居乐业的需求、对后代发展的责任。

女士们，先生们！

城市可持续发展是一个系统工程，涉及城市产业经济、生态环境、规划管理、科技创新、文化传承等诸多方面。推动城市可持续发展，必须把握一些共同的要求：

一是注重包容共享。要构建包容的城市发展环境，城市发展，既要蓝领，也要白领。城市要为包括新移民和外来人口在内的所有城市居民提供基本公共服务，保障所有人群在城市居住和发展的机会，提升民众获得感和幸福感。要鼓励企业和市民通过各种方式积极参与城市规划、建设、管理。

二是注重绿色低碳。城市发展不仅要追求经济目标，还要追求生态目标、人与自然和谐的目标。要树立"精明增长"、"紧凑城市"的理念，努力把好山好水好风光融入城市，鼓励城市在发展中降低资源和能源消耗，推动形成绿色低碳的生产生活方式和城市建设运营模式。

三是注重传承创新。城市发展要突出特色，传承城市传统风貌和文化多样性，延续城市历史文脉，结合历史传承、区域文化、时代要求，打造属于城市自己的城市精神。同时，城市发展也要坚持创新思维，优化城市创新创业生态链，让创新成为城市持续发展的主动力。

四是注重开放协调。城市发展到成熟阶段的高级空间组织形式是城市群，城市要学会在城市群中寻求符合自身特色的功能定位。在互联网和高铁等现代化手段支撑下，城市要不断强化开放合作意识，与周边城市形成优势互补、密切协作的整体发展格局。在协调联动中，更高效地配置资源，共享城市群发展整体效益。

女士们，先生们！

推动城市可持续发展，是我们共同的期待，也是我们共同的责任。中欧城镇化发展正因为存在差异，才能更好地优势互补。在中欧城镇化战略伙伴关系下，继续拓展和深化务实合作，城市可持续发展正是其中一个最好的结合点。站在新的起点上，我们要进一步推动中欧城市可持续发展合作取得更大进展，特别是深化以下三个方面的合作：

一是协力提升品质，加强规划管治合作。携手应对城市可持续发展的挑战，需要双方城市加强合作，深化"结对子"机制，特别是要围绕城市科技和城市管理领域加强合作。我们期待"欧洲科技"与"中国市场"更加紧密地连接在一起。在城市科技应用领域，中欧双方可以继续在智慧城市规划设计、建设等方面加强交流互鉴，共同提升城市管理运营智慧化水平。中欧在城市规划、管理方面有各自的特点，我们要加强分享城市良好治理方面的经验，深入推进城市规划、管理等方面的交流合作，共促城市持续健康发展。

二是共促绿色发展，加强节能环保合作。绿色低碳城市建设是城市可持续发展的重要载体和希望所在。中国承诺2030年前后二氧化碳排放量达到峰值。欧盟可以发挥在低碳技术应用等节能环保领域的技术优势，持续深入参与中国低碳城市、低碳工业园区、低碳社区建设，广泛参与城市节能建筑改造、污水垃圾处理项目建设、清洁能源发展等领域。

三是分享发展成果，加强项目建设合作。中国城市仍在加快发展，欧洲城市也需要城市再造。中国积累了较为丰富的基础设施建设经验，欧方则有良好的运营管理经验。双方要不断放宽市场准入，积极鼓励和吸引对方企业参与本方城市发展建设。双方有关机构要努力为企业创造条件，促进双方企业在基础设施建设、城市运营管理等诸多领域共同开发第三方市场。

女士们，先生们！

尽管"逆全球化"和保护主义倾向有所抬头，但进一步开放合作仍然是今天世界发展的大势。中国倡议的"一带一路"倡议得到包括欧盟国家在内的众多国家的积极响应，并正在扎实地向前推进。"一带一路"不仅是沿线国家、地区间政策沟通、设施联通、贸易畅通、资金融通、民心相通的纽带和载体，也是相互间开展城市合作的平台与支撑。"一带一路"一端连着亚太经济圈、一端连着欧洲经济圈，随着"一带一路"倡议的深入推进，中欧双方城市间的交流将更为便捷，城市合作领域也必将更加广泛、更加深入；这也会为中欧全面战略伙伴关系发展注入持久活力。国家发展改革委是"一带一路"建设和中欧城镇化伙伴关系的牵头实施部门，把握"一带一路"建设和推进中欧城镇化伙伴关系的机遇，我们能够打造务实合作的机制，选择便捷高效的路径，更好地促进中欧城市间全方位交流与互动。

美丽的莆田是海上丝绸之路的文化起点，也是中国首批国家新型城镇化综合试点城市，在莆田召开本次论坛具有特殊意义。我们期待中欧双方专家能在此为推进城镇化发展及其相关合作建言献策，也欢迎更多的企业和机构积极参与中欧城镇化合作交流！

女士们，先生们！

中欧城镇化合作蓝图绘就，愿景美好，让我们携手，在坚实的合作基础上，以更加包容的心态、更加务实的姿态、更加积极的状态，继续将中欧城镇化合作推向深入，共建美好城市，共享稳定繁荣！

（2017 年）